一流大学研究文库
WCU SERIES

世界一流大学建设蓝皮书

2022-2024

The Blue Book of
Building World-Class Universities

陈丽媛 刘念才 著

上海交通大学出版社
SHANGHAI JIAO TONG UNIVERSITY PRESS

内容提要

本书梳理中外一流大学建设的文献综述,比较中外一流大学的发展指数,剖析中外一流大学的典型案例。主要侧重"发展指数"和"借鉴研究"两个议题。"发展指数"主要包括世界一流大学的人才培养、原创研究、学术大师、经济贡献、品牌影响力和服务国家战略六个关键领域的指数构建、指标测量和组别对比。"借鉴研究"主要包括学术文献的借鉴、政策演变的借鉴、学校实践的借鉴和典型案例的借鉴。本书可为"双一流"建设提供政策建议,适合高等教育研究者和实践工作者参考。

图书在版编目(CIP)数据

世界一流大学建设蓝皮书. 2022-2024 / 陈丽媛,刘
念才著. -- 上海 :上海交通大学出版社,2025. 6.
ISBN 978-7-313-32522-8

Ⅰ. G649. 1

中国国家版本馆 CIP 数据核字第 2025S1C090 号

世界一流大学建设蓝皮书 2022—2024

SHIJIE YILIU DAXUE JIANSHE LANPISHU 2022—2024

著　　　者:	陈丽媛　刘念才			
出版发行:	上海交通大学出版社	地　　　址:	上海市番禺路 951 号
邮政编码:	200030	电　　　话:	021 - 64071208
印　　制:	常熟市文化印刷有限公司	经　　　销:	全国新华书店
开　　本:	710 mm×1000 mm　1/16	印　　　张:	14.25
字　　数:	231 千字			
版　　次:	2025 年 6 月第 1 版	印　　　次:	2025 年 6 月第 1 次印刷
书　　号:	ISBN 978 - 7 - 313 - 32522 - 8			
定　　价:	98.00 元			

前　言

　　《世界一流大学建设蓝皮书》是上海交通大学教育学院世界一流大学研究中心的品牌研究,力争建设成该领域的权威报告。本书主要内容包括梳理中外一流大学建设的文献综述,比较中外一流大学的发展指数和剖析中外一流大学的典型案例。

　　世界一流大学建设的文献研究:从学术研究、国家政策和学校实践三个视角梳理近年来关于世界一流大学建设的中外文献,对中外一流大学重点建设项目的实践和反思进行年度分析。

　　世界一流大学建设的指数研究:设计世界一流大学发展的关键指数,分析我国"双一流"建设大学与世界一流大学对标样本组的指数结果,对中外一流大学的建设指数进行年度比较。

　　世界一流大学建设的案例研究:选择发达国家、新兴经济体的世界一流大学和我国"双一流"建设大学的典型案例,分析学校、院系的办学特色,对中外一流大学建设的典型案例进行剖析。

　　《世界一流大学建设蓝皮书2022—2024》是继2019年出版《世界一流大学评价与建设》的探索版本后,定期出版的世界一流大学建设的研究报告。希望能供高等教育研究者和实践工作者使用,为"双一流"建设提供政策建议和决策参考。

目　录

第一章
全球视角下的世界一流大学建设

　　本节在 Scopus 数据库平台以"excellence initiative"或"world class university"为"论文摘要、主题和关键词"进行检索,发表时间段限定为 2019—2024 年,关键词限定为"higher education",语言限定为"英语",共检索出 224 篇文献。进一步筛选后得到相关文献 45 篇,基于上述文献进一步拓展阅读补充文献 25 篇,其中包括部分 2019 年之前发表但涉及世界一流大学重要研究的代表性文献。与此同时,吸纳了 2022 年举办的第九届世界一流大学国际研讨会(The 9th International Conference on World-Class Universities)的报告资料。基于此,对当前全球视角下的世界一流大学建设进行综述。

第一节　世界一流大学建设的研究进展

一、世界一流大学建设的概念内涵

　　围绕世界一流大学建设的概念内涵,从概念界定、基本特征、建设策略、推动因素以及理论框架几个方面进行综述。首先,关于世界一流大学建设的概念界定。建设世界一流大学,使其成为知识经济时代科学知识的创造者和传播者,是高等教育系统最重要的政策举措之一。据不完全统计,自 20 世纪 80 年代以来,美国、加拿大、英国、德国、法国、俄罗斯、日本、韩国、印度、新加坡等超过 30 个国家先后实施了 70 余项一流大学建设计划,并辅之以相应的政策支持[①]。从全球

---

①　别敦荣,周奕.论加快建设中国特色世界一流的大学和优势学科[J].中国高教研究,2023(04):19-24+32.

高等教育系统来看,世界一流大学建设计划存在一定的共性特征,例如,均"以主管高等教育的各级政府为主;对有优势和潜力的大学或学科集中资助,推动世界一流大学或学科的跨越式发展;显著提升该国高教实力和国际竞争力的计划"①。整体而言,世界一流大学建设的各种计划以欧洲、亚洲国家居多,非洲、拉丁美洲较少,而对于美国、加拿大、英国、澳大利亚等国家是否存在世界一流大学建设尚存争议。也就是说,除了明确提出对标世界一流大学的建设计划,还存在众多在更广泛意义上促进大学建设发展进而提升全球竞争力和影响力的政策举措。鉴于此,如果政策发起之初并未明确提出计划的制定与执行要以建设一流大学为目标,以成为世界一流大学典范、引领全球高等教育发展为愿景,本书将之界定为广义的世界一流大学建设实践,通常表现为全球竞争策略。反之,则将之视为狭义的世界一流大学建设实践,即学界探讨较多的重点建设计划。下文也将区分广义与狭义两大范畴对世界一流大学建设进行分类探讨。

其次,关于世界一流大学建设的基本特征。菲利普·阿特巴赫(Philip Altbach)提出世界一流大学应具备学术自由和促进智力发展的环境、卓越的研究、内部自治、充足的资金和服务等基本特征②。萨尔米·贾米尔(Salmi Jamil)将世界一流大学建设的特征概括为:人才汇聚,优秀教师和学生高度集中;教学资源丰富,科研经费充足;优化治理,创建树立战略愿景、激发创新和活力的环境③。也有学者认为顶尖的研究型大学需要以学院为主体实现共享治理,坚持学术自由,基于绩优筛选学生和教师,建立起重要的人际交往,尤其是学生和教师之间真实而非虚拟的相处,将保护和传播文化作为其使命之一,坚持非营利性④。世界一流大学建设计划在众多利益相关者制定的计划和议程当中通常处于更高的地位⑤,具有先进的设施、名列前茅的研究以及超越本土边界的校名和卓越的文化⑥。大学对世界一流的追求取决于其全球化逻辑,表现在鼓励竞争、重视绩效、追求卓越性和高回报率等方面。此外,还需展示大学系统如何探讨教

① 冯倬琳,刘雪莹,姜雅萃,等.世界一流大学重点建设项目的评价标准与评价要素[J].高等教育研究,2017,38(12):43-50.
② ALTBACH P. The Costs and Benefits of World-Class Universities[J]. Academe, 2004, 90(1):20-23.
③ SALMI J. The Challenge of Establishing World Class Universities[R]. The World Bank, 2009.
④ RUBY A. The Quest for a World Class University: Defining the Goal for an Emerging Economy[M]. New York: Cambridge University Press, 2014.
⑤ HUISMAN J. World-Class Universities[J]. Higher Education Policy, 2008, 21(1):1-4.
⑥ DOUGLASS J A (Ed.). The New Flagship University: Changing the Paradigm from Global Rankings to National Relevancy[M]. Basingstoke: Palgrave Macmillan, 2016.

育和经济、政策之间的关系,并对高等教育治理和学者思想产生影响①。国际顶尖学生和优秀教师的数量、资金来源、大学的学术和管理自治程度②、国际对标和国际合作等③均为建设世界一流大学的重要因素。世界一流大学既具有国家性,同时具有世界性、国际性或全球性。大卫·沃森(David Watson)指出世界一流大学需要具有前瞻性的世界观,与世界的发展保持同步。具体而言,一是具有全球竞争力,吸引优秀教授、学生、研究资金,提高科研生产力;二是具有超越大学和国家的人文价值取向;三是通过教学和研究活动实现自身发展,更多关注促进人类发展的公共利益。沃森还指出世界级的教育系统需要了解我们生活的世界,了解世界级教育系统的标准以及成为全球合作伙伴④。因此,"超越大学和国家的人文价值"与"关注促进人类发展的公共利益"是世界一流大学不可缺少的建设内涵⑤。刘念才等学者认为,世界一流大学致力于在一系列学科和领域中创造和传播知识,提供各级精英教育,服务国家需求并促进国际公益⑥。由此可见,世界一流大学的主要特征取决于大学的治理、愿景、卓越文化和创新,大学建设的投入、过程和产出的质量,以及在本地和全球范围内发展大学的文化氛围。

再次,关于世界一流大学建设的基本策略。由于世界一流大学建设成本越来越高,政府在促进世界一流大学的发展过程中具有比以往更重要的影响。萨尔米将建设世界一流大学的基本策略归纳为择优式、合并式和新建式三种,即建设少数有潜力成为世界一流的大学、鼓励现有大学合并,以及创建新的世界一流大学⑦。其中,升级现有大学是政府最经常采用的策略。中国于20世纪80年代初开始采用这种方法。第二种策略将现有的大学进行合并,这对有效管理提出

① FU Y, BAKER D P, ZHANG L. Engineering a World Class University? The Impact of Taiwan's World Class University Project on Scientific Productivity[J]. Higher Education Policy, 2020, 33: 555 - 570.

② RABOSSI M, SALTO D. The Weight of Tradition[C]. In Pursuit of World-Class Universities: A Global Experience. New York: Springer, 2018: 91.

③ MURDWODO D. In What Ways University in Indonesia as World-Class University Can Produce a Global Competitive Human Capital (Case Study: Telkom University)[J]. International Journal of Humanities and Social Science, 2018, 8(6): 36 - 43.

④ WATSON D. UK Higher Education: The Truth About the Student Market[J]. Higher Education Review, 2006, 38(3): 3 - 16.

⑤ 刘海峰,别敦荣,张应强,等.开创中国特色世界一流大学建设新路(笔会)[J].苏州大学学报(教育科学版),2022,10(02): 1 - 24.

⑥ 刘念才.世界一流大学:战略·创新·改革[M].上海:上海交通大学出版社,2009.

⑦ SALMI J. The Challenge of Establishing World Class Universities[M]. Washington: The World Bank, 2009: 5 - 6.

较大挑战,达到预期效果的难度较高。法国和丹麦近年来采用了这种方法,在地区基础上合并大学或者通过政府的创新基金来鼓励类似的机构合并行为。第三种策略是从无到有建设全新的世界一流大学,这使新大学的运作不受财政资金限制,也不受传统大学的文化影响。在那些阻碍传统大学创新的国家,这是最好的方法。哈萨克斯坦和印度采取了这种做法①。大多数国家的世界一流大学建设计划采用择优式发展策略,但对基础薄弱的追赶型国家来说,新建式是拥有世界一流大学的最快途径。由此可见,世界一流大学的建设路径取决于不同国家的高等教育基础、社会文化和制度模式,并从国际实践中吸取经验,如资源丰富、灵活的治理方式、对人才的高度重视等。无论是通过升级或合并现有机构,还是从零开始建设全新的世界一流大学,每个国家都需要根据自身资源和优势选择适合自己的战略。另外,阿特巴赫和萨尔米通过政策研究探讨了哪些因素能够加快世界一流大学的建设速度②。第一个因素是通过引进大量的境外学者,构建高校教育能力,如韩国和中国香港。第二个因素是使用英语作为大学的主要语言,提高学校吸引高素质研究生和外国学者的能力,如新加坡。第三个因素是关注利基领域,更快速达到规模,如韩国、中国香港、俄罗斯和伦敦。第四个因素是强调比较基准的使用,如上海交通大学将其战略规划工作与世界一流大学进行对标。国际公认的上海软科排名正是在这种对标努力的基础上产生的。第五个因素是引入教育创新和重要的课程,如中国香港、美国、俄罗斯和英国的课程和教学模式创新。第六个因素是保持警惕与决心,鼓舞人心的领导、自我评估和监控,持续识别功能性障碍并快速行动解决问题,时刻做好不断探索改进的准备。

　　最后,基于文献发现大多数关于世界一流大学的研究使用描述性方法,也有文献运用制度理论(Institutional theory)、资源依赖理论(Resource dependence theory)、锚定理论(Anchoring theory)、社会表征理论(Social representations theory)、计划行为理论(Theory of planned behaviour)、多任务理论(Multitasking theory)等理论框架进行分析③。其中,制度理论强调的组织合法性是通过评价

①　ALSAWAHA A M, AL-ALAWI A I, AL-JAYYOUSI O. A Critical Literature Review of World-Class Universities: Characteristics, Enablers, and Strategies[J]. International Journal of Innovative Science and Research Technology, 2021, 6(3): 505-513.

②　ALTBACH P G, SALMI J (Eds.). The Road to Academic Excellence: The Making of World-Class Research Universities[M]. Washington: World Bank Publications, 2011.

③　MUDZAKKIR M F, SUKOCO B M, SUWIGNJO P. World-Class Universities: Past and Future[J]. International Journal of Educational Management, 2022, 36(3): 277-295.

产生的。排名机构作为独立的评估机构，对组织具有制度效应，并推动针对大学质量、组织声誉和绩效的专业评估，促使人们认为该组织更加合法和重要①。资源依赖理论假设重要资源的可用性影响组织行为，解释了组织对排名的依赖，因为排名的提高提供了越来越多的组织资源②。锚定理论假设人们通过调整初始评价来进行估计以达到最终结果。有学者关注排名机构对世界一流大学的评级，发现全球排名中的同行声誉评估容易受到锚定效应的影响③。当先前发布的排名信息锚定观察者的看法时，这些观察者的意见将进一步强化排名，特别是当排名基于主观意见而不是客观表现时④。社会表征理论认为集体协商会产生共同的认知和社会纽带，将人们、组织和群体联系在一起。有学者运用社会表征理论构建了获得世界一流大学地位的各种途径⑤。计划行为理论关注人的态度、主观规范和感知控制等行为意向。在世界大学排名体系中，这些意向在决策过程中对潜在学生的选择过程产生较大影响⑥。多任务理论旨在解释学者在应对多任务处理需求时的行为变化，大学教师需要同时开展研究和教学工作，而当大学寻求成为世界一流大学时，学者需要提供更多的研究成果⑦。

二、狭义的世界一流大学建设实践：重点建设计划

有研究将俄罗斯大学卓越计划 5-100（Russian Academic Excellence Project 5-100）的关键要素与其他国家的类似项目进行比较，从效率和绩效的角度分析

---

① BASTEDO M N, BOWMAN N. U.S. News & World Report College Rankings: Modeling Institutional Effects on Organizational Reputation[J]. American Journal of Education, 2010, 116(2): 163 - 183.

② BASTEDO M N, BOWMAN N A. College Rankings as an Interorganizational Dependency: Establishing the Foundation for Strategic and Institutional Accounts[J]. Research in Higher Education, 2011, 52(1): 3 - 23.

③ BOWMAN N A, BASTEDO M N. Anchoring Effects in World University Rankings: Exploring Biases in Reputation Scores[J]. Higher Education, 2011, 61(4): 431 - 444.

④ SAFON V. Inter-Ranking Reputational Effects: An Analysis of the Academic Ranking of World Universities (ARWU) and the Times Higher Education World University Rankings (THE) Reputational Relationship[J]. Scientometrics, 2019, 121(2): 897 - 915.

⑤ JANG D H, KIM L. Framing "World Class" Differently: International and Korean Participants' Perceptions of the World Class University Project[J]. Higher Education, 2013, 65(6): 725 - 744.

⑥ BOWMAN N A, BASTEDO M N. Getting on the Front Page: Organizational Reputation, Status Signals, and the Impact of U.S. News and World Report on Student Decisions[J]. Research in Higher Education, 2009, 50(5): 415 - 436.

⑦ BAK H J, KIM D H. Too Much Emphasis on Research? An Empirical Examination of the Relationship Between Research and Teaching in Multitasking Environments[J]. Research in Higher Education, 2015, 56(8): 843 - 860.

俄罗斯如何通过卓越计划 5-100 提高其高等教育的竞争力。通过聚焦俄罗斯大学卓越计划面临的挑战、方案设计、实施困境以及用来确保有效实现计划目标的发展策略,对提高高等教育机构卓越性和可衡量成果提供有利条件的国家和全球的关键因素进行了探讨①。有研究聚焦俄罗斯卓越计划 5-100,对项目组织及其行为模式的特殊性进行分析,指出俄罗斯本土参与者与国际参与者的有机合作影响了项目的架构与实施,国际参与者未必挑战国家权力,相反有助于政府实施系统性变革。受到建立世界一流大学的国际经验的启发,俄罗斯通过协调一致、目的明确的行动方式推动卓越计划 5-100,运用国际专业知识发展这项能够深刻改变国家的高等教育体系的重要国家项目②。然而,也有研究探讨了俄罗斯在建设世界一流大学的过程中所经历的诚信危机。通过对莫斯科主要研究型大学的教授和管理人员的访谈发现,俄罗斯的国家强制力量导致了组织及其成员在态度上的不一致,部分成员对卓越计划以竞争绩效作为主模式,计划监督者将声誉管理置于治理和绩效的诚信之上等做法提出质疑。有研究从学校层面考察俄罗斯卓越计划 5-100 对参与大学的短期影响。通过追踪 5-100 项目参与大学和非参与大学的效率变化的方式和原因,发现该计划对参与大学的生产率和效率均存在显著正向影响③。还有研究对俄罗斯高等教育质量指标与大学毕业生工资之间的关系进行考察,发现参与卓越计划的高等教育机构、高筛选性大学或获得特殊地位的大学,如卓越计划 5-100 大学和国家研究型大学的毕业生比其他大学毕业生获得了更高的教育工资溢价④。

　　德国卓越计划(German Exzellenz-Initiative)是一项旨在通过竞争性分配额外公共经费来促进顶尖研究型大学发展的政策,旨在通过激励世界级研究型大学来提高德国大学系统的国际知名度。研究指出即使是传统上倾向于大学等级制度扁平化的国家也转向了强化高等教育纵向分层的政策。德国从 2005 年开

① ORDÚÑA-MALEA E, PÉREZ-ESPARRELLS C. Moscow International University Ranking Critical Review and Geopolitical Effects[J]. Profesional de la Información/Information Professional, 2021, 30(2).
② CROWLEY-VIGNEAU A, ISTOMIN I, BAYKOV A, et al. Transnational Policy Networks and Change hrough Internationalization (The Record of Project 5-100)[J]. Polis. Political Studies, 2021 (5): 8 – 24.
③ AGASISTI T, SHIBANOVA E, PLATONOVA D, et al. The Russian Excellence Initiative for Higher Education: A Nonparametric Evaluation of Short-Term Results[J]. International Transactions in Operational Research, 2020, 27(4): 1911 – 1929.
④ PRAKHOV I. Indicators of Higher Education Quality and Salaries of University Graduates in Russia [J]. International Journal of Educational Development, 2023, 99: 102771.

始实施的这一国家政策是世界高等教育政策趋势的典型范例。不过,德国"卓越计划"所涉及的纵向院校等级制度要比其他国家所存在的纵向院校等级制度平缓得多。例如,在计划实施之初,政府为机构间研究合作和博士培训联合体提供的资金要多于为单个顶尖大学提供的资金。在德国约 70 所大中型大学中,10 所大学获得了顶尖大学基金,这也表明有相当大的一部分而不是极少数的顶尖大学获得了顶尖大学基金。与高等教育体系高度分层的国家中一流大学不断扩大的财政优势相比,这些资金的提供时间较短,数额也相对较小[①]。为了探索德国卓越计划的影响,有研究对 2004 年至 2013 年第一轮德国卓越计划实施期间的 72 所德国大学的数据进行分析,发现德国卓越计划对科研数量存在正向影响,但对科研质量存在负向影响,促进了产出最大化而非影响最大化。德国卓越计划确实刺激了入选大学以及系统中的其他大学在数量上提高研究绩效,但如果考虑到研究的质量,该计划确实会产生不利影响[②]。也有研究以德国卓越计划为例,考察高等教育政策引导下的转型是否显著影响区域高技术创业。研究结果表明德国卓越计划对区域高科技创业具有显著的正向影响,高校与产业的互动程度越高,越有利于区域高新技术创业。此外,大学的首要科研关注点对区域高科技创业具有决定性影响[③]。

鉴于法国高等教育系统受到大学集群建设政策和大学排名的影响,有研究对法国的世界一流大学和大批二线大学之间的差距进行了定量研究,探讨法国高等教育系统发生的两极分化与社会隔离现象。基于法国大学生入学信息系统数据,有研究发现不同大学的学生群体持有资本的异质性在 2007 年至 2015 年有所增加。研究指出法国和全球层面实施的措施即法国卓越倡议(Initiatives d'Excellence in France)和全球大学排名为 20 世纪以来的大学全球化奠定了基础,但这些措施也加剧了高等教育的两极分化[④]。

① TEICHLER U. Theoretical Underpinnings of the University Ranking Discourse[J]. Journal of Adult Learning, Knowledge and Innovation, 2023, 6(2): 47 - 55.
② CIVERA A, LEHMANN E E, PALEARI S, et al. Higher Education Policy: Why Hope for Quality When Rewarding Quantity? [J]. Research Policy, 2020, 49(8): 104083.
③ CUNNINGHAM J A, MENTER M. Transformative Change in Higher Education: Entrepreneurial Universities and High-Technology Entrepreneurship[C] Innovation and Entrepreneurship in the Academia. London: Routledge, 2021: 109 - 130.
④ AVOUAC R, HARARI-KERMADEC H. French Universities: A Melting Pot or a Hotbed of Social Segregation? A Measure of Polarisation within the French University System (2007 - 2015)[J]. Economics & Statistics/Economie & Statistique, 2021.

有研究围绕全球挑战下的日本高等教育政策,反思自 21 世纪初以来日本国家政策,特别是经济和财政政策,是如何干预高等教育以及这些政策产生了哪些影响。研究发现在过去的 20 年里,作为经济和社会发展的工具,日本的高等教育受到国家政策的强烈影响,这些政策旨在实现世界一流的卓越水平。然而,当前日本的大学尤其是顶尖大学,在学术卓越和开发具有全球竞争力的人力资源方面均面临着保持国际地位的困难①。亚洲高等教育体系具有强有力的政府监管和中央资助机制,亚洲追赶世界一流大学发展的模式、高风险的机构竞争和以 STEM 为重点的资助促进了它们研究生产力和排名的快速增长。在"全国建设世界一流大学运动"的旗帜下,政府为了实现新目标,动员了全国的制度资源和人力资源。中国和韩国都试图复制日本追赶战略的早期成功,通过政府以绩效为导向有针对性地为 STEM 学科提供优先资助,提高国际出版物的数量和引用率,从而帮助其提高全球大学排名②。

有研究基于 2015 年至 2020 年的六年面板数据对土耳其研究型大学项目的效果进行评估,结果表明土耳其的研究型大学计划并没有成功地将研究型大学与非研究型大学区分开来,即使研究型大学在数量上仍然占有优势。不过,这一结果也揭示了研究型大学计划对非研究型大学可能产生的溢出效应,即通过政策干预形成机构竞争和同构科学生产模式,从而可能使非研究型大学成为研究型大学③。

三、广义的世界一流大学建设实践：全球竞争策略

加拿大政府于 2008 年启动的卓越研究教席(Canada Excellence Research Chairs, CERC)计划,2017 年启动 150 研究教席(Canada 150 Research Chairs, C150)计划,旨在吸引和支持世界级国际研究人员赴加拿大开展研究。基于相关文献档案、行政数据、文献计量分析、案例研究、调查问卷以及访谈等多种方法,相关部门对 2013—2014 年至 2017—2018 年的 CERC 计划和 2017—2018 年

---

① YONEZAWA A. Japan's Higher Education Policies Under Global Challenges[J]. Asian Economic Policy Review, 2023, 18(2): 220-237.
② LEE J, LIU K Q, WU Y. Does the Asian Catch-Up Model of World-Class Universities Work? Revisiting the Zero-Sum Game of Global University Rankings and Government Policies[J]. Educational Research for Policy and Practice, 2020, 19: 319-343.
③ BELENKUYU C, KARADAG E. Better Than Not Starting? Research University Project of Turkey [J]. Studies in Higher Education, 2024: 1-17.

至 2018—2019 年的 C150 计划成效进行评估,包括这两项计划的相关性、对吸引世界级研究人员来加拿大的贡献,以及项目的设计、实施和效率等方面。另外,还评估了 CERC 在联邦政府确定的战略领域内对建设和维持加拿大研究能力的贡献程度。研究发现,这些项目吸引了世界一流的研究人员来到加拿大,同时卓越研究员的声誉和创新研究也是吸引教师和高素质人才加入核心团队的主要因素,促进了国内和国际伙伴关系与合作的形成,在提升加拿大研究能力建设方面具有独特贡献。尽管少数机构代表对向研究团队发放过高资助在教师中造成的紧张关系表示担忧,但大多数利益相关者表示该项目对于吸引有能力的研究人员是必要的,加拿大需要继续提供类似的奖励,通过 CERC 和 C150 对科学研究进行投资以保持全球竞争力①。

有研究聚焦脱欧后英国大学的欧洲战略伙伴关系,探讨英国大学如何在全球竞争激烈的世界一流大学领域保持领先地位。作为国际化战略的一部分,英国大学通过与欧洲主要机构建立全面战略合作伙伴关系,寻求在脱欧后保持全球主导地位。基于布迪厄(Pierre Bourdieu)的实践理论,有研究认为所有的大学实践都是经济实践,最终都是为了最大化物质或象征利润而量身定制。在工商业中,组织传统上是为了利润最大化而竞争,而大学必须既相互竞争又相互合作以提高或保持其在该领域的既得优势。基于 12 所英国大学的访谈数据,该研究探讨了哪种类型的大学最倾向于形成国际范围内的大学战略合作伙伴关系,以及他们如何确定合作伙伴,并对英国大学如何通过与主要海外机构的全面战略伙伴关系来保持其在该领域的主导地位进行了系统评估②。

在欧盟背景下,有研究聚焦世界级大学的合并战略,对大学合并前后不同发展阶段进行比较分析,探讨这些大学合并前的关键影响因素,合并阶段应采取的最佳行动,合并后面临的主要挑战,以及最后阶段的合并后策略。在此基础上,对大学合并后策略进行分析,找出了不同合并之间的差异。该研究表明只有在合并后阶段对各种地方和国家/国际因素进行综合分析,才能判断出合并总体上

①　SSHRC/NSERC EVALUATION DIVISION. Evaluation of the Canada Excellence Research Chairs Program and the Canada 150 Research Chairs Program[R]. Minister of Innovation, Science and Economic Development Canada, 2020.

②　HIGHMAN L, MARGINSON S, PAPATSIBA V. Strategic European Partnerships for UK Universities Post-Brexit: Navigating a Globally Contested Field of World-Class Universities[J]. Tertiary Education and Management, 2023: 1-20.

是成功的,并对大学合并后的全球影响的各个方面进行评估①。

民主价值观、国家公民愿望和全球化高潮使金砖国家和新兴经济体对世界一流大学的需求日益增加。金砖国家在高等教育发展方向上不仅需要追求卓越,还需要实现大学网络化:一是通过建设卓越大学项目,建立精英大学并更好地融入全球学术界;二是发展大学网络,如金砖国家网络大学,解决金砖国家面临的最紧迫的发展问题。虽然卓越大学项目确实有助于发展世界一流的教育,但大学网络更能满足金砖国家当前的需求②。有研究以印度的经验为例,探讨了金砖国家和新兴经济体国家的世界一流大学建设实践。金砖国家和新兴经济体国家,特别是那些有亚洲和非洲殖民历史的国家,都经历过优秀学生和研究人员因在世界知名大学寻求机会发展学术事业而外流的阶段。因此,除了资源的重要性,政府监管机构与大学之间的关系,理解和促进教师、学生、研究人员开展国际合作等均对其建设世界一流大学至关重要③。另外,世界一流大学建设的意义不仅局限在提升民族国家乃至全球的高等教育质量,许多国家也希望通过与世界一流大学的国际规范接轨来提高其国际竞争力和海外形象,高等教育重新被用作实现外交政策目标的工具。例如,有研究从地缘政治的影响分析了 2017 年推出的莫斯科国际大学排名(The Moscow International University Ranking,MosIUR)对俄罗斯世界一流大学建设的促进作用。该研究将俄罗斯政府创建莫斯科国际大学排名视为一项政治战略,旨在提高俄罗斯大学的声誉,增加资金,加速俄罗斯大学向世界一流大学转型。研究还发现尽管莫斯科国际大学排名是国际性的,但在这个排名中俄罗斯大学的排名相对在其他世界大学排名中的位置更靠前。除了美国的明显优势外,每个排名都倾向于将本国的大学置于更好的位置④。

随着互联网在生活各个领域的普及,大学网站被认为是创建机构形象、与内部和外部成员沟通的有效工具。品牌已经成为大学管理者在争夺生源、师资和

① RIPOLL-SOLER C, DE-MIGUEL-MOLINA M. Higher Education Mergers in Europe: A Comparative Study of the Post-Merger Phase[J]. Tertiary Education and Management, 2019, 25: 255 – 271.

② KHOMYAKOV M, DWYER T, WELLER W. Internationalization of Higher Education: Excellence or Network Building? What Do BRICS Countries Need Most? [J]. Sociologias, 2020, 22: 120 – 143.

③ RAJ KUMAR C. Building World-Class Universities in BRICS and Emerging Economies[C]. Handbook of BRICS and Emerging Economies. Oxford: Oxford University Press, 2020: 501 – 522.

④ ORDÚÑA-MALEA E, PÉREZ-ESPARRELLS C. Moscow International University Ranking Critical Review and Geopolitical Effects[J]. Profesional de la Información/Information Professional, 2021, 30(2).

资金方面的战略工具。世界一流大学的品牌建设已被提出作为解决高等教育机构之间竞争带来的多重挑战的办法。有研究通过对中国和韩国四所追求成为世界一流大学的大学网站文字与视觉图像的对比分析,探讨了世界一流大学的形象建构,以及这些大学如何利用网站上的文本和视觉图像来塑造自身形象。分析发现,尽管机构和国家背景不同,使用的语言也不同,但所有大学都使用文字介绍其世界一流大学的地位,并使用图片展示其国际参与和研究成就,而且在文本和视觉图片方面的差异很小[①]。另一项研究通过俄罗斯的一所商学院的案例研究,探讨了浮夸的大学品牌及其组织后果。该研究表明,使用最高级的词语将高等教育机构框定为"世界一流大学",与组织的实际质量和绩效不一致的品牌努力可能导致一个适得其反的循环。高等教育机构之间的地位竞争将金钱和声望捆绑在一起,造成了大学之间的分层,并会引发组织中存在伦理和道德问题的行为[②]。

　　有研究通过比较分析马来西亚和菲律宾的大学使命和愿景声明,探讨高等教育机构对获得国际认可和世界一流教育的追求。基于对马来西亚和菲律宾公立大学和私立大学的 20 份使命和愿景声明的比较分析发现,马来西亚和菲律宾大学的使命和愿景声明与各自国家的政策一致,并且在高等教育国际化的概念方面存在共同之处,均强调培养具有全球胜任力的毕业生以及成为世界公认的一流大学的重要性[③]。越南希望拥有一批研究密集型大学,包括即将达到"世界一流"水平的大学。为此,有研究对越南两所国内领先的研究型大学如何加强学科研究文化进行考察。研究发现以学科为基础的研究文化是存在的,并且在科学和技术领域更为突出,进一步讨论了在所有知识领域建设以学科为基础的研究文化所需的措施[④]。另外,有研究对印度尼西亚玛琅市四所头部州立大学创

① BAE S, GRIMM A T, KIM D. Only One Way to Be a World-Class University? Comparative Analysis on the Texts and Visual Images on Websites of Universities in China and South Korea[J]. Asia Pacific Journal of Education, 2023, 43(1): 144 - 159.

② BAE S, GRIMM A T, KIM D. Only One Way to Be a World-Class University? Comparative Analysis on the Texts and Visual Images on Websites of Universities in China and South Korea[J]. Asia Pacific Journal of Education, 2023, 43(1): 144 - 159.

③ DUMANIG F P, SYMACO L P. Internationalisation of Higher Education in Malaysia and the Philippines: A Comparative Analysis of Mission and Vision Statements of Selected Universities[J]. Journal of Multilingual and Multicultural Development, 2022, 43(2): 154 - 166.

④ LE NGUYEN C, PARRY S, HAYDEN M. The State of Discipline-Based Research Cultures at Two Leading Research-Oriented Universities in Vietnam[J]. Asia Pacific Journal of Education, 2023, 43(1): 36 - 49.

建世界一流大学过程中的高等教育数字化领导力进行评估。研究结果显示，在实施数字化领导方面，大学之间存在显著差异，数字领导尚未得到全面实施，管理者需要提供必要的信息系统，以实现迈向世界一流大学的数字化领导①。还有研究将 15 所来自阿拉伯国家的一流大学与来自加拿大、英国和美国高等教育体系的一流大学进行比较分析，关注世界一流大学在研究、教育和社区参与等方面实现联合国可持续发展目标（Sustainable Development Goals，SDGs）的情况，探讨阿拉伯的一流大学在全球高等教育背景下促进可持续发展的作用。结果表明，尽管阿拉伯国家的一流大学在 ImPact 排名中的表现有一定增长，但其对可持续发展目标的贡献和影响仍然相对落后。研究指出，在认识到阿拉伯地区不同国家的社会经济背景和优先事项的同时，阿拉伯国家的大学需要进一步推动绿色倡议，将政策、资金和课程与联合国可持续发展目标保持一致，为实现可持续发展目标作出有效贡献②。

第二节　世界一流大学建设的时代挑战

一、全球排名

在高等教育中，大学排名并不是一个新现象，它对过去三十年尤其是最近十年来全球高等教育体系的影响变得越来越大③。当今世界的高等教育机构需要创建一个全面的数据档案，帮助其认识自身存在的优势和劣势，并据此评估自己的方案制定和执行情况。高等教育领导者和决策者也越来越依赖根据大学的全球排名来确定、定义和设计他们的战略和目标④。因此，高等教育排名的存在是必要的。全球大学排名在重塑世界各地高等教育格局的同时也存在一定风险。

---

① SURYADI M A Q, PRAJA B A. Analysis of Digital Leadership in Higher Education in Creating a World-Class University at State Universities[J]. Corporate Governance and Organizational Behavior Review, 2023, 7(4): 119 – 126.

② SALEH S A, ADLY H M. Measuring the Impact of Higher Education in Promoting Sustainable Development Goals: Analysis of the Arab Universities' Performance[J]. Problemy Ekorozwoju, 2024, 19(1): 261 – 274.

③ PUSSER B, MARGINSON S. University Rankings in Critical Perspective[J]. The Journal of Higher Education, 2013, 84(4): 544 – 568.

④ ALSAWAHA A M, AL-ALAWI A I, AL-JAYYOUSI O. A Critical Literature Review of World-Class Universities: Characteristics, Enablers, and Strategies[J]. International Journal of Innovative Science and Research Technology, 2021, 6(3): 505 – 513.

全球学者被邀请进入了一个由世界级研究、大学排名、引文索引、绩效管理技术组成的表演世界。排名引发的激烈竞争极大地影响了学术生活方式,对全球大学排名的追求也不可避免地加剧了大学之间的同质化程度。鉴于全球大学排名对大学发展的负面影响,这些排名被批评为荒诞的游戏,一些国家和机构开始退出竞争①。高等教育从作为民族主义公共利益和研究绩效之间的比拼,演变为本土主义的归属感政治和全球地位竞争政治这两者之间较量。詹姆斯·米特尔曼(James Mittelman)将国际大学排名称为全球时代教育政策的黄金标准,认为其对大学造成了压力②。如其所观察到的,新自由主义重新调整了大学的目的,追求世界一流的不可能的目标已经把学院的灵魂置于危险之中。当大学为了追求世界级地位这一不可能实现的目标而改变做法时,大学灵魂就受到了威胁。大学对衡量标准、排名和效率的痴迷已经蒙蔽了它们的双眼,使其忽视了以更可持续的教育多元化愿景为框架、以培养全球批判性思维为目的的可行替代方案③。

国际排名对国家高等教育政策和发展战略产生了重大影响,这一点在亚洲尤其突出。作为全球化战略的一部分,中央政府控制高等教育政策的亚洲国家对国际排名非常敏感。例如具有强大影响力的上海软科世界大学学术排名(Shanghai Ranking's Academic Ranking of World Universities,ARWU)作为国家的基准评估工具,使中国大学能够在国际舞台上竞争④。亚洲以高风险的资金竞争和以绩效为导向的问责政策为特征的追赶模式,可能更适用于追赶型发展的早期阶段,但不适用于创新和引领型发展的高级阶段。有研究追踪了过去十年全球大学排名的零和游戏,指出韩国和中国如果不能从追赶模式发展到先行者战略以引领创新,就有可能陷入指标陷阱,从而步日本的后尘。亚洲模式的另一个潜在隐患是,由于科学、技术、工程和数学(Science,Technology,Engineering,and Mathematics,STEM)在研究论文发表和引用方面占主导地

① KANG Y, MOK K H. China's Policy Responses to University Ranking: Changes and New Challenges [J]. Scandinavian Journal of Educational Research,2024,68(1):67-78.
② MITTELMAN J H. Implausible Dream: The World-Class University and Repurposing Higher Education [M]. Princeton, NJ: Princeton University Press,2018.
③ MITTELMAN J H. Implausible Dream: The World-Class University and Repurposing Higher Education [M]. Princeton, NJ: Princeton University Press,2018.
④ LEE J, LIU K Q, WU Y. Does the Asian Catch-Up Model of World-Class Universities Work? Revisiting the Zero-Sum Game of Global University Rankings and Government Policies[J]. Educational Research for Policy and Practice,2020,19:319-343.

位,因此对不同学科的机构支持会出现失衡。在排名前 500 的大学中,亚洲高等教育系统中以 STEM 为导向的院校多于西方院校[1],但 STEM 与艺术/人文/社会科学分布更加平衡的西方国家却拥有更多一流大学[2]。以绩效和排名为导向的政策会导致零和博弈的偏差,从而破坏真正的改进和创新。当绩效驱动、高风险的问责政策更多依赖竞争性奖励和拨款等短期激励而非长期能力建设和学术自由时,很可能诱发在没有真正改进的情况下为获得奖励而与制度进行博弈[3]。

二、数智科技

数智化时代的海啸席卷全球,人工智能正在生成和建构一个开放、灵活和多元的教育社会,由于颠覆性技术和全球化浪潮,知识工作者很可能被机器所取代,这给传统社会标准化培养的教师和世界一流大学带来了巨大挑战。一方面,人工智能、机器学习等技术具有超越常人的整合能力、记忆能力与思维速度,能够通过算法优化和海量运算的能力解决复杂问题,而教师学习和阐释知识的速度和应对跨学科、非线性复杂问题的能力处于相对劣势。另一方面,科学技术的快速发展推动了知识本身迭代更新的速度,同时形成了支持知识增长和流动的各类数据库、搜索引擎、应用程序等技术工具,进一步提升了知识的生产效率和传播速度。以高深知识为追求的世界一流大学及其教师、学生面临着知识更迭需求加速和知识传授速度不够的困境。科技的快速发展带来了大学的数智化转型,教师的职业危机与大学的发展困境并非教师、管理者等个体能力所能解决,而是要从根本上变革"教什么知识"和"怎么教知识"这两个教育本质问题。世界一流大学需要一种全新的教学理念和方式来培养学生的终身学习能力与创造性、批判性思维。

此外,莫家豪(Ka-ho Mok)指出,在线教学方面,教师缺少在线教学培训、网

---

① CHENG Y, LIU N C. A First Approach to the Classification of Top 500 World Universities by Their Disciplinary Characteristics Using Scientometrics[J]. Scientometrics, 2006, 68(1): 135-150.

② LEE J, LIU K Q, WU Y. Does the Asian Catch-Up Model of World-Class Universities Work? Revisiting the Zero-Sum Game of Global University Rankings and Government Policies[J]. Educational Research for Policy and Practice, 2020, 19: 319-343.

③ LEE J, LIU K Q, WU Y. Does the Asian Catch-Up Model of World-Class Universities Work? Revisiting the Zero-Sum Game of Global University Rankings and Government Policies[J]. Educational Research for Policy and Practice, 2020, 19: 319-343.

络教学资源分布不均、现有教学设施难以支撑大规模在线学习、实践导向学科面临调整等问题凸显[①]。萨尔米指出，后疫情时代世界一流大学需要面对的各种挑战接踵而来，其中最直接的是对传统教育模式的颠覆。未来，世界一流大学需要通过创新教学、评价等方式，为创设以学生为中心的线上、线下教育活动赋能[②]。萨尔米还指出，疫情放大和加速了在课程呈现与教学互动方式上进行创新的迫切性。在过去三年时间里，全球范围内的高等教育都经历了一场广泛而深刻的大规模实验。大学不得不告别以固定时间、固定项目、固定校园、固定考试为主要特征的传统教育模式，通过创新知识传授方式、重置学位项目和升学路径、提升学习与评估的一致性等措施来解构传统教育活动。在线学习不是一场观赏性运动，而是一种以学生为中心，以激发好奇心、点燃激情、释放才能为目标的教育创新[③]。

技术的快速发展导致了社会生活方式的重大变化，同样为世界一流大学建设带来挑战。世界一流大学如何创建高等教育数字化生态系统，加强数字化校园、数字化图书馆、数字化设备、数字化教学系统、混合学习空间等基础条件建设？如何强化人才培养方式与管理方式的数字化变革，推进教学过程、课程教材开发与应用的数字化转型？如何提升学生、教师、管理者的数字化能力，缩小不同年龄段群体间的数字鸿沟，促进虚拟数字化空间与校园物理空间有机结合？从世界人口来看，如何减少网络资源分布严重不均等，弥合全球存在的巨大数字化鸿沟？科技进步带来的一系列数字化变革正在重塑世界一流大学的形态，全球高等教育正在迎来一场史无前例的革命。

三、人类命运

世界经济论坛创始人克劳斯·施瓦布（Klaus Schwab）在《后疫情时代：大重构》中将"相互依存、瞬息万变和错综复杂"视为塑造当今世界的三大主流特征。世界各地存在着地缘政治紧张局势，部分地区长期存在冲突和战争；气候变

---

① MOK K. Impact of COVID-19 on Higher Education Teaching，Student Learning & Research：Implications for World-Class Universities[C].The 9th International Conference on World-Class Universities，2022.

② SALMI J. Have World-Class Universities Risen to the Pandemic Challenges？[C].The 9th International Conference on World-Class Universities，2022.

③ SALMI J. Have World-Class Universities Risen to the Pandemic Challenges？[C].The 9th International Conference on World-Class Universities，2022.

化带来的极端天气事件频发,环境污染等问题日益严重;新冠疫情演变成全球性大流行病引发了人类社会现代史上空前的全球性危机,社会经济、地缘政治等多个领域陷入危险与动荡之中。自 2020 年以来,世界各地高等教育发展都受到了新冠疫情的影响,莫家豪指出,高等教育不平等的加剧、教育公共经费与家庭投入的减少、教育机构倒闭、在线教学质量难以保障、学生幸福感和人际交往能力下降等,均对世界一流大学的建设发展提出严峻挑战[①]。

鉴于世界范围内持续的政治动荡以及从民族主义角度审视国际高等教育存在的局限性,有研究指出需要进一步反思世界一流大学作为高等教育的全球领导者、全球知识与学科前沿的引领者意味着什么。反思这些机构对教育界、对相信其具备与全球地位和声望相匹配实力的人们、对带着这种信任来到大学的学生承担哪些责任? 任何参与高等教育国际化的机构,对那些在遥远地方饱受战乱的国家的学生,对那些在政治上流离失所、在经济上无力支付国际教育费用的学生,承担着怎样的责任? 国际学者对跨越政治边界和经济阶层、渴望追求学习梦想的学生承担着怎样的专业伦理和人文关怀? 这些问题表明了探讨更大胆、更多维和更有远见的框架的必要性,敦促世界一流大学制定超越当下思考和推进国际高等教育的经济和政治框架[②]。

后疫情时代已经到来,世界充满巨大的复杂性和诸多不确定性。危机也是反省的良机,其中蕴藏着变革的动力,疫情引发了人们对环境问题的关注,将互联网技术广泛引入生活[③]。世界一流大学应如何转变教育教学方式、如何提升科学研究的社会影响力、如何改善高等教育治理模式、如何推动高等教育国际合作? 这是全球世界一流大学的管理者与参与者需要面对的现实问题。大学存在于社会现实世界之中,全球新冠疫情对世界一流大学的发展产生了深远影响。大学面临在线课程增加、财政预算紧缩、全球流动放缓等多方面挑战,为了应对这些变化,世界一流大学应致力于通过引领教学改革、追求卓越科研、创新治理模式以及加深国际合作,为服务全球人类文明未来的发展作出贡献。

① SALMI J. Have World-Class Universities Risen to the Pandemic Challenges? [C].The 9th International Conference on World-Class Universities,2022.
② GAULEE U, SHARMA S, BISTA K. Rethinking Education in a Changing World:Emerging Issues and Critical Insights[C].Rethinking Education Across Borders:Emerging Issues and Critical Insights on Globally Mobile Students. 2020:3-17.
③ SCHWAB K, MALLERET T. COVID-19:The Great Reset[M]. Geneva:Forum Publishing,2020.

第三节　世界一流大学建设的全球变革

一、学术卓越之外的世界一流大学定义

我们生活在一个高度变化的世界。萨尔米指出,大学在这个充满不确定性与复杂性的时代,必须具备应对风险的意识和方案,关心整个大学社区,建立沟通、反馈与优化机制,以具备灵活性和随机应变的能力①。面对后疫情时代带来的挑战,世界一流大学不仅要继续提升人才培养与创新研究能力,更要担负起关怀人类未来命运的重大责任,为应对全球健康危机、恢复社会经济,以及重建全球秩序提供切实可行的解决方案②。当今对世界一流大学的定义比以往任何时候都有必要超越传统上的学术卓越。

米特尔曼认为很多关于世界一流大学的研究重点在于探讨世界一流大学应该达到哪些标准,大学如何实现卓越,这意味着一流大学要持续达到更高的学术标准、有更好的学术表现。这种世界一流大学的研究范式对探索提升大学表现的路径具有重要意义,也有助于全球大学之间相互学习借鉴。然而,其对于"世界一流"的理解是基于可以实现跨国和跨文化的大学质量比较的内在假设,没有充分考虑现实中的局限性与可能性。米特尔曼指出这种研究范式将世界一流大学模式的发展视为一种对战略计划、最佳实践、衡量标尺、品牌化等核心话语体系的模仿与重复,忽视了世界一流大学与社会生产的关系。世界一流大学模式是否适用,要看大学所处的具体情景是否与世界一流大学的发端逻辑相符,还要考虑这种模式在多大程度上可以应用到与世界一流大学源起不一样的情景之中③。米特尔曼呼吁采用多管齐下的方法来重组全球高等教育体系,提出由教师、学生、行政人员和公务员等多方参与者共同实施的结构性改革建议。方案包括每所大学编写一个关于如何推进自身差异化使命的具体叙事,而不是为了追求遥不可及的世界级地位的梦想;提出一个将全球与地方重新联系起来的议程,这将使大学能够在尝试涉猎全球的同时又不脱离其所在的地方社区;致力于创

---

① SALMI J. Have World-Class Universities Risen to the Pandemic Challenges?［C］.The 9th International Conference on World-Class Universities,2022.

② LIN Z. Opening Remarks［C］.The 9th International Conference on World-Class Universities,2022.

③ MITTELMAN A. A Flaw in the "World-Class Universities" Narrative and How to Fix It［C］.The 9th International Conference on World-Class Universities,2022.

造性文化建设,通过建立一个非传统的课程架构,激发富有想象力的思维、大胆的实验和大胆的设想;建立激励机制,鼓励知识分子在公共领域发挥传播知识的重要作用等①。

大学是根植于社会文化、经济和政治的学术机构,其发展受到国家利益、民族文化、国内经济的影响。沈红认为,没有大学可以超越社会之外,不存在世界共享的大学。大学的内在追求可能相似,但是外在影响会改变大学的行动方向,来自不同国家的大学模式是不同的。世界一流大学应当基于理念和模式来确立方向,引领其他大学的发展,但不强调具体的行动方案,所以世界一流大学的标准或模式需要多样化和柔性化。没有"世界的大学",每所大学都有不同的规模、历史、学科优势。如何给所有大学提供迈向世界一流的机会是一个值得深思的问题。"世界一流"意味着在世界范围内水平最高,同时对世界开放,所有国家都有拥有的可能。世界一流大学的实质是高水平研究型大学,通过参与建设世界一流大学的全球竞争,通过持续的努力很有可能成为排名中的世界一流大学②。

对亚洲国家而言,有学者建议重新思考世界一流大学发展的问题,即亚洲的一流大学如何区别于美国大学? 当每个国家都在追求更加全面但又各具特色的世界一流大学时,这种战略差异化方法更有可能创造双赢的结果。与世界一流大学这一与全球大学排名相关的概念不同,有学者提出旗舰大学这一更具流动性的概念,并受到国情和地方需求的影响③。这种传统的旗舰大学模式可以扩展到发挥其他重要作用的公立大学,如研究和教学以外的公共服务和区域发展。与地理和文化代表性相联系,即使是较小的地区性或地方性大学也可以在选定的领域发展战略优势④。另外,在研究方面开展更多的地区合作和一体化努力从而产生双赢的结果⑤。

①   MITTELMAN J H. Implausible Dream: The World-Class University and Repurposing Higher Education [M]. Princeton, NJ: Princeton University Press, 2018: 223 - 239.
②   SHEN H. The Essence and Mission of World-Class University[C]. The 9th International Conference on World-Class Universities, 2022.
③   DOUGLAS J A. The Evolution of Flagship Universities: From the Traditional to the New[EB/OL]. (2016 - 12 - 01) [2024 - 04 - 03]. http://cshe.berkeley.edu.
④   LEE J, LIU K Q, WU Y. Does the Asian Catch-Up Model of World-Class Universities Work? Revisiting the Zero-Sum Game of Global University Rankings and Government Policies[J]. Educational Research for Policy and Practice, 2020, 19: 319 - 343.
⑤   HAMMOND C D. Dynamics of Higher Education Research Collaboration and Regional Integration in Northeast Asia: A Study of the A3 Foresight Program[J]. Higher Education, 2019, 78: 653 - 668.

二、基于可持续发展目标的世界一流大学使命

随着时代发展,大学目标处于不断变化中,米特尔曼指出,当今不少大学过多关注学生毕业时的工作与薪资等就业能力表现,忽视了引发好奇心与求知欲、激发人的心智与想象、发展批判思维等核心目标的达成①。那么,世界一流大学的真正使命是什么? 为什么需要世界一流大学? 联合国制定的 17 个可持续发展目标为回答上述问题提供了一种可能方向。可持续发展目标致力于通过协同行动消除贫困、保护地球并确保人类享有和平与繁荣。可持续发展目标不仅适用于指导未来世界与国家的政策制定和资金使用,同样为当下世界一流大学重构使命提供了方向。

在全球化时代,世界各国之间已经形成了休戚与共的利益共同体、责任共同体和命运共同体;同时,这又是一个充满挑战和不确定性的时代,新冠疫情加剧了人类的生存危机,影响着可持续发展目标的实现。刘宝存指出,世界一流大学对世界可持续发展承担关键且不可推卸的责任,要充分利用人才培养、科学研究、社会服务、国际合作交流等各项职能引领世界未来的可持续发展。基于可持续发展目标,刘宝存认为,第一,世界一流大学应该"率先垂范,以可持续发展为理念创办绿色大学",在教学、科研、服务,还有基础设施、校园环境建设等方面体现可持续发展思想。第二,"履行责任,通过跨学科国际合作研究破解困扰世界的难题"。世界一流大学在学科结构多元、国际联系广泛、科学技术前沿等方面具有显著优势,有助其在环境污染、气候变化、能源安全、网络安全以及全球公共卫生安全等方面提供解决方案。第三,"引领未来:培养真正能够引领并改变未来世界的行动者和创造者"。世界一流大学应该培养学生的批判性、独立性、发现和解决问题的能力,以及可持续发展意识和态度,引导学生思考如何应对未来社会、国家和世界所面临的挑战。第四,"坚守底线,弘扬人性光辉构建全纳社会"。在后疫情时代,加之出现逆全球化的趋势下,世界一流大学作为社会的灯塔,需要通过传播科学知识、倡导积极价值规范、推动文化理解来促进建立一个全纳、公平、和谐的世界。第五,真正的世界一流大学应该"推动交流,构建'利益共同体''责任共同体'和'命运共同体'",推动本土和国际间的合作对话,提供最

---

① MITTELMAN A. A Flaw in the "World-Class Universities" Narrative and How to Fix It[C].The 9th International Conference on World-Class Universities,2022.

佳教育实践案例，推广研究成果，通过参与国际标准与规范的制定在全球治理中发挥作用①。

　　基于联合国可持续发展目标，莫家豪以香港岭南大学为案例，阐述了该校如何开展教学与科研，为增强全球竞争力而进行高等教育转型；如何为年轻一代提供优质、均等的教育机会；如何实践可持续发展，为培养世界公民创造良好环境。我们生活在一个地球村，处在全球健康危机中的大学更要通过国际合作、相互支持来解决疫情对学生学习、教学及科研合作的影响。作为全球引领者，世界一流大学要基于社群需求、体现社会影响、以支撑人类未来发展为宗旨开展研究。这就要求世界一流大学走出本土，坚持国际合作与地区参与，通过合作帮助发展中国家提升以人为本的科学技术，将高质量的研究转化为对未来社会发展积极有益的影响②。

　　关于如何理解世界一流大学的角色与使命，黄福涛指出，在全球使命、国家需求与世界一流大学的贡献之间，与中国相似的国家通常更强调高等教育与科学技术的发展要服务国家现代化建设与民族复兴③。基于世界一流大学发展的"上海原则"——包容性（Inclusiveness）、道德性（Ethics）、客观性（Objectivity）、相关性（Relevance）与全球合作（Global Collaboration）④，萨尔米进一步指出，后疫情时代的世界一流大学更需要体现公平与包容；更有责任为真理与科学证据而努力，强调批判性思维与解决问题能力；更需要在学生中推广道德和积极的价值观，培养诚实的专业人士、民主和多元主义的公民；更需要展示世界一流大学的社会责任感、履行社会承诺，成为实现可持续发展目标的变革推动者，为解决气候变化、绿色经济等社会发展问题做好准备⑤。西蒙·马金森（Simon Marginson）认为在全球、区域、国家和地方不同空间范畴中的位置影响着我们如何看待世界一流大学的角色。中国和东亚国家的大学比欧美国家更倾向于将国际化、全球

---

① LIU B. The Global Missions of World-Class Universities in an Era of Uncertainty［C］. The 9th International Conference on World-Class Universities，2022.

② MOK K. Impact of COVID-19 on Higher Education Teaching，Student Learning & Research：Implications for World-Class Universities［C］. The 9th International Conference on World-Class Universities，2022.

③ HUANG F. Closing Remarks［C］. The 9th International Conference on World-Class Universities，2022.

④ WU Y，WANG Q，LIU N C（Eds）. Towards a Global Common Good and Seeking National and Institutional Contributions［M］. Brill，2018：70-87.

⑤ SALMI J. Have World-Class Universities Risen to the Pandemic Challenges?［C］. The 9th International Conference on World-Class Universities，2022.

化活动与国家责任视为同等重要、相互兼容,致力于在不同空间范畴实践全球共同利益①。

三、不断得到重塑的世界一流大学形态

后疫情时代的大学不再是传统的金字塔,而开始从传统的教育和机构中走出来,以一种完全不同的方式开展教学、研究与合作,世界一流大学的存在形态不断得到重塑。在世界一流大学建设中,各国政府和大学均将如何应对数智化挑战置于关键地位,出台了一系列相关政策加强大学数智化基础设施建设,开发数智化研究平台,发展数字化和智能化课程,提升教师数智化教学技能,从而赋能世界一流大学的转型发展。在国际层面,如 2017 年美国联邦政府出台了《高等教育国家教育技术计划》(*Higher Education National Education Technology Plan*),重构技术在高等教育中的作用,提出"高等教育,尤其是提供卓越教育的大学,应改进数字化技术,满足学生的高质量学习需求,提升教师的数字化素养,打造高质量的课程资源"②。在大学层面,如 2022 年大阪大学为建设世界一流大学推出《2027 年总体规划》,提出"应对新时代的信息基础建设"计划以支持营造混合教育学习环境、在线科学研究环境、大学战略管理环境等③。

萨尔米认为,教育创新不仅包括翻转课堂、同伴学习等主动式或交互式学习,还包括基于问题的学习、基于模拟的学习、跨学科体验式学习;不仅包括使用创新平台、人工智能、大数据、虚拟现实等先进技术,还包括采用灵活多样的学习方式、替代途径和多种形式的资格证书等。我们正在进入终身教育时代,在终身学习理念下,大学的未来不仅包括本科教育、研究生教育,还包括持续的专业发展教育、职业转变教育、公民及其生活技能教育等④。教师不再仅是知识的传授者,而更加专注于构建和谐稳固的师生关系和促进学生全面长远发展,转变为"满足学生个性化需求的教学服务提供者、设计实施定制化学习方案的成长

① MARGINSON S. The Difference Between "Globalisation" and "Internationalisation": Implications for Science and WCU Building[C].The 9th International Conference on World-Class Universities, 2022.
② OFFICE OF TECHNOLOGY EDUCATIONAL. Reimagining the Role of Technology in Higher Education[EB/OL].(2017-01-04)[2022-11-25]. https://tech.ed.gov/highEdnetp/.
③ 别敦荣,周奕.论加快建设中国特色世界一流的大学和优势学科[J].中国高教研究,2023,(04):19-24+32.
④ SALMI J. Have World-Class Universities Risen to the Pandemic Challenges? [C].The 9th International Conference on World-Class Universities, 2022.

咨询顾问"①。

关于大学要实践怎样的教育才能在未来生存,才能为未来社会培养人才这一问题,席酉民以一流大学的未来发展为主题,结合西交利物浦大学在过去十多年间的实践探索,探讨了和谐教育生态与学习超市如何跨越正式与非正式学习的界限,实现实体校园与虚拟学习空间的无缝衔接,重塑人们对大学与校园的理解。面对社会对更具灵活性、数字化的高等教育系统的需求,提出了一个数字化学习和谐生态模型,强调自主学习以及其在正式学习、非正式学习和终身学习之间的互动关系②。该模型横跨微系统、中系统、外系统、宏观系统和时间系统五个层次的生态系统,将中国的"和谐"概念引入到学习生态中,通过继承性学习(inheritance learning)、反思性认知(reflective cognition)、探索性整合(exploratory integration)、兴趣驱动的积累(interest driven accumulation)和思维提升的进步(mindset upgraded progress)五种学习类型,旨在培养能够广泛应对不确定性,适应世界快速发展变化的毕业生③。

聚焦我国世界一流大学,史静寰认为疫情对传统的课堂教学方式提出了挑战,大学生的学习方式发生了巨变,线上和线下活动相结合的混合教育将成为常规课堂活动的一部分。基于 2021 年"中国大学生学习与发展追踪研究"中 15 所"双一流"建设高校数据,史静寰探讨了在后疫情时代,世界一流大学如何在提升在线学习策略、学习动力、学习技术能力等方面给予学生最大支持,并指出中国"双一流"建设高校应该在培养学生的挑战应对能力和建设一个更美好的未来世界方面发挥引领作用④。

除了教学空间、学习生态与大学体系等方面发生的深刻变革,世界一流大学面对的科研环境与合作网络也不断得到重塑。马金森从"全球化"与"国际化"概念的差异入手,探讨了全球高等教育系统面对的挑战。马金森反对从方法论民族主义视角或是英语国家对"国际化"的定义去理解地理空间,在中性的地理概

---

① 中国教育报.人工智能给未来教育带来深刻变革[EB/OL].(2018 - 01 - 04)[2024 - 03 - 04].http://www.moe.gov.cn/jyb_xwfb/moe_2082/zl_2018n/2018_02/201801/t20180104_323685.html.

② XI Y. Shaping the Future of a Leading University with HeXie Education Ecology and Learning Mall[C].The 9th International Conference on World-Class Universities,2022.

③ LI N,HUIJSER H,XI Y, et al. Disrupting the Disruption:A Digital Learning HeXie Ecology Model[J]. Education Sciences,2022,12(2):63.

④ SHI J. Exploring an Integrated Model of Assessing and Improving College Student Learning in China[C].The 9th International Conference on World-Class Universities,2022.

念视角下,国际化意味着加强国家之间的关系,而不是通过特定的价值观改变某个机构或体系。高等教育是一个多重空间范畴的领域,世界一流大学更是如此,他们一个显著的共同特征是在包括地方、国家、区域和全球的所有空间范畴中都保持高度活跃。不同空间范畴之间也不存在零和效应,一种空间的活动增加并不意味着另一种空间的活动减少,尽管会发生一些权衡。尽管全球体系具有排他性,忽略了英语以外其他语言的知识以及一些民族国家的本土知识,但同时也具有包容性,把更多国家带入了全球科学体系。通过加入全球科学体系,这些国家能够彼此自由连接,加快自身发展,而不受科学发达国家的阻碍。这种跨越边界的联系并不限于国家之间,也包括对科学和世界一流大学发展至关重要的全球体系①。所以,如何设计一种尽可能兼具包容性的全球方案,更好地理解多重空间范畴发展的高等教育,更好地开展未来教育与研究合作,是全球世界一流大学面临的共同挑战。

当今世界充满巨大的复杂性和诸多不确定性,世界一流大学应如何转变教育教学方式、如何提升科学研究的社会影响力、如何改善高等教育治理模式、如何推动高等教育国际合作? 这些都是各国世界一流大学的管理者和参与者需要面对的现实问题。从世界一流大学建设与发展来看,第一,需要超越传统定义。世界一流大学不能仅以学术卓越来定义其自身属性,还需要将国家特色与大学优势相结合,促进世界一流大学标准的多元化,并且通过结合更丰富的历史方法和理论工具,将不同的视野与范式融入对一流大学的定义当中。第二,需要重构历史使命。围绕可持续发展目标,世界一流大学要肩负起培养具有人类发展使命感和责任感、引领未来、改变世界的卓越人才的重任,并承担发挥其卓越科研优势,引领全球合作解决世界环境、气候、卫生等公共领域重大问题的使命。第三,需要重塑存在形态。在新使命的召唤下,世界一流大学要借助全球数字化推进教学变革、通过多元影响力评价改革引领科学研究,依托多重空间并行的全球科学体系开展国际合作,全面推进世界高等教育的历史性变革。

(陈丽媛)

---

① MARGINSON S. The Difference Between "Globalisation" and "Internationalisation": Implications for Science and WCU Building[C]. The 9th International Conference on World-Class Universities,2022.

第二章
中国视角下的世界一流大学建设

本章在 CNKI 数据库平台基于 43 本高等教育学与教育学期刊,以"一流大学建设"为"主题"进行检索,发表时间段限定为 2019—2024 年,共检索出 381 篇 CSSCI 文献,最终成功下载 344 篇,筛选后得到相关文献 48 篇,基于上述文献进一步拓展阅读补充文献 19 篇。基于上述文献,从世界一流大学的建设目标、建设路径、建设成效等方面对中国视角下的世界一流大学建设进行系统综述,并对当前我国世界一流大学建设面临的挑战与机遇进行深入探讨。

第一节　世界一流大学建设的中国目标

一、中国特色,世界一流

纵观近十年中国世界一流大学建设相关政策的演进历程,从 2015 年国务院印发《统筹推进世界一流大学和一流学科建设总体方案》,2017 年教育部、财政部、国家发展改革委(以下简称"三部委")印发《统筹推进世界一流大学和一流学科建设实施办法(暂行)》,到 2018 年印发《关于高等学校加快"双一流"建设的指导意见》,2021 年制定《"双一流"建设成效评价办法(试行)》,均强调世界一流大学的建设发展、深入推进与评价调整要坚持以中国特色与世界一流为核心①。2022 年三部委印发《关于深入推进世界一流大学和一流学科建设的若干意见》,指出要在解决中国问题、服务经济社会高质量发展中创造世界一流大学和一流

---

① 教育部,财政部,国家发展改革委.关于印发《"双一流"建设成效评价办法(试行)》的通知[EB/OL].
(2021-04-02)[2024-09-03]. http://jkw.mof.gov.cn/zhengcefabu/202104/t20210402_3680780.htm.

学科建设新模式①。同年,教育部公布的第二轮"双一流"建设高校及建设学科名单,不再区分一流大学建设高校和一流学科建设高校,将原来一流高校和一流学科建设的双轨道合并为单轨道,探索分类发展、分类支持、分类评价的建设体系②。至此,扎根中国大地,办出中国特色,争创世界一流成为世界一流大学建设的重要指导思想。

"中国特色""世界一流"对于加快推进"双一流"建设至关重要,那么,什么是"中国特色",什么是"世界一流",以及如何处理"中国特色"和"世界一流"之间的关系,已有研究从不同视角进行了分析解读。关于"中国特色",一是指向中华文化或文明;二是指向体制或政体;三是指向中国国情。对于"世界一流",一是指向在世界范围内的排名;二是指向大学的全球影响力;三是指向大学的学术贡献。在某种程度上,"中国特色"主要强调大学所在国家以及这个国家的大学自身具有的特殊性,即大学的不可比性;"世界一流"主要强调大学在不同维度指标表现上的国际可比性③。无论哪种解读,均体现了"中国特色"与"世界一流"之间的内在本质区别。有学者将"中国特色"置于"世界一流"之上。比如,20 多年前涂又光基于文明本土化,对"中国的大学"(A University of China)和"在中国的大学"(A University in China)进行区分④,旨在强调中国大学不只是办在中国的大学,而是植根于中国文化的大学、属于中国的大学、为中国服务的大学⑤。有学者认为"中国特色"与"世界一流"之间既存在内在有机联系,又侧重不同⑥。首轮"双一流"建设将世界大学和学科排名作为评价依据之一,更侧重"世界一流";而第二轮"双一流"建设突出对国家社会发展的贡献,不再采用世界大学或学科排名的第三方评估,同时与一级学科评估分开,更侧重"中国特色"⑦。还有学者认为"中国特色"是从实践性维度提出的建设目标,旨在解决

①　教育部,财政部,国家发展改革委.关于深入推进世界一流大学和一流学科建设的若干意见[EB/OL].(2022 - 01 - 29)[2024 - 09 - 03].http://www.moe.gov.cn/srcsite/A22/s7065/202202/t20220211_598706.html.
②　教育部,财政部,国家发展改革委.关于公布第二轮"双一流"建设高校及建设学科名单的通知[EB/OL].(2022 - 02 - 09)[2024 - 09 - 03].https://www.gov.cn/zhengce/zhengceku/2022-02/14/content_5673496.htm.
③　王建华."双一流"建设的要义[J].高校教育管理,2020,14(02):14 - 20.
④　涂又光.文明本土化与大学[J].高等教育研究,1998(6):6 - 7.
⑤　王建华."双一流"建设的要义[J].高校教育管理,2020,14(02):14 - 20.
⑥　刘海峰."双一流"建设的统筹兼顾与深入推进[J].高等教育研究,2022,43(09):1 - 10.
⑦　刘海峰."双一流"建设:在中国特色与世界一流之间[J].苏州大学学报(教育科学版),2022(2):2 - 4.

中国本土的发展需求与实践问题。"世界一流"是从学术性维度提出的建设目标，"意味着在人才培养、科学研究、社会服务以及文化传承方面达到国际一流水平""在思想理论、科学技术、观念价值、制度文明等方面具备改变人类社会进程的能力"①。

有学者指出后发外生型与受既往内生制度和传统文化基因的影响是中国社会发展的两大特点。外生型与内生力量的相互作用使得世界一流大学的建设发展中存在世界一流与中国特色两种目标追求，而且两种目标之间存在学术性与社会性的本质冲突②。一方面，"世界一流大学是一个令人向往的目标，它反映了大学希望产生全球影响，并得到全世界认同的愿望"③。我国的"双一流"建设对标的是世界范围内的一流大学和一流学科在人才培养、科学研究、社会服务、文化传承与创新水平方面的标准，世界一流是我国"双一流"建设的目标和方向④。另一方面，中国特色又可体现为党建引领导航与保驾护航的政治特色，自信包容与多元交融的文化特色，不断求索与变革的历史特色，民主集中与社会参与各得其所的组织特色，以及依法治校与以德治校有机结合的治理特色⑤。中国特色与世界一流之间的差异性关系实则体现了本土化与全球化之间的关系⑥。对于"双一流"建设来说，"中国特色并不是纯粹的意识形态概念。世界一流、中国特色的学科体系是开放的，有全球共通性。离开了全球视野和参照就没有'世界一流'；而失去了立足中国国情、服务中华复兴、体现中国创造的中国特色，学科建设的主体性不存在，'世界一流'建设也就是奢谈"⑦。也有学者指出，目前人类社会仍以民族国家为主导，每一个国家在融入全球化的进程中都在不断强化自身特殊性。大学作为一个在文化与意识形态方面具有高价值负荷的组织，无法超越民族国家体制的影响。对于民族国家而言，高等教育发展必然会

---

① 朱金明，林梦泉，李澄锋，等.基于教育认证理念的一流学科建设路径[J].中国高等教育.2017(15/16)：52-55.

② 管培俊，阎凤桥，曹晓婕.中国一流大学治理体系现代化研究[J].中国高教研究，2021(09)：1-9.

③ 王琪，程莹，刘念才.世界一流大学：国家战略与大学实践[M].上海：上海交通大学出版社，2011：19-20+112.

④ 王战军，娄枝.世界一流大学的社会贡献、经验及启示：以哈佛大学为例[J].清华大学教育研究，2020，41(01)：26-34.

⑤ 于红波，孙百才.论我国世界一流大学建设应把握的"中国特色"[J].大学教育科学，2021(04)：39-45.

⑥ 王建华."双一流"建设的要义[J].高校教育管理，2020，14(02)：14-20.

⑦ 周杨.在科学和法治的轨道上推进中国特色世界一流法学学科建设：张文显教授访谈录[J].中国大学教学，2017(8)：4-13.

体现文化或体制上的独特性,即国家特色;对于任何国家的任何一所大学而言,要成为世界一流大学则需要为人类面临的共同问题提供解决方案。也就是说,"中国特色"是在"世界一流"的前提下得以发展①。

与此同时,中国特色与世界一流之间也存在相互统一性。如今人类面临水资源短缺、能源短缺、全球变暖、持续的贫穷等挑战,全球合作比历史上任何时期都更为迫切。在信息技术的迅猛发展下,知识和人才的全球流动加速,使得大学在地理和文化上的区域概念逐渐淡化。从长远来看,所有大学都将逐步转变为服务于人类命运共同体的全球性大学。全球化的发展趋势和人类命运共同体的要求使得知识具有全球属性,因此,虽然地方特色和国家特色依然存在,但它们不再是大学发展的主流。各国和各地区的大学可能存在差异,但它们的共同点会越来越多。各地方大学和国家大学都需要朝着世界大学的方向演变。真正的世界一流大学不仅仅是学术上顶尖的大学,更是具备全球视野的卓越大学②。

二、服务国家,贡献社会

阿特巴赫和萨尔米指出,世界一流大学应"能够持续有效地扎根于当地和国家环境,并拥有全球形象和知名度"③。世界一流大学的办学理念往往是大学在国际标准、国家需求与区域特色的持续互动中生成的④。中国特色更多是从实践性维度提出世界一流大学的建设目标,不仅旨在解决中国自己的发展需求问题,而且旨在建设基于中国文化和中华文明的大学,为应对全球挑战、促进世界文明发展贡献力量。

有研究指出,国家和社会的战略需求是一流大学、一流学科的逻辑起点,基于我国经济社会发展实际,凝练世界一流大学建设的中国模式和中国道路⑤。在把握世界一流大学基本特征、世界一流与中国特色之间的关系的基础上,构建具有中国特色的大学理念与高等教育制度,培育具有中国特色的大学文化和精神⑥⑦。

---

① 王建华.“双一流”建设的要义[J].高校教育管理,2020,14(02):14-20.
② 王建华.“双一流”建设的要义[J].高校教育管理,2020,14(02):14-20.
③ ALTBACH P, SALMI J. The Road to Academic Excellence: The Making of World Research Universities [M]. Washington: The World Bank, 2011: 2-3.
④ 陈斌.论一流大学建设的内在逻辑与现实境遇[J].大学教育科学,2020(02):33-38.
⑤ 项仲平.世界一流大学建设的中国范式与中国路径[J].中国高等教育,2017(Z1):32-36.
⑥ 钟建林.“双一流”建设的历史理路、现实审思与未来路向[J].东南学术,2018(3):115-122.
⑦ 赵颖,刘芳,赵婷婷.从“世界一流大学”建设到“双一流”建设——基于知网的研究史梳理[J].国家教育行政学院学报,2019(03):25-32.

与之相似,也有研究指出中国大学比西方大学更强调服务国家和服务社会,中国世界一流大学的建设逻辑首先是社会需求逻辑,然后是学术逻辑。世界一流大学建设要突出服务国家战略的建设目标,更加关注大学是否成为国家尖端科学研究和技术发展的主要力量、创造知识和产生新思想的主要源泉①。世界一流大学建设是否有成效,取得了多少成效,在很大程度上取决于"双一流"建设高校对社会政治、教育、学术等各个领域所作出的贡献。

每个时代、每所大学都有其独特、具体的需求和目的②,要为建设中国特色世界一流大学注入新的生机与活力,"需要将大学的建设发展置于国家高质量发展和民族振兴中,置于服务区域和地方经济社会发展中,置于国际高等教育发展的大格局中"③。有研究提出"立足中国实际,服务国家战略"与"对标世界一流,贡献中国方略"是世界一流大学的重要建设目标。一方面,一流大学作为国家的重要组成部分,肩负为国家提供服务的责任;另一方面,人类面临的重大挑战通常是世界的共通问题,对中国问题的探讨同样可能提供世界方案。服务与贡献既是大学的重要活动,也是大学发展的重要路径。我国的世界一流大学建设致力于对接国家战略需求,解决我国经济社会当前面临的重大理论和现实问题,特别是解决制约我国长期发展的核心技术等问题,同时为全球经济社会的持续健康发展以及更高质量的社会生活作出中国贡献④。

许美德指出在中国的高等教育系统里,知识分子被称作"士大夫",知识分子不仅是独立的思想者,还为国家工作,对国家的建设发展负有义务,隶属于整个国家系统。这是中国的知识传统,在一定程度上也是中国知识分子的传统,是中国特色形成的制度文化根源⑤。教授的知识价值不仅体现在理论性的纯学术工作,还体现在参与政府工作、参与社会服务等一系列社会活动之中。中国大学的权威性比西方大学更高,也是因为中国大学更直接地为国家服务,教授肩负国家

① 周光礼,蔡三发,徐贤春,等.世界一流大学的建设与评价:国际经验与中国探索[J].中国高教研究,2019(09):22-28+34.
② 王战军,娄枝.世界一流大学的社会贡献、经验及启示——以哈佛大学为例[J].清华大学教育研究,2020,41(01):26-34.
③ 袁占亭.治理体系和治理能力现代化:"双一流"大学建设的重要保证[J].中国高等教育,2019(22):7-9.
④ 王战军,娄枝.世界一流大学的社会贡献、经验及启示——以哈佛大学为例[J].清华大学教育研究,2020,41(01):26-34.
⑤ 何东."双一流"时代中国大学模式的发展——对世界著名教育学者许美德教授的访谈[J].高教探索,2020(04):11-16.

发展的责任,拥有比西方教授更高的权威性和政治地位①。这种政治系统与学术系统交叉融合的大学概念在东亚儒家文化圈得到普遍认同。中国本土的大学概念早在《礼记》中有所表述:"大学之道,在明明德,在亲民,在止于至善。"这种大学概念不仅强调立德树人,同时强调大学为政治服务,接受政府的领导和管制,"学而优则仕"也是这一制度文化的印证②。更重要的是,今天的中国已与以往不同,已经成为一个世界性的国家③。世界一流大学在服务国家需求的同时,还要增进国际公共利益④。阿特巴赫将"国家需要"与"国际公共利益"并列看作世界一流大学的两大办学目标,认为世界一流大学不仅要创造和传播一系列学科和领域的知识,提供各级精英教育,还要服务国家需要,促进国际公共利益⑤。韩国学者申正哲(Jung Cheol Shin)和德国学者芭芭拉·凯姆(Barbara M. Kehm)通过对世界一流大学、国家级大学、地方性大学的功能进行对比发现,世界一流大学更重视长期和基础研究,而不是短期和应用研究,并且研究主题涵盖全球变暖、人类健康等更广泛的全球性议题⑥。

第二节 世界一流大学建设的中国模式

一、中国模式存在与否

世界一流大学是一种制度文明的产物,不同国家的历史、文化以及制度模式等均对世界一流大学的建设产生影响⑦。正如查尔斯·艾略特(Charles Eliot)所言,从根本意义上来说,美国大学的发展过程不仅是模仿国外科研机构,也是美国社会和政治传统缓慢且自然发展的结果⑧。东亚地区的世界一流大学建

① 何东."双一流"时代中国大学模式的发展——对世界著名教育学者许美德教授的访谈[J].高教探索,2020(04):11-16.
② 周光礼.世界一流大学建设的"东亚模式":政府行为及其局限性[J].中国高校科技,2019(04):12-15.
③ 林建华.校长观点:大学的改革与未来[M].上海:东方出版中心,2018.
④ 刘海峰,别敦荣,张应强,等.开创中国特色世界一流大学建设新路(笔会)[J].苏州大学学报(教育科学版),2022,10(02):1-24.
⑤ ALTBACH P G. Peripheries and Centers: Research Universities in Developing Countries[J]. Asia Pacific Education Review, 2009, 10(1): 15-27.
⑥ JUNG C S, KEHM B M. Institutionalization of World-Class University in Global Competition[M]. Dordrecht: Springer, 2013: 120-125.
⑦ 赵颖,刘芳,赵婷婷.从"世界一流大学"建设到"双一流"建设——基于知网的研究史梳理[J].国家教育行政学院学报,2019(03):25-32.
⑧ 冯达旋.全球化下的教育复兴:冯达旋谈高等教育[M].魏晓雨 译.哈尔滨:哈尔滨工业大学出版社,2018.

设,一方面,受儒家传统大学概念的影响,强调大学的政治抱负和使命感;另一方面,后发外生型国家赶超欧美国家世界一流大学的一个基本策略是强化政府的统筹职能,集中资源办大事①。东亚地区的高等教育治理更多体现为一种科层模式,即世界一流大学的产生由政府指定,大学等级由政府分配,政府通过政策和措施来调控大学和高等教育各部门的职能、权利、特权和资源,决定其学术地位乃至生死存亡②。就制度环境而言,中国拥有与西方不同的政治体制历史文化情境,要建成真正的世界一流大学、成为世界高等教育强国,需要走出对西方大学的理念崇拜与制度依赖,重新塑造大学建设的价值体系与制度安排,为国家、地区乃至全球事务作出中国独特的贡献,创造具有中国特色的高等教育发展模式和一流大学建设模式③。不过,就目前而言,中外学界对世界一流大学建设的中国模式是否已经形成或能否形成这一问题,一直存在不同见解。

　　威廉·柯比(William C. Kirby)指出中国的一流大学一直以来都将自己视为且一直也作为全球精英机构网络的一部分。在过去的一百多年里,现代大学将中国的科学工程推向了世界一流的行列,同时也促进了价值观念的开放与发展。就像美国通过模仿德国和英国高等教育机构的规范而发展出享誉全球的大学一样,中国的大学在过去的一个世纪里向全球高等教育引领者学习,无论是欧洲、美国,还是苏联。如今,中国一流大学的建设发展以欧洲和北美的顶尖大学为对标,中国政府提供了令人羡慕的财政支持,中国大学拥有国际一流的学者和世界上最有才华的学生,在教育、评价和促进人才为国家和社会服务方面,世界上没有哪种文明比中国拥有更长的历史并保持更持久的成功纪录。中国一流大学完全有可能在 21 世纪树立全球一流大学的标准。不过,柯比认为中国的大学很难形成中国模式,而仍将以国际模式发展壮大,并与欧洲和北美的一流大学形成全球共同体④。也有中国学者对是否存在中国模式持保留态度。例如,王建华指出如果以世界一流大学排名为参照,21 世纪以来中国的一流大学建设确实取得了显著成效,但这种发展尚未到达将其理论化为中国模式或中国经验的程度。近年来,得益于政府的财政驱动,中国大学在世界大学排行榜上的排名不断

---

①　周光礼.世界一流大学建设的"东亚模式":政府行为及其局限性[J].中国高校科技,2019(04):12-15.
②　周光礼.世界一流大学建设的"东亚模式":政府行为及其局限性[J].中国高校科技,2019(04):12-15.
③　王建华."双一流"建设的要义[J].高校教育管理,2020,14(02):14-20.
④　KIRBY W C. Empires of Ideas: Creating the Modern University from Germany to America to China[M]. Harvard University Press,2022:376-395.

上升是客观事实,但难以证明这与中国模式有必然联系,也难以证明中国的世界一流大学已经建成。该研究建议客观理性地看待中国通过"211 工程""985 工程"和"双一流"建设等重点建设计划推动中国的世界一流大学建设发展,将近期的排名上升进行体制化、符号化,有可能引发系统性问题,甚至是风险[1]。尽管中外学界对是否存在世界一流大学建设的中国模式均存争议,但中国对世界一流大学的建设发展的国际影响有目共睹,从已有研究文献来看,多数学者将重点建设计划、政府投入与政策驱动等视为中国模式的重要方面。

二、中国模式的实践样态

随着我国大学在世界大学排行榜上的优异表现,以政府主导、政策驱动、资源密集为典型特征的一流大学建设被称为"中国模式"[2]。有学者认为中国的世界一流大学建设"具有鲜明的后发特征,通过以跨越赶超为发展目标、以政府调控为发展动力、以学习借鉴为发展资源,在短期内取得显著成效"[3]。也有研究指出,这种建设模式具有"双重发展"与"高速效应"的特征;前者是指在追赶先发国家大学早已达到的发展水平的同时,还要适应其发展趋向;后者是指要在短期内赶上先发国家大学的发展水平,后发国家就必须高速发展[4]。同时,这种建设模式也伴随陷入后发陷阱的风险[5]。有研究将世界一流大学建设模式分为中心模式与学科模式。发达国家地区大多采用中心模式,即由研究中心引领与支撑世界一流大学建设。例如,日本先建设卓越中心,后建设一流大学;德国的卓越集群在本质上也类似研究中心。中国世界一流大学建设采用的是学科模式,这一模式有利于实现建设中国特色世界一流大学的根本任务和政治使命,但对促进科学研究创新的作用相对有限[6]。有学者认为中国模式体现在以"国家发展"为世界一流大学建设的主导价值取向,政策权威性工具贯穿在建设的每一环节:世界一流大学的建设思路、入选方式和具体程序、中央专项资金的管理和使用、

① 王建华.从优秀到卓越:"双一流"建设的价值澄清[J].江苏高教,2019(01):1-6.
② 王建华.从优秀到卓越:"双一流"建设的价值澄清[J].江苏高教,2019(01):1-6.
③ 杨蕾.从"追赶发展"到"超越发展":后发视野下中国的世界一流大学建设路径[J].国家教育行政学院学报,2021(02):43-51.
④ 褚宏启.论教育的迟发展效应[J].北京师范大学学报(社会科学版),1993(3):29-33.
⑤ SALMI J. Nine Common Errors in Building a New World-Class University[J]. International Higher Education,2011(4):5-7.
⑥ 刘小强,蒋喜锋.论世界一流大学建设的"学科模式"和"中心模式"——"双一流"首轮建设期满之际的反思[J].中国高教研究,2020(10):27-33.

项目的组织实施、检查验收的具体要求等均通过政策要求、制度监管、评估标准等予以规定①。还有学者将中国的世界一流大学建设模式视为国家行动与大学自主办学的耦合，认为世界一流大学建设既离不开国家的强力推动、顶层设计以及统筹谋划，也离不开大学这一基层行动主体。这是世界一流大学建设之中国道路的基本内核。国家通过战略规划、制度供给、资源配置、考核评价、监督管理以及信息服务等方面的调控，推动高等教育改革与发展；大学通过推进办学自主权、提升自主办学能力，提高人才培养、科学研究以及社会服务水平②。

　　中国式的现代大学制度是在建设世界一流大学的过程中，对中国模式的积极探索③，其核心是在国家的宏观调控政策指导下，大学面向社会，依法自主办学，实行科学管理。这一制度包含两个层面：一是宏观层面的学校与外部的关系，涉及规范和理顺大学与政府、大学与社会的关系，二是微观层面的大学内部治理结构的完善和改革。从大学内部治理来看，治理体系主要包括由党委领导形成的政治权力、校长负责形成的行政权力、教授治学形成的学术权力和师生参与形成的民权利四个要素④。其中，党委领导下的校长负责制是中国大学的基本样态，是创建世界一流大学的基本制度优势⑤。有学者将这一特色内部治理结构概括为"党委领导、校长负责、教授治学、民主管理"⑥。具体而言，包括坚持和完善党委领导下的校长负责制；调整院系结构，实现管理重心下移；建立学术委员会，实行教授治学；健全教职工代表大会制度，建立有效的民主监督机制⑦。在大学内部治理中，现有文献关注较多的是大学下放和让渡部分权力给二级学院，实现由"校办院"向"院办校"转变，在学院内部、学院与机关、机关与机关之间搭建起有效的协同联动机制⑧。

---

① 李文平.我国世界一流大学建设政策的特征与发展——基于"985 工程"与"双一流"建设的政策文本比较[J].现代教育管理,2020(03)：20-28.
② 林杰,洪晓楠.论世界一流大学建设的中国道路——国家行动与大学自主办学的耦合[J].大学教育科学,2020(02)：26-32.
③ 王兴宇.一种可视化分析：一流大学研究之图景[J].现代教育管理,2019(03)：38-43.
④ 袁占亭.治理体系和治理能力现代化："双一流"大学建设的重要保证[J].中国高等教育,2019(22)：7-9.
⑤ 柳友荣,范笑仙.高等教育的"中国特色"：应然性与实践理路[J].江苏高教,2019(05)：1-8.
⑥ 张明,宋妍.一流大学建设中知识生产创新优化路径研究[J].现代教育管理,2020(05)：22-28.
⑦ 袁占亭.治理体系和治理能力现代化："双一流"大学建设的重要保证[J].中国高等教育,2019(22)：7-9.
⑧ 袁占亭.治理体系和治理能力现代化："双一流"大学建设的重要保证[J].中国高等教育,2019(22)：7-9.

从外部治理来看,中国一流大学的办学自主权得到扩大,政府将行政干预转向法治工具、经济杠杆等的宏观调控;媒体、第三方组织等机构强化了对大学的监督与质询;各类专业学会通过认证、评估等方式影响着一流大学的办学行为与治理方式①。在大学外部治理中,现有文献关注较多的是通过分权改革将部分审批权和管理权下放给地方政府,同时强化中央政府的权力。与西方大学通过分权改革将权力从中心转移的方式不同,中国大学的分权改革则表现为权力的分散,即便较高层级的政府机构将部分大学治理权转向较低层级的政府机构,但其仍然保留相关权力。中央政府相关部门拥有国内顶尖大学的管理权限,同时具有地方大学总量控制、审核备案等权力,将部分项目的审批权和管理权下放给地方政府。由此形成中央与地方政府共担责任、共有权力,中央和省级人民政府两级共管的一流大学管理体制,政府在大学的制度变迁中发挥主导作用②。

三、中国模式的三维模型

一流大学建设发展模式是国家的政治经济制度和文化传统在大学制度层面的反映。国家政治经济制度和文化传统的多元性决定了世界一流大学发展模式的多元性。基于此,张应强将国家和地区的世界一流大学建设计划和举措归纳为三种类型:第一种是自然成长型,主要以大学自身为主体,遵循知识发展逻辑,自然成长和发展,例如哈佛大学、牛津大学等;第二种是社会驱动型,以大学自身为主体,大学在与外部社会需求的相互适应和满足中成长发展,例如斯坦福大学、麻省理工学院等;第三种是国家规划型,主要以国家为主体,通过国家规划和制度设计,集中所有资源来建设和发展世界一流大学,例如柏林大学、东京大学、新加坡国立大学等。中国的世界一流大学建设即为国家规划型发展模式③。

中国的历史文化、制度体系、大学建设的内生逻辑和外在机制等对中国模式的构建均具有重要意义。基于制度理论与大学建设实践,陈丽媛和刘念才从"国家稳定与大学国际化相协调的全球竞争,政策传统与改革创新相融合的与时俱进,以及政府规制与大学自治相平衡的高效管理"三个维度建构世界一流大学建设的中国模式,并指出中国模式并非一成不变:"国家与世界的价值协调、历史与

①　张明,宋妍.一流大学建设中知识生产创新优化路径研究[J].现代教育管理,2020(05):22-28.
②　张明,宋妍.一流大学建设中知识生产创新优化路径研究[J].现代教育管理,2020(05):22-28.
③　张应强.中国特色、世界一流大学的发展模式和时代使命[J].清华大学教育研究,2022,43(04):1-10.

未来的制度融合、大学与政府的关系平衡，不同力量要素之间形成一股持续张力，始终处于一种动态协调过程之中"①。

从国家与世界的关系来看，中国模式以国家稳定与大学国际化相协调的全球竞争为特征。世界一流大学肩负服务国家、面向世界的重大使命，这里的全球竞争强调在全球化背景下，国家与国家之间从最初的经济竞争转向科学文化领域、国际话语权等综合软实力的较量。在这场全球大学的较量中，全球竞争的本质在于国家与世界的价值协调。全球竞争需要由国家稳定发展奠定坚实的社会基础，也需要由大学国际化搭建与世界沟通的桥梁，两者同时发生作用，并在国家与世界的价值维度上达成一种动态平衡。中国历史几千年的思想积淀和政治实践使国家稳定发展在中国人的思想深处牢不可破。稳定发展的国家大局为世界一流大学建设营造了良好的经济环境和社会秩序，离开国家稳定发展，不论大学建设还是全球竞争都无从谈起。只有当中国大学与世界建立越来越多的共同语言，才可能真正实现中西方的文明对话，提高中国在世界高等教育体系中的影响力和话语权。只有当中国大学从全球教育规则的被动接受者转变为主动践行者与制定者，才可能从边缘向中心转移，在全球竞争中实现超越。

从历史与未来的关系来看，中国模式以制度传统与改革创新相融合的与时俱进为特征。中国处在不同于其他国家的经济社会发展阶段，这从根本上决定了世界一流大学建设路径的不同。新中国成立近 70 年来，中国实施了"重点建设""211 工程""985 工程""双一流"建设等一系列政策，世界一流大学建设循序渐进、一脉相承。中国对大学进行重点建设的传统为建设世界一流大学打下了坚实的制度基础。随着全球化时代的到来，中国的世界一流大学建设目标也从追求"世界一流"，升级为强调"中国特色"。延续制度传统是为了保持政策的稳定有序，坚持世界一流大学建设本身所需要的教育政策的连贯性和一致性；通过改革创新对政策进行及时调整，是为了更好地适应社会经济发展的现实与变化，满足民众对更高质量的教育的期望与需求。真正的与时俱进是在历史基础上对时代需求的回应，通过对二者之间的协调与平衡实现制度融合。

从大学与政府的关系来看，中国模式以政府规制与大学自治相平衡的高效

①　陈丽媛，刘念才.世界一流大学建设的中国模式及其国际影响[J].教育研究，2019,40(06)：105 - 115.

管理为特征。传统上将政府规制定义为国家授予的自上而下的权力通过预算、人事等方面带有指示性的政策来实践。管理自治被定义为大学组织机构内部的科层结构,大学校长作为最高层领导,院长作为中层领导,在设置大学内部发展目标、制定政策、作出决策方面扮演至关重要的角色。中国大学从诞生之日即被定位为实现国家强大的工具,大学与政府的关系更为紧密。基于大学和国家治理密切关联的儒家传统,中国大学既能够接受和响应政府的政策与干预,又能对自己的生存发展高度负责。一方面,大学由政府创立、资助与管理,由政府决定其组织结构并制定相关法律法规;另一方面,大学又是具有学术自由的科学研究机构,拥有办学自主权和教学与科研的自由。中国的一流大学建设拥有必要的办学自主权将自身建设发展成为世界一流大学,学者也拥有必要的学术自由开展与国际接轨的教学与科研工作。同时,政府权力也能够通过适切的路径进入大学内部,确保大学服务国家发展、维护国家利益与价值导向。

第三节　世界一流大学建设的中国成效

一、建设成效的价值判断

中国是世界一流大学建设计划的首倡者、践行者,一度成为世界一流大学的追赶者和进步最快者[1]。围绕世界一流大学能力建设,有学者指出建设世界一流大学是一个从外延到内涵、从数量到质量,一个长期而渐进的发展过程。关于世界一流大学建设成效,第一层次是追求办学指标意义上的世界一流,体现在可量化指标上。第二层次是能力意义上的世界一流,体现在大学组织对国家、社会、人类发展进步的引领与贡献。第三层次是哲学意义上的世界一流,为世界高等教育发展提供范式,为人类追求美好生活提供价值引领[2]。也有学者将世界一流大学建设分为指标意义上的世界一流大学建设和文化意义上的世界一流大学建设。指标意义上的世界一流大学更多以竞争而非合作为目的,政府主导对于建设指标意义上的世界一流大学作用更大,对建设文化意义上的世界一流大学作用相对有限。文化意义上的世界一流大学植根于独特的文化土壤,不仅肩

① JUNG C S, KEHM B M. Institutionalization of World-Class University in Global Competition[M]. Dordrecht: Springer, 2013: 120 - 125.
② 宣勇,张凤娟,凌健,等.大学能力建设:我国"双一流"建设的未来走向[J].江苏高教,2021(05): 15 - 33.

负自身的民族国家使命,同时以构建人类命运共同体为己任,致力于为其他国家和其他文明作出贡献①。

中国不乏指标意义上的世界一流大学,缺乏的是文化意义上的世界一流大学②。世界一流大学的概念已在世界各地广泛传播,但对于如何定义这些精英院校尚未达成共识。在没有统一定义的情况下,大学排名就成为高等教育界感性认知大学层次的重要参考,成为决策者理解世界一流大学概念的有形指标。有研究以大学排名如何在中国成为世界级地位的凭证为例,探讨全球高等教育领域的一致性,尤其是中国院校如何通过大学排名来理解世界一流的概念。研究指出,中国高等教育界非常关注大学在排名榜的位置,通常将前 100 名视为保证世界一流大学地位的分界点。基于此进一步探讨生活在这种激烈竞争的高等教育环境中的参与者是如何改变研究议程和机构合作关系,以适应全球排名指标,进而成为世界一流大学③。

基于大学能力与贡献的视角,有研究认为世界一流大学建设成效的评价监测体系需要包含认定评价、成效评价、动态调整评价三个层次。其中,认定评价是提出“什么是世界一流大学行列或前列”的判断标准;成效评价提出我国世界一流大学建设成效评价标准;动态调整评价突出国家战略、社会需求、国际认可三个评价导向,为构建世界一流大学的进入与退出机制提供解决方案。其中,服务国家战略是世界一流大学的重大使命,满足社会需求是中国特色世界一流大学建设的重要功用,得到国际认可是世界一流大学建设的关键④。

二、建设成效的指标表现

有学者指出,当前中国的世界一流大学建设尚处在追求指标意义上的世界一流这一层次⑤。基于已有文献,多数研究基于全球大学排行榜、科研论文等相

① 周光礼,蔡三发,徐贤春,等.世界一流大学的建设与评价:国际经验与中国探索[J].中国高教研究,2019(09):22 - 28+34.
② 周光礼,蔡三发,徐贤春,等.世界一流大学的建设与评价:国际经验与中国探索[J].中国高教研究,2019(09):22 - 28+34.
③ ALLEN R M. Commensuration of the Globalised Higher Education Sector: How University Rankings Act as A Credential for World-Class Status in China[J]. Compare: A Journal of Comparative and International Education, 2021, 51(6): 920 - 938.
④ 王战军,刘静,杨旭婷.世界一流大学建设状态监测:理论建构与方法革新[J].中国高等教育,2020(Z2):42 - 44.
⑤ 宣勇,张凤娟,凌健,等.大学能力建设:我国“双一流”建设的未来走向[J].江苏高教,2021(05):15 - 33.

关指标,对指标意义上的世界一流大学建设成效进行量化分析。例如,有研究基于软科 2017—2021 年世界一流学科排行榜进行数据统计,发现近年中国大学学科建设呈现进步态势,当前位居世界第二,有望在 2030—2035 年超越美国。具体而言,在工学领域,中国大学表现突出,已超越美国跃居世界第一;在生命科学和理学领域的表现分别列居世界第二、第三,与美国存在较大差距;在社会科学和医学领域暂居世界第六、第七[①]。有研究基于 ARWU、QS 和 THE 世界三大大学排行榜系统分析了我国 42 所"双一流"建设高校的排名表现。研究发现,整体而言,"双一流"建设高校排名有所提升。在国际化维度上,教师的国际化水平比学生高且进步幅度大;在社会服务维度上,整体表现优异;在人才培养维度上,雇主声誉、师生比和教学均与世界一流大学存在较大差距;在科学研究维度上,常规研究表现好、进步大,但卓越研究表现差、进步小[②]。

　　有研究对基本科学指标数据库(Essential Science Indicators, ESI)2015—2019 年 137 所"双一流"建设高校的数据变化进行分析发现,5 年来进入 ESI 前 1%的学科数量增加了 274 个,增幅 51.6%;新进大学 15 所,截至 2019 年共有 114 所"双一流"建设高校进入 ESI 前 1%。进入世界一流学科水平的 ESI 前 1‰的学科从 2015 年 50 个增加至 2019 年的 130 个,除 3 个学科来自非"双一流"建设高校,其余均来自"双一流"建设高校[③]。有研究基于爱思唯尔(Elsevier)数据库中的科研论文及其相关衍生指标,采用聚类研究方法对自 2014 年以来"双一流"建设高校在科研论文的规模、质量和效益三方面的表现进行评价。结果发现科研论文在发表规模上显著提升,在质量上有待加强,在效益转化上有待提高[④]。

　　此外,也有研究基于大学层面的数据通过构建指标维度对建设成效进行考察。例如,有研究基于 2015—2019 年 39 所世界一流大学建设高校、57 所世界一流学科建设高校的大学面板数据,采用双重差分法对首轮"双一流"建设成效进行评估。研究发现,世界一流大学建设政策的实施在综合实力、学科建设、师

---

① 解德渤,张晓慧.中国大学学科建设的世界坐标与未来抉择——基于软科 2017—2021 年世界一流学科排名的数据分析[J].现代教育管理,2023(02):32-44.

② 赵江涛,胡华.世界大学排名视域下我国"双一流"高校的建设成效与差距[J].高教探索,2021(07):27-33.

③ 赵乃瑄,金洁琴,周沫.中国"双一流"大学建设的成效分析——基于 ESI 观测视角[J].高教发展与评估,2021,37(02):8-16+115-116.

④ 程哲,卢兴富,李福林.世界一流大学建设成效评价分析——基于科研论文的视角[J].中国高教研究,2020(10):34-41.

资队伍建设、社会服务能力方面对入选高校产生了积极影响①。

三、建设成效的外溢效应

世界一流大学发展与城市发展相辅相成、相互促进。有研究从中国西部、中部、大湾区等不同地域的发展视角,探讨了世界一流大学的外溢效应及其对城市建设发展的影响。例如,聚焦西部高水平大学建设,有研究对内蒙古、广西、西藏、宁夏、新疆、云南、贵州和青海 8 个省级行政区的 9 所高校建设情况进行分析,发现样本高校在明确办学目标及特色、构建学科生态系统、优化师资队伍结构、完善内部治理体系等方面探索出了一条特色鲜明的西部高水平大学建设之路。同时也存在政策落实不到位、办学实力较弱、陷入路径依赖困境等问题②。又如,有研究以武汉市为例,对城市与世界一流大学协同发展的规律与经验进行探讨,发现城市通过政策支持、资源支撑、学科引导、经济助推等手段能够加快中部地区的世界一流大学建设。世界一流大学在外溢效应下,通过发挥区域辐射力、科技引领力、文化影响力、社会贡献力,有效服务城市区域战略需求,提升城市的核心竞争力③。还有研究借鉴国际湾区世界一流大学的发展经验与路径选择,探讨如何推进粤港澳大湾区世界一流大学建设,提高粤港澳大湾区高等教育竞争力。国际湾区世界一流大学各具特色,又表现出集聚发展、合作发展、多元发展、创新发展等共同特质,致力于提升全球竞争力、追求全人类价值及卓越的社会服务④。另有研究围绕世界一流大学在区域创新和在全球范围内发挥桥梁和协同作用,聚焦香港、澳门和广东大湾区的世界级大学,探讨其如何通过利用其管辖范围内研究、教育和服务国际化的不同基础和能力,努力克服来自大湾区不同管辖区的大学在治理方式和发展目标方面的不协调,探讨不同区域的驱动因素对大学建立更连贯的国际伙伴关系议程的影响⑤。

---

① 马浚锋,罗志敏.我国世界一流大学建设政策的成效研究——基于双重差分模型的经验证据[J].高校教育管理,2022,16(02):59-74.
② 李明忠,朱如楠,李倩."双一流"和"部省合建"双重战略下的西部高水平大学建设——以民族八省区 9 所高校为例[J].教育学术月刊,2024(01):16-25.
③ 王战军,于妍.世界一流大学的外溢效应与城市建设——以武汉市为例[J].教育发展研究,2021,41(05):1-7.
④ 许长青,岳经纶.新发展理念下粤港澳大湾区世界一流大学建设:国际经验与路径选择[J].高教探索,2021(12):5-13.
⑤ OLEKSIYENKO A V, LIU J. Internationalization of Higher Education in the Greater Bay Area: The Role of World-Class Universities and Regional Innovation[J]. Journal of Higher Education Policy and Leadership Studies, 2022, 3(4): 50-64.

还有研究探讨了更为广义的世界一流大学建设的外溢效应,不局限于微观指标表现和对某个国家内部城市建设与经济社会发展的影响,而是关注到一流大学建设对全球大学发展产生的国际影响。例如,有研究指出以全球竞争、高效管理、与时俱进为特征的中国建设模式,不仅新兴经济体国家可以学习借鉴,对发达国家世界一流大学的未来也会产生深远影响[1]。对于新兴经济体国家而言,稳固有序的社会基础、强劲有力的政策保障、对外部环境变化与需求的及时反应等中国建设经验,比由学术共同体或市场主导的大学发展逻辑更为适合、更为奏效。发达国家的世界一流大学同样面对建设发展过程中如何协调与平衡国家意志、政府角色与社会需求等问题,中国模式恰能为此提供经验范式。中国的世界一流大学建设经验有可能对形塑未来的全球大学产生影响。

第四节　世界一流大学建设的中国机遇

一、经费投入增加

随着研究者和大学争先公布研究成果和有可能获得专利的发现与发明,科学已经变成了一项利益攸关、竞争激烈的国际赛事。如果一所大学想要加入全球性科学研究、参与国际科学网络中,不仅需要建设适用本地或区域研究的基础设施,还需要拥有更加先进和昂贵的科学设备以及最现代的实验室。那些希望以研究为导向的大学要想进入国际前沿,在世界范围内参与竞争并在竞争中保持领先地位,需要大量资金支持[2]。

21世纪以来,美国在全球研发支出中的占比从2000年的近40%下降到2017年的28%;相比之下,中国在全球研发支出中的占比从不到5%上升到25%以上,特别是在一些研发难度大的先进技术方面。在未来75年里,中国作为美国在科技领域的主要竞争对手,正在快速崛起[3]。经费总量提升为中国一流大学的科研活动参与全球竞争注入了新的活力。国家统计局数据显示,2021年中国的R&D经费投入总量为2.8万亿元,比上年增长14.6%,增速比上年加

---

①　陈丽媛,刘念才.世界一流大学建设的中国模式及其国际影响[J].教育研究,2019,40(06):105-115.

②　ALTBACH P G. Peripheries and Centers: Research Universities in Developing Countries[J]. Asia Pacific Education Review, 2009, 10(1): 15-27.

③　National Academies of Sciences, Engineering, and Medicine. The Endless Frontier: The Next 75 Years in Science[R]. Washington, D. C: The National Academies Press, 2020.

快 4.4 个百分点,已连续 6 年保持两位数增长。在全球视角下,从投入规模来看,中国 R&D 经费总量稳居世界第二,仅次于美国。从增长速度看,2016—2021 年,中国 R&D 经费年均增长 12.3%,明显高于美国(7.8%)、日本(1.0%)、德国(3.5%)和韩国(7.6%)等发达国家同期增速。从投入强度看,中国 2021 年 2.44% 的水平在世界主要国家中排名第 13 位,超过法国(2.4%)、荷兰(2.3%)等创新型国家。综上,中国的 R&D 投入持续呈现大体量、高增长的特点。与此同时,基础研究经费占 R&D 经费比重也明显提升。2021 年,中国基础研究经费为 1 817 亿元,比上年增长 23.9%,基础研究经费占 R&D 经费比重为 6.5%。高校是基础研究经费投入的第一主体,2021 年中国高校基础研究经费为 904.5 亿元,比上年增长 24.8%①。

　　自 20 世纪 90 年代以来,建设世界一流大学成为中国高等教育发展的重要战略目标,不论中央还是地方政府对一流大学建设的经费投入也持续扩大。从 1995 年开始实施的“211 工程”和之后的“985 工程”,累计投入资金 1 100 亿元人民币②。其中,“985 工程”一至三期中央投入经费 554 亿元,地方配套投入 350.8 亿元。在经费使用方面,一期“985 工程”专项经费向公共建设部分倾斜,用于学校整体环境和基础设备设施的提升。二期专项经费中的公共建设经费比例逐步降低,学科建设经费比例逐步增加,其中 57% 的经费用于科技创新平台和哲学社会科学创新基地建设,15% 的经费用于人才队伍建设。三期专项经费更加重视人才和团队的建设,2010—2013 年期间,约 41% 的建设经费用于学术领军人物和创新团队建设,约 27% 用于学科建设③。

　　自 2017 年“双一流”建设高校名单公布以来,2017—2020 年,教育部直属“双一流”建设高校教育经费总收入增长率为 15.6%。其中,2017—2019 年教育经费平均增长 19.8%。受新冠疫情影响,2020 年较 2019 年的经费支出有所下降。不过,2022 年“双一流”建设高校中的 20 所高校部门预算超百亿,预算额位居前四名的大学的年度预算均超过 200 亿元④。在中央财政支持的引导下,地

---

① 国家统计局.R&D 经费投入保持较快增长,基础研究占比明显提升[EB/OL].[2024 - 09 - 03].
　https://www.stats.gov.cn/sj/sjjd/202302/t20230202_1896668.html.
② 储召生.问道“双一流”:中国一流大学建设回顾与反思[M].合肥:中国科学技术大学出版社,2017.
③ 杨希.一流大学建设的投入产出效率研究.刘莉,刘念才 著.世界一流大学建设与中国梦[M].上海:上海交通大学出版社,2018:179.
④ 徐孝民,王劲.何以实现有效率的公平——“双一流”建设视角下高等教育经费配置[J].教育研究,2023,44(02):112 - 124.

方政府也加大了对世界一流大学建设的经费投入。截至 2017 年，在已出台建设方案的 23 个省份中，北京、广东等 11 个省份明确制定了规模达 400 亿元的"双一流"建设经费保障计划①。

二、人才回流加速

从全球来看，OECD 数据显示，2020 年 OECD 成员国共接收了来自世界各地的 440 万名留学生，占其高等教育学生总数的 10%。其中，最重要的留学生接收国是美国（占全球留学生总数的 22%）、英国（13%）和澳大利亚（10%）。在过去十年中，留学生的目的地逐渐多样化，但主要国际学生来源国仍然是中国和印度（分别占留学生总数的 22% 和 10%）②。不同的是，二十多年前，这些来自新兴经济体国家甚至包括来自英国和德国在内的一些 OECD 国家的大多数博士生都有坚定的计划在完成学业后留在美国，鲜有美国博士毕业生涌入新兴国家和欠发达国家③。但是近年来，由于新冠疫情与国际地缘政治等因素破坏了跨国移民基础设施、交通运输、监管框架等保障，加上对公共卫生、安全和签证的担忧，数百万潜在移民受到限制④。

对中国而言，一方面，随着中美竞争的加剧，双方监管的收紧挤压了在美国继续深造的中国学生数量⑤。美国《门户开放报告》（Open Door Report）显示，从 2007 年到 2012 年，来自中国的国际学生在美国的人数持续增加，增长率约为 20%。但从 2013 年开始，该比率开始明显下降，并在 2020 年开始连续三年负增长⑥。也就是说早在疫情前，中国在美学生赴美人数增长已经放缓，澳大利亚也是如此。另一方面，在美华人科学家正在加速离开美国。美国斯坦福大学中国经济研究中心（Stanford Center on China's Economy and Institutions）发布的最

① 栗玉香，边忠让，张荣馨.我国世界一流大学建设经费投入效率实证研究——基于 34 所高校面板数据的三阶段 DEA-Tobit 分析[J].中央财经大学学报，2022(6)：30 - 43.
② Organization for Economic Co-Operation and Development. Migration Flows Bounced Back in 2021 [R]. Paris：OECD Publishing，2022.
③ MARGINSON S. Dynamics of National and Global Competition in Higher Education[J]. Higher Education，2006，52(1)：1 - 39.
④ CHAKRABORTY I，MAITY P. COVID-19 Outbreak：Migration，Effects on Society，Global Environment and Prevention[J]. Science of the Total Environment，2020，728：138882.
⑤ YU J. Lost in Lockdown? The Impact of COVID-19 on Chinese International Student Mobility[J]. Journal of International Students，2021，11(S2)：1 - 18.
⑥ Institute of International Education. All Places of Origin：International Students[EB/OL].[2024 - 03 - 20]. https://opendoorsdata.org/data/international-students/all-places-of-origin/.

新报告显示，自 2018 年"中国行动计划"(China Initiative)实施以来，离开美国的华裔科学家增加了 75％，其中 2/3 前往了中国。从美国向外迁移的华裔科学家数量从 2010 年的 900 人增加到 2021 年的 2 621 人。在 2010 年离开美国的华裔科学家中，48％迁往中国内地和中国香港。截至 2021 年，迁往中国的华裔科学家比例增加到 67％。生命科学领域见证了最显著的海外人才外流，2021 年有超过 1 000 名生命科学家离开美国①。

从教育部公布的数据来看，我国海外留学人员回国人数逐年增加。2019 年我国留学回国人数达到 58 万人，较上一年度增加 6.1 万人，增长 11.73％。1978—2019 年，各类出国留学人员累计达 656 万人，留学回国人员累计达 423.2 万人，占已完成学业群体的 86.3％②，中国正在从高端人才流失国逐渐转为高端人才回流国。2020—2022 年留学服务中心认证数据库人数显示，具有博士学位的留学回国人员占比逐年提升，从 2020 年的 4.4％增加到 2022 年的 5.4％，增长约 3 500 人③。

三、评价导向改革

21 世纪的大学是全球化的大学，互联网技术与便捷的交通使得大学理念和科学规范在全球范围内得到了前所未有的推广。我国的世界一流大学建设在过去相当长一段时间处于追赶状态，采用欧美大学的标准和规范来评估国内的大学建设发展，这在一定程度上强化了中国大学在全球高等教育体系中的外围地位④。当中国的世界一流大学局限于西方范式并运用西方大学理念进行建设时，很容易削弱其为国家、区域乃至全球事务作出独有贡献的能力⑤。与其他全球高等教育体系核心之外的国家一样，中国已经开始采取行动，试图制定自己的标准，寻找替代性话语，主动变革全球高等教育体系内部的不平等权力关系。

2020 年 10 月，中国政府发布《新时代深化教育评价改革方案》，随后又发布

---

① Stanford Center on China's Economy and Institutions. Reverse Brain Drain: Exploring Trends among Chinese Scientists in the US[EB/OL]. [2024 - 07 - 15]. https://sccei.fsi.stanford.edu/china-briefs/reverse-brain-drain-exploring-trends-among-chinese-scientists-us.
② 教育部.2019 年度出国留学人员情况统计[EB/OL]. [2021 - 2 - 12]. http://www.moe.gov.cn/jyb_xwfb/gzdt_gzdt/s5987/202012/t20201214_505447.html.
③ 教育部留学服务中心.中国留学回国就业蓝皮书 2023[M].北京：中国言实出版社,2023.
④ XU X. China "Goes Out" in a Centre-Periphery World: Incentivizing International Publications in the Humanities and Social Sciences[J]. Higher Education, 2020, 80(1): 157 - 172.
⑤ XU X. China "Goes Out" in a Centre-Periphery World: Incentivizing International Publications in the Humanities and Social Sciences[J]. Higher Education, 2020, 80(1): 157 - 172.

了一系列文件以减少国际出版物在学术评价过程中的作用,鼓励中国学术界打破对西方主流话语的习惯性依赖,发出自己的声音。例如,2020 年教育部、科技部印发《关于规范高等学校 SCI 论文相关指标使用,树立正确评价导向的若干意见》的通知明确指出,在评估中,"突出创新质量和实际贡献,审慎选用 SCI 论文数量等量化指标";在职称评聘中,"不把 SCI 论文相关指标作为判断的直接依据";"不宜对院系和个人下达 SCI 论文相关指标的数量要求,在资源配置时不得与 SCI 相关指标直接挂钩"等①。又如,2021 年三部委制定《"双一流"建设成效评价办法(试行)》强调"一流目标,关注内涵建设",聚焦科研贡献与机制创新;强调"需求导向,聚焦服务贡献",考察"双一流"建设高校在突破关键核心技术、探索前沿科学问题和解决重大社会现实问题等方面作出的重要贡献,尤其是基础研究取得"从 0 到 1"重大原始创新成果的情况;强调"分类评价,引导特色发展",探索建立院校分类评价体系,鼓励不同类型高校围绕特色提升质量和竞争力,在不同领域和方向建成一流等。这种价值判断与评价体系的变化对于引导中国学者开展立足中国的研究,创造能够影响世界和塑造未来的知识至关重要。只有不再简单适应欧美大学的评价偏好,重视国际标准与本土需求之间的平衡,建构"中国特色鲜明、具有世界眼光、与国际无缝接轨、高点站位的世界一流大学评价体系",才能加速我国"双一流"大学的建设步伐,"再造中国大学的世界影响、重构世界大学的中国格局"②。

放眼全球,纵观各种世界一流大学排名,尽管使用的指标有所差异,但呈现的排名顺序却非常相似:在排行榜的顶部,主要是美国的大学,其次是一些英国的大学,随后是其他西欧国家以及以色列、日本、澳大利亚、俄罗斯和快速崛起的亚洲国家的大学,尤其是中国的大学。中国一流大学在全球高等教育系统中的位置不是随机的,而是取决于国家和大学在世界系统中所处的位置,与国际声望、权威奖项、大学排名等各个方面密切相关。崛起中的中国大学深植于儒家文化的自我修养,强调教授肩负社会与学术的双重责任,是西方科学、东方文化以及中国式政府主导的现代化的混合产物③。中国要想建成真正的世界一流大

---

① 教育部,科技部.关于规范高等学校 SCI 论文相关指标使用,树立正确评价导向的若干意见[EB/OL].[2020 - 12 - 20].http://www.moe.gov.cn/srcsite/A16/moe_784/202002/t20200223_423334.html.
② 冯用军,赵雪,朱立明.中国特色世界一流大学建设成效评价体系理论建构与实践验证[J].江苏高教,2019(01):20 - 26.
③ 西蒙·马金森,赵琳,初静,等.东亚的新知识帝国[J].清华大学教育研究,2014,35(5):1 - 12.

学,从根本转变位于半外围地带的处境,需要与不同国家、地区的大学、科研机构、学术组织以及个体开展更加深入的学术对话与广泛的价值传播。科学研究不仅要从国家情景下的具体问题转向关系全人类命运的世界性问题,更要从中国问题依靠国际经验提供解决方案,转变为世界难题要依靠中国智慧探寻破解方向①。一方面,通过在具有全球影响力的国际顶尖学术刊物、知名奖项、权威学会、国际会议中扮演重要角色,重构与世界一流大学相关的制度安排,打破西方大学主导全球大学发展的单一模式。另一方面,通过提高中国在世界高等教育领域中的规则制定、议程设置、舆论宣传等能力,积极参与全球学术治理,推动建设一个更加开放、多元、自主、包容的全球高等教育体系。同时,依托科学研究与知识创造,推广中国特色的文化价值体系。

（陈丽媛）

---

① 王明明.国际责任与话语权:一流大学国际化建设的使命与方向[J].现代教育管理,2018,344(11):65-70.

第三章
世界一流大学人才培养指数与案例研究

    一流人才是国家综合实力的重要衡量指标之一,我国正面临着世界百年未有之大变局,对一流人才的渴求比历史上任何时期都更加强烈。一流人才培养是一流大学的根本任务,对国家战略发展以及我国"双一流"建设具有重要意义。一流大学作为科技创新的策源地和高水平人才的聚集地,肩负着为我国关键核心技术领域提供拔尖创新人才支撑的重要使命。本章通过构建一流大学人才培养指数,对国内外样本高校的人才培养指数表现进行比较分析,并结合国内外一流大学的人才培养典型案例,为我国一流大学人才培养提供参考借鉴。

第一节　研究背景与思路

一、研究背景

1. 一流人才对实现国家战略发展目标具有重要意义

    世界一流大学不仅是知识发现、科技创新、优秀文化思想的重要源泉,更是培养各类高素质优秀人才的基地。2015 年,国务院发布的《统筹推进世界一流大学和一流学科建设总体方案》明确提出"突出人才培养的核心地位",将培养"具有历史使命感和社会责任心,富有创新精神和实践能力的各类创新型、应用型、复合型优秀人才"作为"双一流"建设的五大任务之一[①]。2019 年,中共中央、国务院印发《中国教育现代化2035》,明确提出要"提升一流人才培养与创

---

① 国务院.关于印发统筹推进世界一流大学和一流学科建设总体方案的通知[EB/OL].[2024 - 9 - 2].
http://www.moe.gov.cn/jyb_xxgk/moe_1777/moe_1778/201511/t20151105_217823.html.

新能力"①。2022 年三部委联合印发的《关于深入推进世界一流大学和一流学科建设的若干意见》进一步指出要"着力培养堪当民族复兴大任的时代新人,打造一流人才方阵","更加突出'双一流'建设培养一流人才、服务国家战略需求、争创世界一流的导向"②。此外,党的二十大报告首次对教育、科技、人才进行统筹安排,提出要坚持教育优先发展、科技自立自强、人才引领驱动,加快建设世界重要人才中心和创新高地,发挥高校在教育科技人才一体化发展中的引领作用③。

放眼全球,新一轮科技革命和产业变革蓄势待发,如何打好关键核心技术攻坚战,如何解决"卡脖子"关键难题,如何在日趋激烈的国际竞争中抢得先机,一流人才的自主培养对国家战略发展至关重要。欧洲工商管理学院(Institut Européen d'Administration des Affaires,INSEAD)2023 年发布的"全球人才竞争力指数"(The Global Talent Competitiveness Index,GTCI)从人才投入和人才产出两个维度对全球 134 个国家的人才竞争力进行评估,中国排名第 40 位④。瑞士洛桑国际管理发展学院(International Institute for Management Development,IMD)发布的"2023 年 IMD 世界人才排名"(2023 IMD World Talent Ranking)对 64 个人均收入位于中高水平的经济体的人才培养以及吸引海外人才的能力进行评价,中国排名第 41 位⑤。

2. 一流人才培养与一流大学建设相互促进

一流大学是一流人才的成长摇篮,重视人才培养是一流大学内涵发展的必然结果。一流大学不仅拥有国际领先实验室等研究资源,更汇聚了全球顶尖学术大师,形成了良好的学术氛围,引领着科学研究的国际前沿,在世界范围内享有至高学术声望,这些都为培养出世界一流的人才提供了肥沃土壤。世界一流大学与一流学科建设只有紧紧抓住人才培养的核心使命,不断提高人才培养能

---

① 中共中央,国务院.中国教育现代化 2035[EB/OL].[2024-9-2].https://www.gov.cn/xinwen/2019-02/23/content_5367987.htm.
② 教育部,财政部,国家发展改革委.关于深入推进世界一流大学和一流学科建设的若干意见[EB/OL].[2024-9-2].https://www.gov.cn/zhengce/zhengceku/2022-02/14/content_5673489.htm.
③ 习近平.高举中国特色社会主义伟大旗帜,为全面建设社会主义现代化国家而团结奋斗——在中国共产党第二十次全国代表大会上的报告[EB/OL].[2024-6-19].https://www.gov.cn/xinwen/2022-10/25/content_5721685.htm.
④ Institut Européen d'Administration des Affaires. The Global Talent Competitiveness Index 2023[EB/OL].[2024-6-19] https://www.insead.edu/global-talent-competitiveness-index.
⑤ International Institute for Management Development. World Talent Ranking 2023[EB/OL].[2024-6-19] https://www.imd.org/centers/wcc/world-competitiveness-center/rankings/world-talent-ranking/.

力,特别是行业引领型人才培养能力[①],才能为国家发展和社会进步提供源源不断的优秀人才。因此,人才培养是大学竞争力之根本。

一流人才是一流大学的声誉载体,能否培养出世界一流的拔尖人才是衡量一流大学社会声誉和学术地位的重要指标。一流人才毕业后服务于经济建设的各个领域,其在各个领域的表现会对母校的社会声誉产生直接影响。培养出各行业一流人才的数量越多、质量越高,大学的社会声誉也越高,越能吸引优秀学子争相报考。正是因为培养了一批又一批改变社会经济发展、人类历史进程的一流人才,大学才被社会称颂,被一代又一代学人所向往[②]。当前,随着我国创建世界一流大学进程的加快,我国的科学研究竞争力和国际社会影响力均显著提高,但在一流人才培养模式的改革和培养能力的优化等方面进展相对缓慢,制约着我国世界一流大学的建设进程[③]。因此,亟须建立适应新时代与新使命要求的培养模式和评价体系,为一流人才培养指引方向。

二、国内外研究进展

1. 一流人才培养与评价

人才培养作为教育研究领域的重大议题,在学术研究与教育实践中被广泛探讨。在"双一流"建设背景下,有研究认为世界一流大学应该培养"人才中的精英、卓越者",他们不仅具有一流的知识技能、具备一流的创新能力,而且具有为国家、社会和人民作贡献的意识,是能够堪当民族复兴大任的领军人物[④]。也有研究指出世界一流大学应该培养"有社会担当和健全人格、有职业操守和专业才能、有科学素养和人文情怀、有历史眼光和全球视野、有创新精神和批判思维"的人才[⑤]。从世界范围内看,"一流大学普遍以高层次精英人才培养为育人定位",以"培养卓越的科学家、业界领军人物乃至社会领导者"为己任[⑥]。随着全球科

① 赵倩,宋永华,伍宸.世界一流大学引领型人才培养模式创新研究——以伦敦大学学院的文理学位项目为例[J].高等工程教育研究,2018(01):95-101.
② 眭依凡.一流本科教育改革的重点与方向选择——基于人才培养的视角[J].现代教育管理,2019(06):1-10.
③ 王树国.关于一流大学拔尖人才培养模式的思考[J].中国高等教育,2011(02):9-11.
④ 李义丹,董玥欣."双一流"建设背景下的一流人才:内涵、评价、生成与发展[J].重庆大学学报(社会科学版),2022,28(04):95-105.
⑤ 徐飞.培养一流人才是一流大学的本分[J].中国高教研究,2017(05):29-33.
⑥ 施一公.立足教育、科技、人才"三位一体"探索拔尖创新人才自主培养之路[J].国家教育行政学院学报,2023(10):3-10.

技竞争的加剧,在科学、技术和管理领域,有强烈的社会责任感,有创造精神和能力,为国家乃至世界发展作出重大贡献的人才[①];在各行各业中试图通过变革来引领发展,为整个社会经济转型作出突出贡献的人才[②];以及拥有"宽广的国际视野,能够站在科学的前沿,跟踪世界先进水平,有很强的国际竞争意识"[③]的人才等,共同构成了世界一流大学所努力培养的人才图景。

"人才培养"本身是一个相对中国特色的教育概念,在外文文献中可以检索到大量相关研究,但难以找到直接对应的概念表述。使用"人才培养"(talent cultivation)这一表述的国际发表[④][⑤]几乎均为中国学者对中国大学进行的研究。关于人才培养评价,较为相近的是对"教与学"(teaching and learning)的评价,或者更广泛意义上的"教育质量"(education quality)的评价。正因人才培养内涵的复杂性与模糊性,关于人才培养评价的研究一直以来缺乏相对聚焦的概念支撑与理论基础。有研究将大学的人才培养评价界定为"对高等教育人才培养水平高低和效果优劣的衡量与评价"[⑥]。

2. 一流人才培养评价指标

基于人才培养评价相关文献,下文将对不同人才培养指标的特色、作用和局限性进行梳理,包括高等教育质量评价体系中的人才培养指标、学科评价体系中的人才培养指标、排名评价体系中的人才培养指标,以及基于拔尖创新人才计划等特定计划或项目的人才培养评价。首先,高等教育质量评价体系通常是指对某个国家高等教育整体质量的评价,而随着评价体系越来越精细化与科学化,针对高等教育中的某一学段进行评价越来越普遍,例如本科教育质量评价、研究生院评价等。评价对象一般是高等教育机构,评价指标体系庞大、内容全面,人才培养通常作为其中一个重要维度。以本科生教育质量评价为例,中国高等教育学会"一流大学建设与一流本科教育的研究"课题组根据"以本为本""四个回归""质量导向""公平客观"四个原则,从教育投入、教育过程、教育结果

① 郝克明.造就拔尖创新人才与高等教育改革[J].辽宁教育研究,2003(12):5-9+1.
② 高晓明.拔尖创新人才概念考[J].中国高教研究,2011(10):65-67.
③ 陈希.按照党的教育方针培养拔尖创新人才[J].中国高等教育,2002(23):7-9.
④ LI J, XUE E Y. How Talent Cultivation Contributes to Creating World-Class Universities in China: A Policy Discourse Analysis[J]. Educational Philosophy and Theory, 2022, 55(3): 2008-2017.
⑤ WANG Y H. An Overview of Talent Cultivation Models in Foreign Vocational Colleges[J]. International Education Studies, 2010, 3(1): 170-173.
⑥ 孙崇正,肖念,金保华.改革开放以来我国高等教育人才培养质量观的演进与启示[J].清华大学教育研究,2009,30(02):48-53.

三个维度,构建了一流本科教育指标体系,包括 3 个一级指标、15 个二级指标和 27 个三级指标[①]。其中与人才培养直接相关的指标包括师生比、留学生占比、毕业生升学、毕业生薪酬等。其次,学科评价体系的建构方式主要有两种,一种是建构一套完整的评价指标体系,然后根据不同学科的专业特性,选择相应指标并赋予相应权重;另一种是针对某一学科专门制定其质量评价体系。文献以第一种情况居多。不过,不论哪种方式,人才培养均仅作为整个评价指标体系中的一个重要维度。例如,我国教育部学位与研究生教育发展中心对具有博士硕士学位授予权的一级学科进行的水平评估为例,基于"师资队伍与资源""人才培养质量""科学研究水平""社会服务与学科声誉"四个一级指标框架,按一级学科分别设置 99 套指标体系,各学科按学科特色分别设置 17~21 个三级指标。第五轮学科评估将"人才培养质量"放在指标体系首位,形成包括"培养过程质量""在校生质量""毕业生质量""思政教育"的四维度评价体系[②]。再次,大学排名评价体系主要适用于全球范围内或某个国家/地区范围内的大学与大学之间的比较,为学生和家长升学择校提供参考,所以其评价指标通常更具有国际可比性。随着排名市场的发展成熟,排名评价体系既形成了大学机构排名的评价指标,也建立了学科排名的评价指标。例如,上海软科的"世界大学学术排名"通过校友获奖,即获诺贝尔奖(Nobel Prize)和菲尔兹奖(Fields Medal)的校友折合数来衡量人才培养质量[③]。又如,软科的"中国大学排名"评价体系设置了包括办学层次、学科水平、办学资源、师资规模与结构、人才培养等 10 个评价模块;其中的人才培养模块包括新生质量、培养条件、培养改革、在学成果、培养结果、杰出校友等二级指标[④]。最后,基于特定计划或项目的人才培养评价通常依托一定的人才培养改革与政策背景,对政策实施效果进行评价,如基于拔尖创新人才计划的本科生和研究生培养评价等。

总体而言,人才培养评价指标通常被分为输入指标、过程指标、输出结果指标三大类。遗憾的是,上述人才培养评价指标在测量的有效性、相关性与国际可

① "一流大学建设与一流本科教育的研究"课题组,宗晓华,吕林海,等."双一流"建设高校本科教育质量评价与排名[J].江苏高教,2019(02):1-3.
② 教育部学位与研究生教育发展中心.全国第四轮学科评估工作概览[EB/OL].[2024-9-2].https://www.cdgdc.edu.cn/dslxkpgjggb/dslxkpggzgl.htm.
③ 上海软科.排名方法-2022 世界大学学术排名[EB/OL].[2022-11-1].https://www.shanghairanking.cn/methodology/arwu/2022?event=YXJ3dS91X21ldGhvZZA.
④ 上海软科.排名方法-2022 中国大学排名[EB/OL].[2022-11-1].https://www.shanghairanking.cn/methodology/bcur/2022.

比性等方面经常受到学界与社会质疑。例如,输入指标中的生源质量、财政资源、物质资源、教师资源等指标与人才培养效果并不直接相关;过程指标中的许多人才培养评价的定性指标难以量化比较,缺乏国际可比性,如课程设置、学习生活、组织管理等;常见的输出成果指标,如毕业生人数、毕业生就业率、优秀毕业生比例等,在某种程度上也并不能有效反映人才培养的真实水平。这种全过程式的评价方式对人才培养工作的各个环节具有一定的反馈功能,但也不可避免地弱化了对人才培养输出结果的评价。另外,广义的高等教育人才培养评价指标无法体现世界一流大学人才培养的"世界一流"属性,目前仍然缺乏专门适用于世界一流大学人才培养的评价指标体系。

三、研究思路

1. 核心概念

人才培养:人才培养是大学的第一职能,是大学的首要任务和根本职能。为了实现高等教育的目标任务,大学就必须在教育教学实践中相应地做出选择:设置哪些专业、发展什么学科、设置哪些课程、选用哪种教材、采用什么样的人才培养模式、运用哪些具体的培养方法以通过教学完成培养人才的重要任务。学校教育教学工作的一切方面都必须有选择地围绕着人才培养这一根本任务和使命来组织、管理和运转①。本书主要关注国内外世界一流大学的人才培养结果,即一流大学是否培养出了在推动科技创新、经济发展、世界人类社会发展等方面作出杰出贡献的一流人才。

人才培养指数:人才培养质量是测量高校育人目标的实现程度和教育结果的有效尺度。人才培养质量的评价结果对高校的办学定位、教师的教学科研工作以及学校的培养目标调整等众多方面都发挥着重要的引导作用。依据一定的评价指标对大学教育教学成效做出价值判断的参考数值结果即人才培养指数。本书的一流大学人才培养指数是指对国内外一流大学人才培养质量定量评价后形成的数值结果。

2. 研究问题

基于人才培养的重要性,本章以国内外一流大学为样本,依次探讨以下三个

---

① 李志巧.中国特色社会主义大学文化选择研究[M].广州:华南理工大学出版社,2017.

方面的问题：首先，如何对一流大学的人才培养进行衡量？其次，我国"双一流"建设高校在人才培养指标方面的表现怎样？与世界一流大学相比，是否存在差距？最后，中外一流大学的人才培养机制有何特点？国外一流大学人才培养的哪些方面值得我国学习借鉴？

3. 研究思路

基于上述研究问题，本章按照以下步骤展开分析：第一，指标建构，根据已有研究建构一流大学人才培养指数的指标体系；第二，指数计算，根据指标设计，开展数据探索与搜集，对原始数据进行处理后，分别计算各个指标得分，对不同指标得分进行加权平均后得到人才培养指数得分；第三，量化比较，将国内外一流大学样本分为四组，对国内与国际样本组进行比较，考察国内外一流大学在人才培养指标与指数上存在的差距；第四，案例分析，通过案例探讨不同大学的人才培养机制；第五，基于量化比较与案例研究的结果，提出促进一流大学人才培养机制改革的政策建议。

第二节　一流大学人才培养指数设计

一、国内外样本选取

本章包含的国际组样本共选取了 20 所来自 2023 年 ARWU 排名前 100 位的大学。其中，10 所来自 ARWU 排名前 25 位的大学[①]，组成世界顶尖大学组；另外 10 所来自 ARWU 排名第 76—100 位的大学[②]，组成世界一流大学组。

国内组样本共选取 31 所"双一流"建设大学，其中 10 所来自 ARWU 排名前 150 位，组成国内顶尖大学组[③]；另外 21 所在 ARWU 排名中位于 151—500 位的"双一流"建设大学组成国内一流大学组[④]。

---

① 包括哈佛大学、斯坦福大学、麻省理工学院、剑桥大学、普林斯顿大学、牛津大学、哥伦比亚大学、加州理工学院、耶鲁大学、多伦多大学。
② 包括莫纳什大学、巴塞尔大学、匹兹堡大学、澳大利亚国立大学、布里斯托大学、阿尔伯特大学、南洋理工大学、普渡大学、布朗大学、麦克马斯特大学。
③ 包括清华大学、北京大学、浙江大学、上海交通大学、复旦大学、中国科学技术大学、中山大学、华中科技大学、中南大学、南京大学。
④ 包括武汉大学、四川大学、西安交通大学、北京理工大学、天津大学、吉林大学、哈尔滨工业大学、苏州大学、东南大学、山东大学、华南理工大学、电子科技大学、南方科技大学、同济大学、厦门大学、西北工业大学、北京航空航天大学、北京师范大学、南开大学、郑州大学、湖南大学。

受时间与数据可获得性带来的限制,本章的中外一流大学样本选取无法实现覆盖全样本,可能会对结果产生影响。不过,研究通过分类取样选取了四个大学样本组,尽可能体现不同类别的一流大学在人才培养指标表现上的差异。

二、指标体系设计

实际上,人才培养评价并不存在一个放之四海而通用的评价模型,而是根据不同的评价目的量身定做,通过选取特色指标以最大程度实现评价体系的使命。本研究旨在通过聚焦那些能够体现我国与世界一流大学在人才培养上存在差距的高精尖指标,引领我国一流大学人才培养的改革方向,破解人才培养难题。

人才培养结果观认为,大学的资源和声誉并不能完全反映大学的人才培养质量,而毕业生是大学人才培养的最终产品,根据校友取得的成就推断大学的人才培养质量更为可靠。有研究对 1987—1996 年出现在《福布斯》(Forbes)杂志中的美国大型企业高管数据进行分析发现,约 73.3％的企业高管拥有美国排名前 50 位大学的学位[1]。陈沛和刘念才对全球一万家企业高管的教育背景进行分析发现,在全球万家企业高管所拥有的全部学位中,34％的学位来自不到全球大学总数 1％的世界一流大学,62％的学位来自不到全球大学总数 5％的世界知名大学。在全球 500 强企业中,高管所拥有的世界一流大学学位的比例更高[2]。此外,培养出引领学科发展的全球精英科学家,获得世界级奖项认可的校友等,均对一所大学人才培养水平最直接的肯定。

在全球化背景下,各国学子的择校范围扩大到全球,对国际学生的吸引力代表着大学人才培养的能力,因此国际学生也是衡量世界一流大学人才培养的关键指标之一。当代大学生正面临着多元文化的冲击,国际学生的到来有助于将大学生培养为具有跨文化视野和国际理解能力、适应国家未来发展需要的国际化人才[3]。国际学生群体是未来领导者和世界公民的重要组成部分,学成回国后将在各国学术界、政界和实业界成为骨干或领导者,在促进国际交流、科学技术发展方面能够发挥积极作用,对其所在国及我国产生重大的政治和经

①　JALBERT T, FURUMO K, JALBERT M. Does Educational Background Affect CEO Compensation and Firm Performance? [J]. Journal of Applied Business Research, 2011, 27(1): 15 - 39.

②　陈沛,刘念才.全球万家企业高管教育背景与世界一流大学的关系研究[J].高等教育研究,2016, 37(11): 1 - 9.

③　崔国文,姚崇兰.关于世界一流大学与留学生培养的思考[J].清华大学教育研究,1994(02): 63 - 66.

济影响[①],对于解决当今世界人类所面临的重大挑战具有重要意义。

此外,博士生的培养是一所大学培养高层次创新人才的重要方面。博士生教育作为学术研究与产业的桥梁,已超出单纯的学术领域,关系到国家科教兴国战略和人才强国战略,成为推动国家经济和社会发展的重要因素[②]。博士生教育质量不仅能够衡量一个国家的教育水平,也反映出一个国家的经济实力、科学技术发展水平和国家软实力[③][④]。

因此,本书对评价指标的选取主要围绕一流大学人才培养的成效展开,既包括学术领域和商业领域的知名校友,也包括国际学生和博士生在人才培养总量中的占比。基于相关研究与实践经验,结合构建人才培养评价指标的现实需求,本章选取国际著名校友、国际学生比例、博士生比例三项指标构建人才培养评价指标体系,对国内外一流大学在人才培养方面的表现进行国际比较。其中,国际著名校友指标由一流大学培养出的高被引科学家(Highly Cited Researchers)、诺贝尔奖获得者、世界 500 强企业高管三个二级指标合成(见表 3-1)。

表 3-1　人才培养指数的评价指标体系

指　　标	指　标　定　义
国际著名校友	科睿唯安高被引科学家人数 诺贝尔奖(科学领域)获奖人数 世界 500 强企业高管人数
国际学生比例	国际留学生(学历教育)占全体学生的比例
博士生比例	博士毕业生(授予博士学位数)占全体毕业生 (授予本硕博三类学位数)的比例

三、数据搜集与分析

1. 国际著名校友

指标界定:国际著名校友指标由全球高被引科学家、诺贝尔奖得主及世界

---

① 崔国文,姚崇兰.关于世界一流大学与留学生培养的思考[J].清华大学教育研究,1994(02):63-66.
② 王任模,屠中华,刘惠琴,等.博士培养质量与规模研究[J].研究生教育研究,2017(03):8-12.
③ 王大中.稳定博士生招生规模着重提高培养质量[J].学位与研究生教育,2005(02):1-2.
④ 黄宝权.创建一流大学背景下对我国博士研究生招生制度的思考[J].长春工业大学学报(高教研究版),2012,33(04):9-11.

500 强企业高管三个维度构成：① 全球高被引科学家是指来自世界各地的自然科学和社会科学领域的论文被引次数位于同一学科前 1‰的研究人员。全球高被引科学家维度统计的是从一所大学毕业的校友中入选全球高被引科学家的人数。② 诺贝尔奖得主维度统计的是从一所大学毕业的校友中获得的诺贝尔奖的人数，包括诺贝尔物理学奖、化学奖、医学奖与经济学奖，不含文学奖与和平奖。③ 世界 500 强企业高管维度统计的是一所大学毕业的校友中在世界排名前 500 企业中担任高管的人数。

数据搜集：① 高被引科学家的原始数据来自科睿唯安公司 2023 年 11 月发布的高被引科学家榜单（Highly Cited Researchers List 2023）①。2023 年榜单为来自 67 个国家和地区的 1 300 多家机构的 6 849 名科学家授予了 7 125 个高被引科学家称号。当高被引科学家同年度被授予两个及以上称号时，计为 1 人。根据名单通过检索履历获得其教育信息，进而对其获得学士、硕士、博士学位的大学名称进行汇总。② 诺贝尔奖得主的原始数据来自诺贝尔奖官方网站公布的 2001—2023 年的获奖人名单②，根据名单通过检索履历获得其教育信息，进而对其获得学士、硕士、博士学位的大学名称进行汇总。③ 世界 500 强企业高管的原始数据来自 BvD-Orbis 全球企业数据库③。该数据库包含了全球超过 3 亿家企业的管理层、评级报告、原始财务报表等行业信息。首先从数据库中筛选出 2023 财年营业收入（Operating Revenue）排名全球前 500 的企业，然后导出上述企业高管的教育信息。需要说明的是，不论高被引科学家、诺贝尔奖得主，还是 500 强企业高管，作为校友，如果其在同一所大学获得多个学位，该大学计入 1 人；如果在不同大学获得多个学位，每所获得过学位的大学，各计入 1 人。

2. 国际学生比例

指标界定：国际学生比例统计的是 2023 年样本大学中国际学生人数占在校生总人数的比例。国际学生在非国籍所在国接受教育，通常包括学历教育与非学历教育两类，本书仅计入学历教育的国际学生人数。在校生总人数包括本

---

① Web of Science Group：Highly Cited Researchers[EB/OL]. [2024 - 2 - 23]. https：//clarivate.com/highly-cited-researchers/analysis/.
② The Nobel Prize. Nobel Prizes and Laureate[EB/OL]. [2024 - 2 - 23]. https：//www.nobelprize.org/prizes/.
③ Orbis. Welcome to The New Orbis Interface[EB/OL]. [2024 - 2 - 23]. https：//orbis.bvdinfo.com.

科、研究生不同层次的在校生总人数。

数据搜集：国内数据中的国际学生人数和在校生总人数通过国内样本大学官网公布的年度报告搜集。国外数据中的国际学生人数与在校生总人数通过各个国家的高等教育数据库、政府网站统计数据，以及大学官网搜集。其中，美国样本大学的数据来自美国高等教育综合数据系统（Integrated Postsecondary Education Data System，IPEDS）数据库①，英国数据来自英国高等教育统计局（Higher Education Statistics Agency，HESA）数据库②，澳大利亚数据来自澳大利亚教育部官网③，其他国家样本大学的数据来自各个大学官网。鉴于不同国家、不同机构（大学之间、大学与政府之间）的统计数据截止时间存在差异，当指定年份的数据缺失时，优先采用相邻年份的数据。

3. 博士生比例

指标界定：博士生比例是指 2023 年样本大学毕业的博士生人数占学士、硕士和博士全体毕业生人数的比例，或授予的博士学位数占授予的学士、硕士和博士学位总数的比例。

数据搜集：国内数据来自样本大学公布的 2023 届毕业生就业质量年度报告，通过各校就业指导服务中心或者就业信息网检索下载。国外数据来自各个国家的高等教育数据库、政府网站统计数据，以及大学官网。其中，美国样本大学的数据来自 IPEDS 数据库④，英国数据来自 HESA 数据库⑤，澳大利亚数据来自澳大利亚教育部官网⑥，其他国家样本大学的数据来自各个大学官网。鉴于不同国家、不同机构（大学之间、大学与政府之间）的统计数据截止时间存在差异，当指定年份的数据缺失时，优先采用相邻年份的数据。

---

① Integrated Postsecondary Education Data System. Use the Data[EB/OL].[2024 - 2 - 23]. https://nces.ed.gov/ipeds/use-the-data.

② Higher Education Statistics Agency. Table 1：HE Student Enrolments by HE Provider 2014/15 to 2021/22[EB/OL].[2024 - 2 - 23]. https://www.hesa.ac.uk/data-and-analysis/students/table-1.

③ Australian Government Department of Education，Skills and Employment. 2022 Section 7 Overseas Students[EB/OL].[2024 - 2 - 23]. https://www.education.gov.au/higher-education-statistics/resources/2022-section-7-overseas-students.

④ Integrated Postsecondary Education Data System. Use the Data[EB/OL].[2024 - 2 - 23]. https://nces.ed.gov/ipeds/use-the-data.

⑤ Higher Education Statistics Agency. Table 1：HE Student Enrolments by HE Provider 2014/15 to 2021/22[EB/OL].[2024 - 2 - 23]. https://www.hesa.ac.uk/data-and-analysis/students/table-1.

⑥ Australian Government Department of Education，Skills and Employment. 2022 Section 14 Award Course Completions[EB/OL].[2024 - 2 - 23]. https://www.education.gov.au/higher-education-statistics/resources/2022-section-14-award-course-completions.

4. 指数算法

在完成上述数据搜集后,首先,对所有原始值进行统计处理,改善原始数值分布;其次,分别计算出世界一流大学组在各个指标上的平均值作为参照,设为1分;再通过计算单一大学的单一指标值与世界一流大学组在相同指标上的平均值的比值,得到该校在该指标上的得分。最后对三个指标得分进行简单加权,得到人才培养指数。

第三节　我国一流大学人才培养
指数表现及分析

一、一流大学人才培养指数的表现

在国际著名校友指标上,世界顶尖大学组是世界一流大学组的 2.81 倍,其中哈佛大学得分最高。国内顶尖大学组在该指标的得分与世界顶尖大学组存在较大差距,但与世界一流大学组表现接近且略高于世界一流大学组。国内顶尖大学组部分大学培养出的国际著名校友的数量已基本达到世界一流大学的水平。不过,国内一流大学组在该指标上只有世界一流大学组的 68%,说明国内部分的"双一流"建设大学培养出的国际著名校友数量与世界一流大学仍有一定差距(见表 3-2)。

表 3-2　人才培养指数的得分

组　　别	国际著名校友	国际学生	博士生	指数得分
世界顶尖大学组	2.81	1.27	1.54	2.49
世界一流大学组	1.00	1.00	1.00	1.00
国内顶尖大学组	1.39	0.48	1.43	1.27
国内一流大学组	0.68	0.42	0.92	0.67

资料来源:笔者测算。

在国际学生指标上,世界顶尖大学组与世界一流大学组表现相当,其中得分最高的样本大学是世界一流大学组中的多伦多大学,国际学生占比超过 42.3%。

国内顶尖大学组的国际学生指标得分不到世界一流大学组得分的二分之一。国内顶尖大学组中国际学生指标得分最高的大学也仅为世界一流大学组的 78%（见附表 1），存在较大差距。国内一流大学组的国际学生指标得分仅有世界一流大学组的 42%（见表 3-2），反映出国内大部分"双一流"建设大学在国际学生培养方面与世界一流大学存在较大差距。

在博士生指标上，国内顶尖大学组的博士生指标得分为世界一流大学组的 1.43 倍，接近世界顶尖大学组的水平；而国内一流大学组指标得分约为世界一流大学组的 92%。国内组得分最高的大学是世界一流大学组的 1.95 倍（见附表 1）。由此可见，在博士生指标得分方面，我国"双一流"建设大学已经接近或赶超世界一流水平，其中国内顶尖大学组已经接近世界顶尖大学水平，国内一流大学组接近于世界一流大学的水平。

对三个分指标进行加权后得出，国内顶尖大学组的人才培养指数是世界一流大学组的 1.27 倍，是世界顶尖大学组的 51%，说明近年我国部分顶尖大学在人才培养方面的表现赶超世界一流大学，但与世界顶尖大学还存在一定差距。国内组中的 10 所高校得分已超过世界一流大学组得分的平均水平（见附表 1）。国内一流大学组在人才培养指数上与世界一流大学组的差距明显，仅为世界一流大学组的 67%（见表 3-2）。

综上，国内顶尖大学组虽然在吸引国际学生方面与世界一流大学还存在一定差距，但在培养国际著名校友、博士生等方面已经达到了世界一流大学的水平。国内一流大学组与世界一流大学相比，在国际知名校友、国际学生两个指标上均存在较大的差距。总体上看，我国一流大学的人才培养水平与世界一流大学仍然存在一定的差距。

二、一流大学人才培养指数的分析

通过上述指标得分发现，在国际著名校友方面，我国"双一流"建设高校与世界顶尖大学仍然存在较大差距。杰出校友通常是在智力、创造力、领导才能等方面表现卓越，或在特殊领域取得显著成就的拔尖创新人才。在知识突破性创新和科技颠覆性变革的现代社会，拔尖创新人才的数量、质量、结构及其作用的发挥，直接关系到我国能否赢得未来发展的战略优势。反观当前，我国一流高校尽管已经展开了诸如"清华学堂计划""中科大少年班""北大元培学院"等一系列拔尖创新人才培养试点,但在拔尖创新人才的模式和理论研究方面尚未与国际前沿完全接轨,仍存在诸多有待改进的空间[①]。在国际学生培养方面,我国部分"双一流"建设高校的品牌特色不明显,缺乏吸引海外留学生的核心竞争力,缺乏对不同教育和文化背景下的来华留学生的学习特点与需求的了解,难以开设出满足国际学生多元化需求的高质量课程[②]。加之教师和管理人员方面存在国际化意识不强、经验不足等问题,难以保证留学生专业选择、培养方案优化等工作的有效实施。在博士生培养方面,我国"双一流"建设高校之间差距较大,其中表现较好的大学已经接近甚至超越世界顶尖大学。不过,本书中的博士生指标仅从数量上对博士毕业生占全体毕业生的比例加以衡量,没有反映博士生的培养质量。而作为国家创新体系中重要的生力军,博士研究生是经济社会发展、产业转型升级的重要人才储备;作为博士生教育大国,我国正面临着培养规模持续扩大和培养质量要求不断提高的新形势[③]。受制于我国大学传统的单向治理体系,院系之间普遍存在学科壁垒,难以形成有效的合作机制,这就导致博士生培养过程中创新性素养有所缺失[④]。因此,如何改进博士生培养制度、提升博士生培养质量,进而缩小我国高校与世界一流大学在拔尖创新人才培养上的差距是迫切需要研究和解决的问题。

从人才培养对一流大学的意义来看,拔尖创新人才培养的水平能够彰显一流大学的学术水平以及育人能力,在提高一流大学社会公信力的同时实现大学的社会价值。因此,拔尖创新人才培养不仅是知识经济时代科技创新与发展的驱动力,也是当代国内外高校高水平人才培养的重要着力点。拔尖创新人才的培养是一个系统化工程,关键是在优化变革各项人才培养要素的基础上,从根本上建立更加适合拔尖创新人才成长和发展的教育生态体系。为此,本研究将通过分析国内外一流大学拔尖创新人才的培养案例,为我国"双一流"建设高校突破人才培养困境提供有益借鉴。

---

① 阎琨,吴菡.拔尖人才培养的国际趋势及其对我国的启示[J].教育研究,2020,41(06):78-91.
② 金中坤,王文琴,金政.基于产教融合的应用型本科院校来华留学生培养[J].教育与职业,2021(10):86-90.
③ 许丹东,沈文钦,翟月,等.中国博士生的培养现状与问题——基于2021年全国博士毕业生离校反馈调查的分析[J].学位与研究生教育,2022(05):73-80.
④ 袁本涛,李莞荷.博士生培养与世界一流学科建设——基于博士生科研体验调查的实证分析[J].江苏高教,2017(02):1-6.

第四节 一流大学人才培养的典型案例研究

本章以新加坡南洋理工大学（Nanyang Technological University，NTU）、美国加州大学伯克利分校（University of California，Berkeley，UCB）和清华大学为案例，对其拔尖创新人才培养进行案例分析，以期为我国高质量人才培养模式的改革与创新提供思路。在案例大学的选取过程中，本章特别关注了计算机科学领域的创新人才培养。其中，新加坡南洋理工大学通过"3C"理念引导人才的多维素养发展，美国加州大学伯克利分校通过创新实践引领人才的综合能力提升，清华大学则通过产学研协同育人赋能创新人才的潜力迸发。

一、"3C"理念主导多维素养发展：以新加坡南洋理工大学为例

新加坡南洋理工大学从 20 世纪 90 年代开始推行教育教学改革、积极探索拔尖创新人才培养的全新模式，逐步实现了人才培养的重点从"工程技能"到"卓越领导力"的关键转变，培养了一批又一批拔尖创新人才，为新加坡加快推进创新型国家建设与发展模式转变有效赋能[1]。2021 年初，南洋理工大学提出了"南洋理工大学 2025 战略规划"（The NTU 2025 Strategic Plan，以下简称"2025 规划"），详细阐述了 NTU 在教育、研究和创新方面的规划和目标[2]。其中，发展学生的 3C 特质是其拔尖创新人才培养的关键着力点。3C 即品格（character）、能力（competence）以及认知灵敏度（cognitive agility），这三项特质是培养具有创新精神和社会责任感，能够胜任未来挑战等多维素养于一体的拔尖创新人才的重要支柱[3]。

1. 设立创新驱动发展目标，追求价值共赢

拔尖创新人才作为承载多元学科知识与实践技能的统一体，在实现自身创新发展的同时，也肩负着打通理论研究与科技落地之间藩篱的责任。在 3C 理

---

① 马东影.基于拔尖创新人才培养的本科教育改革——新加坡南洋理工大学的案例研究[J].比较教育研究，2023，45（09）：40－50.

② Nanyang Technological University. NTU 2025 Strategy[EB/OL].[2024－2－13]. https://www.ntu.edu.sg/docs/default-source/corporate-ntu/ntu-2025-strategy.pdf?sfvrsn=dc8cc358_2.

③ Nanyang Technological University. Building a Culture of Learning[EB/OL].[2024－6－30]. https://www.ntu.edu.sg/education.

念的引导下,南洋理工大学计算机与数据科学学院(College of Computing and Data Science,CCDS)的培养计划涵盖了从软件工程、硬件设计到网络安全等计算机领域的核心主题,并通过学院的广泛合作网络为学生提供大量机会,确保学生在为自身职业发展做好准备的同时,将自身的学术成果、研究课题与行业和社区紧密结合①。以计算机工程学士项目为例,该项目旨在培养计算机硬件和软件协同设计、嵌入式系统开发、计算应用和高效计算系统方面的专业人才,帮助毕业生兼具计算机科学家的分析能力和电子工程师的开发设计能力,使其能够更加从容地应对未来职业发展。同时该项目也致力于培养学生利用自身的专业技能解决各行各业复杂问题的能力,帮助社会公众在科学技术的支持下拥有更加便捷的生活②。

CCDS 在培养目标的设置上既强调专业能力的培养,鼓励学生能够利用自身掌握的知识充分挖掘自身潜能,开展理论思考与实践探索;又强调学生所需具备的社会责任感,培养学生通过扎实的问题分析与解决能力,为社会中存在的现实问题提供解决方案的能力。这种兼顾个人价值与社会价值的培养目标渗透在人才培养的全过程,为拔尖创新人才求知精神、探索意识、责任担当等品格塑造引领正确方向。

2. 优化跨学科课程,推进体验式协作学习

CCDS 通过多学科交叉融合的课程设置与体验式协作学习的创新教学模式,为拔尖创新人才的培养提供抓手,致力于培养出的拔尖创新人才不仅掌握所学的知识,还能够综合运用多学科的方法解决现实挑战。

从课程设置来看,本科层次的计算机科学专业课程主要由三部分构成:核心和专业必修课(Core & Major Prescribed),占 50%～60%;扩展与深化选修课(Broadening & Deepening Electives),占 20%;以及跨学科合作核心课程(Interdisciplinary Collaborative Core),占 20%～30%。其中核心和专业必修课涉及计算机科学领域的基础核心课程、数字素养、专业实习、有效沟通等方面的知识;扩展与深化选修课为学生追求专业以外的兴趣、深化相应领域的技能

---

① Nanyang Technological University. Computing at NTU[EB/OL].[2024 - 6 - 20]. https://www.ntu. edu.sg/computing/computing-at-ntu.

② Nanyang Technological University. Bachelor of Engineering(Hons)in Computer Engineering[EB/OL].[2024 - 6 - 20]. https://www.ntu.edu.sg/computing/admissions/undergraduate-programmes/detail/bachelor-of-engineering-in-computer-engineering#career.

和知识提供机会；跨学科合作核心课程涵盖科学与技术、跨学科调研与沟通、可持续发展、创新创业等七个领域①。专业课、选修课、跨学科课程的占比比值约为2：1：1，有效兼顾了学生专业能力的纵深培养与跨学科通识领域的多维能力发展，让学生在多学科交互的环境中根据自身兴趣开展学习。

在研究生层次的计算机科学专业课程设置上，CCDS提供了人工智能理学硕士、网络安全理学硕士、数据科学理学硕士等方向的全日制与非全日制硕士项目，学制为1～2年不等②。各个方向的硕士课程主要以专题形式呈现，由基础专题与高级专题两组课程模块组成。基础专题包括数据挖掘、计算机与网络安全、数值算法等计算机领域的基础通识性课程；高级专题涵盖计算智能、分布式系统、数据图像处理等专业方向的深化课程③。这种进阶式、多元化的课程设计可以帮助研究生层次的拔尖创新人才在纵深领域中结合多学科的知识开展计算机科学的实践研究。

从教学模式来看，体验式协作学习（Experiential and Collaborative Learning，ECL）作为一种创新教学模式，是南洋理工大学教育战略的重要方面。ECL旨在激发学生的探索和创造欲望、勇于承担风险的态度，突破传统教学模式的局限。如图3-1所示，体验式学习包含四个阶段，教师鼓励学生在具体实践的过程中进行观察和反思，并将自身经验与已经存在的经验相结合，促进新概念和新想法等创新成果的涌现。协作学习是由两个或两个以上的成员共同学习，学生在有效开展协作学习时，能够培养个人责任感，建立同伴之间积极的相互依存关系。体验式学习与协作学习相辅相成，以更加多元的形式丰富传统教学模式，使教师在教学过程中能够培养学生的批判性反思意识和自主探究意识，提升学生的抗风险能力，帮助科学创新与合作④。

①　Nanyang Technological University. Interdisciplinary Collaborative Core (ICC)［EB/OL］.［2024 - 2 - 13］. https://www.ntu.edu.sg/education/inspire/interdisciplinary-collaborative-core-(icc).

②　Nanyang Technological University. Master of Science Programmes［EB/OL］.［2024 - 2 - 13］. https://www.ntu.edu.sg/scse/admissions/programmes/graduate-programmes/master-of-science-programmes#Content_C013_Col00.

③　Nanyang Technological University. Graduate-Level Subjects［EB/OL］.［2024 - 2 - 13］. https://www.ntu.edu.sg/scse/admissions/programmes/graduate-programmes/graduate-level-subjects.

④　Nanyang Technological University. Experiential and Collaborative Learning (ECL)［EB/OL］.［2024 - 6 - 30］. https://www.ntu.edu.sg/education/inspire/experiential-collaborative-learning-(ecl)#Content_C010_Col00.

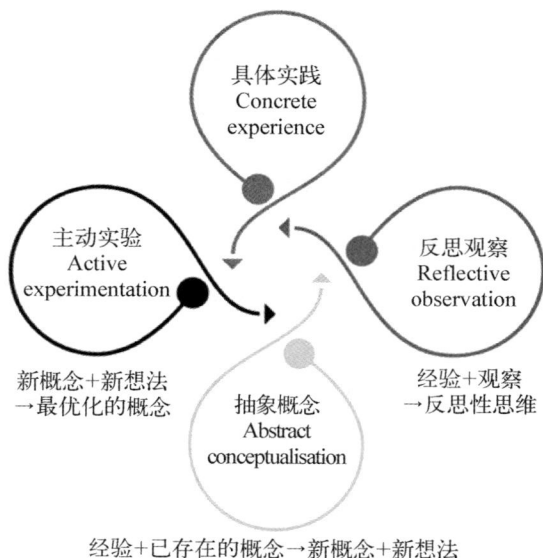

图 3-1　体验式学习四阶段

资料来源：Nanyang Technological University. Experiential and Collaborative Learning（ECL）. (2024),
https://www.ntu.edu.sg/education/inspire/experiential-collaborative-learning-(ecl)#Content_C010_Col00.
（来源与 P61 参考文献④一致）

3. 联动行业实习实践，提升问题解决能力

随着科学技术的迭代更新不断加速，学科交叉融合深入发展，以及重大原创成果转化周期日益缩短，拔尖创新人才需要具备对实践中真实问题的敏锐感知、好奇心与求知欲。实践中的时空场域交互有助于拔尖创新人才产生新的认知与体验，不断调整自身知识结构与能力储备以增强个体与环境之间的匹配性。因此，只有通过实习实践接触行业以及社会生活中最现实的需求，人才培养才能避免陷入闭门造车的困境，才能发现有价值的真问题。

CCDS 通过开设种类多样的学生科研创新支持项目以及企业实习计划，选拔一批成绩优秀、具有创新潜质的优秀学生开展学习实践。譬如，图灵人工智能学者计划（Turing AI Scholars Programme，TAISP）旨在培养能够推动人工智能研究、开发尖端解决方案的优秀学生①。TAISP 是一个四年全日制的荣誉学士学位项目，面向计算机科学、数据科学与人工智能，以及人工智能与社会专业的

① Nanyang Technological University. Turing AI Scholars Programme[EB/OL].[2024-2-13]. https://www.ntu.edu.sg/admissions/undergraduate/premier-scholar-programmes/turing-ai-scholars-programme.

学生开放。TAISP 为学生提供了六个大师班课程,每个大师班都由来自知名大学或者公司的世界顶尖人工智能研究人员或者从业者进行授课。该项目为每位学生配备三名导师:南洋理工大学计算机科学领域的顶尖教授作为学业导师,顶尖人工智能研究人员作为海外导师,以及行业领袖作为行业导师。在三方导师的共同指导下,入选 TAISP 的学生将会在第二学年围绕具体研究问题开展相关研究。在第三学年,学生通过 TAISP 提供的全额奖学金(包括学费以及生活费),前往海外顶尖大学学习一个学期,同时在人工智能行业的巨头企业实习一个学期,在毕业时学生将获得主修学位以及"Turing AI"证书。此外,CCDS 依托自身丰富的行业合作资源,为学生提供在领先科技公司进行实习、开展研究项目以及未来就业的机会①。学生根据自己的个性化需求选择不同类型的专业实习。最后,学校还为本科生与硕士生提供了"阿里巴巴英才计划",入选学生将可能成为阿里巴巴的全职员工,在开展行业实习的同时攻读与阿里巴巴的研究相关的博士项目,通过理论与实践相结合的训练提升对真实问题的认知和解决能力②。

二、创新实践引领综合能力提升:以美国加州大学伯克利分校为例

加州大学伯克利分校的电子工程和计算机科学系(Department of Electrical Engineering & Computer Sciences,EECS)是美国公立大学中最负盛名的电子工程与计算机科学系之一。成立至今,EECS 不断推动着计算机科学领域的革命性发展,培养了一批卓越的科学家和企业家。譬如,20 世纪 70 年代,理查德·卡普(Richard Karp)教授和斯蒂芬·A·库克(Stephen A. Cook)教授领导的理论研究确立了计算复杂性的基本概念和极限;史蒂夫·沃兹尼亚克(Steve Wozniak)与史蒂夫·乔布斯(Steve Jobs)共同创立了苹果(Apple)电脑公司。

1. 探索三维培养目标,引领全球实践创新

EECS 结合自身战略规划以及计算机科学领域的既有资源,不断探索适合自身发展的创新人才培养目标定位与使命引领。具体来看,EECS 的人才培养目标使命可以分为三个维度:一是教学维度,通过理论课程和应用课程培养学生以个体和团队方式解决问题的能力,培养学术界、政府、工业界和创业领域的

---

① Nanyang Technological University. Warm Welcome to Artificial Intelligence @ NTU!［EB/OL］.［2024 - 6 - 20］. https://www.ntu.edu.sg/computing/ai-at-ntu.
② Nanyang Technological University. Alibaba Talent Programme［EB/OL］.［2024 - 6 - 20］. https://www.ntu.edu.sg/computing/admissions/graduate-programmes/alibaba-talent-programme.

未来领袖；二是创新维度，通过核心领域的研究以及与其他学科的合作，创造基本原理知识和创新技术，从而对学术界、工业界和社会产生重要影响；三是服务社会维度，从地方、国家和国际层面服务于大学所属社区，深刻认识自身对专业发展和社会进步肩负的道德责任①。

EECS 鼓励学生将理论学习和现实需求有机结合，以实际问题为导向，通过服务多领域的创新实践，培养具有多元素养的跨学科复合型拔尖创新人才，并以关照全社会的理念为全球计算机科学人才的培养树立标杆，鼓励学生将专业领域的精深知识应用于不同领域的问题解决。

2. 开放多样化实践基地，搭建研究合作平台

EECS 拥有诸如伯克利人工智能研究实验室（Berkeley Artificial Intelligence Research Lab，BAIR）、伯克利计算成像中心（Berkeley Center for Computational Imaging，BCCI）、伯克利数据科学研究所（Berkeley Institute for Data Science，BIDS）、伯克利量子信息与计算中心（Berkeley Quantum Information and Computation Center，BQIC）等多样化的研究中心和实验室，为拔尖创新人才培养提供了重要的实践基地。以伯克利人工智能研究实验室（BAIR）为例，其汇集了 UCB 在计算机视觉、机器学习、自然语言处理、机器人学等领域的高水平教职员工、博士后研究人员②。与此同时，BAIR 为从本科层次到博士层次的学生以及研究人员提供了最先进的科研设备以及跨学科实践环境，帮助学生在开展研究实践的过程中掌握专业领域的最新知识与技术。多样化的研究中心、实验室等机构提供了充足的研究探索空间与理论实践机会，让学生有机会学以致用，不断提升自身综合能力。

EECS 还为本科生提供了多元科研参与途径。譬如，在每周一次的学术报告会上，来自不同研究中心或者实验室的教师与研究人员会展示他们正在进行的研究，并借此机会找到愿意参与项目的学生。同时，EECS 为本科生提供了研究海报展示环节，学生通过展示了解同学正在开展的研究项目并选择是否加入③。

---

① Department of Electrical Engineering and Computer Sciences. Our Mission[EB/OL].[2024 - 2 - 13]. https://eecs.berkeley.edu/about/.
② Department of Electrical Engineering and Computer Sciences. The Berkeley Artificial Intelligence Research (BAIR)[EB/OL].[2024 - 2 - 13]. https://bair.berkeley.edu/.
③ Department of Electrical Engineering and Computer Sciences. Undergraduate Research[EB/OL]. [2024 - 2 - 13]. https://eecs.berkeley.edu/resources/undergrads/research-2/.

此外，EECS 还辅以多样灵活的研究项目与配套资助①，例如本科生研究学徒计划（Undergraduate Research Apprentice Program，URAP）②为 UCB 的本科生提供与教师和研究人员合作开展前沿研究项目的机会。通过与导师密切合作，学生不断积累在特别感兴趣领域的知识和技能，激发对高阶研究的认识和学习兴趣。

3. 建构多阶课程体系，提升自主探究能力

EECS 的计算机科学系为学生提供了开放多阶的课程体系，并赋予学生充分的选课自由。计算机科学专业的课程体系将课程分为低阶和高阶两种。低阶课程是计算机科学专业的基础与核心课程，涵盖微积分、计算机科学基础核心概念、数据结构等六门课程③。高阶课程则分为软件、硬件、理论、应用四个方向的课程，其中每一门课都有相应的先行必修课要求，以此帮助学生循序渐进地掌握专业领域基础知识及相应的技术应用④。与此同时，EECS 的计算机科学专业还有一类自定义课程（DeCal Classes），即让学生自己组织、建设和布置任务的课程，鼓励学生通过自主探究的实践学习方式激发自身的创新能力与创造热情。自定义课程通常是一些应用课程，例如 VR、游戏设计、3D 建模与动画、网页开发、iOS 开发、3D 打印、区块链技术等，学生在开展课程设计以及反馈交流的过程中不断提高自主学习与探究能力。

与传统教学方法有所不同，EECS 通常采用研讨式学习、研究型教学，辅以学生自主研习、项目式教学、实地考察等实践学习方式开展教育教学，学生根据自身的兴趣、禀赋以及发展规划进行课程选择。此外，加州大学伯克利分校为学生建立了"自定义学习进度中心（ The Self-Paced Centre）"，在该中心学习的学生可以根据自身的学习基础和学习进度自主安排学习任务，并完成配套的学习

①　Department of Electrical Engineering and Computer Sciences. Advice and Support，Degree Requirements，Sample Study Plans，Declaring and Changing Majors and Minors，Commencement，Research Opportunities，Special Programs（Honors，Study Abroad，etc.）[EB/OL].［2024－2－13］. https://eecs. berkeley. edu/resources/students/.

②　Department of Electrical Engineering and Computer Sciences. Undergraduate Research Apprentice Program（URAP）[EB/OL].［2024－2－13］. https://research.berkeley.edu/urap/.

③　Department of Electrical Engineering and Computer Sciences. CS Major Lower Division Degree Requirements[EB/OL].［2024－2－13］. https://eecs. berkeley. edu/resources/undergrads/cs/degree-reqs-lowerdiv/.

④　Department of Electrical Engineering and Computer Sciences. CS Major Upper Division Degree Requirements[EB/OL].［2024－2－13］. https://eecs. berkeley. edu/resources/undergrads/cs/degree-reqs-upperdiv/.

与测验[①]，从而强化独立思考意识与自主学习能力。

三、协同育人赋能创新潜能迸发：以清华大学为例

"清华学堂计算机科学实验班"由世界著名计算机科学家姚期智院士于 2005 年创办，简称"姚班"，致力于培养计算机科学专业的拔尖创新人才。2009 年 9 月，姚班被率先纳入清华大学"清华学堂拔尖创新人才培养计划"。截至 2024 年 12 月，姚班学生在本科期间发表近 550 篇论文，并有近 240 人次在计算机科学、人工智能和量子信息领域国际顶级会议上作会议报告。据不完全统计，已有 35 位毕业生进入斯坦福大学、普林斯顿大学、卡内基梅隆大学等国际顶尖高校执教；另有毕业生创办的旷视科技、小马智行、太极图形等独角兽公司在行业中崭露头角[②]。

1. 配置全球顶尖师资，挖掘创新潜力

姚班在创始之初就明确了自己的培养目标，即培养领跑国际的拔尖创新计算机科学人才[③]，服务国家重大科技战略规划，推动计算机科学、人工智能和量子信息学科发展，为我国相关科技领域的系统布局夯实拔尖创新人才储备。"领跑国际的拔尖创新计算机科学人才"意味着姚班致力于为我国培养与美国麻省理工学院、普林斯顿大学等世界一流高校学生具备相等甚至更高竞争力的卓越人才，这些人才在计算机科学领域具有灵活开放的心态、充满好奇心的个性，且拥有充沛的精力、丰富的创造力以及敏锐的洞察力，有望成为未来全球顶尖的创新人才[④]。

作为一个强选拔性的精英学院，姚班基于培养目标精心选才，并为入围学生提供最充足的教育资源，譬如针对性的培养方案、小班化的课程教学、知名导师团队、更多接触学术大师的机会、顶尖的硬件支持与环境配套、海外交流机会等[⑤]。以师资建设为例，姚期智院士亲自领衔教学一线的骨干教师，包括 36 位

①　Department of Electrical Engineering and Computer Sciences. Berkeley University of California. The Self-Paced Centre[EB/OL].[2024 - 2 - 13]. https://selfpaced.bitbucket.io/#/.

②　清华大学.清华学堂计算机科学实验班(姚班)[EB/OL].[2025 - 4 - 16].https://iiis.tsinghua.edu.cn/yaoclass/.

③　姚期智.拔尖创新人才培养的新理念与新探索.质量提升与建设高等教育强国——2011 年高等教育国际论坛论文集[C].西南师范大学出版社，2011：2.

④　清华大学交叉信息研究院.拔尖创新学术人才培养之改革与实践——以清华大学计算机科学实验班为例[J].北京教育(高教版)，2013(09)：67 - 68.

⑤　陆一，史静寰，何雪冰.封闭与开放之间：中国特色大学拔尖创新人才培养模式分类体系与特征研究[J].教育研究，2018,39(03)：46 - 54.

海外引进高层次人才,组建了一支囊括全球顶尖计算机科学家的讲席教授队伍,包括图灵奖(Turing Award)、哥德尔奖(Gödel Prize)获得者以及多位美国国家科学院、工程院等名家大师。姚班教学一线的名师凭借自身对计算机学科领域前沿的精准见解激发学生的学习兴趣,营造良好的科研氛围与学习文化。

2. 推进产学研协同育人,重塑培养模式

为培养学生的科研创新能力,姚班推出深耕精耕相结合的培养模式,为每个学生量身定制预研计划。深耕是指建立从本科生、研究生到科研人员的全程培养系统;精耕是指对每位学生因材培养,零距离指导本科生科研。为贯彻学院研究型教学改革的创新机制,系统性的预研计划以"学术无起点、探究式学习、沉浸式体验"的理念让学生直接接触科学研究前沿,在项目研究中开拓自身创新思维,培养自主学习与创造能力[①]。

同时,姚班致力于推进产学研协同育人,根据培养目标科学规划学生成长路径,形成以创新技术为驱动、高校与科研院所联合培养的全员育人模式。为此,姚班搭建了产学研联通、多方协同的计算机科学领域科教创新平台,鼓励姚班的师生、科研院所的研究人员、企业技术部门的工作人员全员参与到拔尖创新人才培养的全过程中。清华大学交叉信息研究院以智能＋、金融科技、量子计算三个核心方向为统领,形成了以姚班为核心,量子信息中心、开放实验平台、智能金融科技中心三位一体的校内科研实践平台,帮助姚班学生在专业课程学习之余,根据自身兴趣选择对应方向与实践项目。另外,设立南京图灵人工智能研究院、西安交叉信息核心技术研究院、上海期智研究院等异地研究院,方便姚班师生了解当地需求,实现彼此资源链接。基于产学研协同育人模式,学生能够更好地将日常所学融入现实所需,实现学术与实践相结合、技术研究和实际问题相结合,在提升学生自身专业素养以及问题解决能力的同时,推动产业升级与前沿技术突破[②]。

3. 设计前沿交叉学科课程,融合国际交流

自 2022 年起,姚班在其培养方案下设三个专业培养方向：计算机科学与技术、人工智能、量子信息。本科生在大一结束时根据志趣自由选择专业方向。前

---

① 清华大学交叉信息研究院.清华大学 2023 年"姚班"报考指南[EB/OL].[2024 - 2 - 13].https://iiis.tsinghua.edu.cn/uploadfile/2023/07/04/20230704151434163.pdf.

② 清华大学交叉信息研究院.组织架构[EB/OL].[2024 - 2 - 13].https://iiis.tsinghua.edu.cn/research/＃.

两学年实施计算机科学基础知识强化训练,后两学年开展理论、安全、系统、计算经济、计算生物、网络科学、人工智能、量子信息等方向的专业教育,所有专业核心课程均为全英文授课,为学生打造国际化的课程教学模式①。以本科生为例,姚班为学生设计了 25 门计算机科学相关的专业核心课程,包括 5 门核心课程与其他选修课程,构建"基础＋前沿＋交叉"的本科课程体系②。

姚班从大一开始实行导师制,在导师的专业指导下开展基于实践问题的计算机科学领域科研实践;在此基础上,姚班在本科高年级通过交叉联合 AI(人工智能)＋QI(量子人工智能)＋X 等课程项目的方式让学生选择课程的充分自由,使学生有机会将人工智能和量子信息与计算生物学、数字金融、自动驾驶等其他学科前沿相结合,以实际问题为导向,利用交叉领域学科知识化解问题③。

姚班非常注重国际学术交流与专业实践,着力营造多元化、富有活力的学术氛围,打造全方位、多层次的国际化人才培养平台。途径之一是开辟多元化的国际交流途径。姚班通过联合培养项目、交换生、海外实习、暑期学校以及短期考察等方式,为学生提供多样化的国际交流体验,拓宽学生的国际视野,增强其跨文化交流能力。例如,联合培养项目支持学生在不同国家的大学完成部分学业,海外实习提供实际工作经验的积累机会。二是完善多层次的国际合作平台建设。姚班通过建立一系列国际联合培养基地,为学生提供制度化支持,包括但不限于大三学生集体参加海外著名高校的学术冬令营、大四学生全年科研实践活动、预研计划的交流选拔以及对参与高水平国际会议的学生给予资助。这些举措有助于深化学生的专业知识,并提升其在全球范围内的竞争力。三是借助主办系列高端国际会议,让学生们在清华园内与图灵奖、哥德尔奖、斯隆奖(Sloan Research Fellowships)得主等顶尖学者零距离交流和探讨。这种近距离接触有助于激发学生的学术兴趣,促进思想碰撞,同时也为他们未来的研究方向提供了宝贵的指导。

---

① 清华大学交叉信息研究院.清华大学 2023 年"姚班"报考指南[EB/OL].[2024 - 2 - 13].https://iiis.tsinghua.edu.cn/uploadfile/2023/07/04/20230704151434163.pdf.
② 王洋.面向国际的拔尖创新人才培养探索与实践——以清华大学"姚班"为例[J].科教导刊(下旬),2020(09):10 - 11.
③ 清华大学交叉信息研究院.清华大学 2023 年"姚班"报考指南[EB/OL].[2024 - 2 - 13].https://iiis.tsinghua.edu.cn/uploadfile/2023/07/04/20230704151434163.pdf.

第五节　关于我国一流大学人才
培养的政策建议

基于以上对一流大学人才培养指标的分析发现,我国顶尖大学在国际著名校友、博士生指标上已达到世界一流大学水平,但与世界顶尖大学仍存在差距;在国际学生指标上,我国顶尖大学与世界顶尖大学、世界一流大学均存在较大差距。鉴于拔尖创新人才培养作为一流大学提高人才培养质量、助力国家科学进步与技术创新的重要途径,本章进一步对新加坡南洋理工大学、美国加州大学伯克利分校和清华大学的人才培养案例进行了深入探讨,结合指标分析的结果,为改进我国一流大学人才培养工作提出以下两点建议。

一、推动人才培养评价改革,突出创新拔尖导向

近年来"双一流"建设高校均将改革人才培养方式,培养拔尖创新型人才置于愈加重要的位置,但要使传统的一流大学发生实质性转变,依然需要时间进行制度改革与实践探索。当下多数一流大学将人才培养的重点放在知识与技能提升,而非培养成为一流人才所需的独立思考、创新能力、科学热情和长期执着的追求等特质;过度依赖考试成绩和成果数量,忽视了学生的创新实践能力和社会责任感等重要素质的培养;缺乏鼓励探索和允许失败的环境,限制了学生创新尝试和探索欲望。概言之,现有人才培养评价体系对一流人才培养工作发挥的积极导向功能相对有限,难以体现真正的创新拔尖属性。

为此,建议通过推动人才培养评价改革,提高创新拔尖人才培养水平。具体而言,第一,简化评价指标体系,减少指标数量,提升评价有效性,避免一流人才培养评价陷入以完成繁复的常规指标为循环的评价误区;第二,优化评价测量工具,聚焦高精尖指标,选择最能体现创新拔尖人才培养水平的指标;第三,重视评价表现短板,赋予弱势指标更大权重,重点关注弱势指标,赋予与世界顶尖大学存在较大差距的指标更大的权重;第四,合理应用评价指标,将改革后的评价指标贯穿到人才培养实践的过程中,集中各方力量在创新拔尖人才培养的关键指标上实现重大突破。

二、发挥产学研协同作用，重构个性化课程教学体系

在建设高质量教育体系的背景下，目前的一流高校人才培养课程教学体系，在前沿性、实践性与个性化方面与拔尖人才成长所需要的课程教学模式仍存在一定差距。拔尖创新人才的培养需要多方主体达成共识并形成合力，以协同化的组织模式为依托，聚集一流大学、科研院所、科技创新企业以及国内外其他一流大学的优质资源，构建出横向协同、纵向贯通的人才培育路径。另外，拔尖创新人才对于课程选择的自由度具有更高的要求。为了满足个体学术兴趣以及思维创造的需求，大学提供的课程资源以及实践机会需要与不同学生的差异化需求及其未来能力的增长相适配。

为此，建议一流大学充分发挥好拔尖创新人才培养的示范作用，加快拔尖创新人才培养过程中的理念、内涵和方式变革。建议发挥大学、科研院所以及科技创新型企业的协同育人功能，建立资源共享与科研合作机制，结合当前产业界需求与问题，为学生提供课程教学资源，为人才培养提供相应的科教融合和实践创新平台。同时，建议建构与拔尖创新人才个性化需求相适配的课程教学体系，针对有潜力的学生培养采取小规模、高水平的授课方式，提供更加个性化的培养方案以及更富前沿性、挑战性的授课内容，满足学生的差异化教育需求，为拔尖创新人才实现最优发展提供充分的探索空间和自由以及必要的资源，助力其在自身感兴趣的领域开拓创新。

（纪璇，陈丽媛）

第四章
世界一流大学原创研究指数与案例研究

原始性创新是一流大学重要的使命与责任之一。为了探究我国"双一流"建设大学与世界顶尖大学、世界一流大学在原创研究方面的差距,本章选择国内外四组样本,基于自行设计的世界一流大学原创研究指数,对一流大学在自然科学、工程科学、社会科学研究方面的原始创新水平与能力进行测度,并将研究结果进行对比研究。同时,本章选择了三所有代表性的世界一流大学,对其科研管理机制进行深入探索,挖掘其原创性研究水平高的主要因素。最后,综合国际可比数据与案例分析的结果,本章提出了促进一流大学原创研究能力提升的政策建议。

第一节　研究背景与思路

一、研究背景

1. 原始创新是科技强国的基础

原始创新是科学技术发展与进步的原动力,是决定国家间科技竞争成败的重要因素[1],由于其对科技发展、产业带动的基础性作用,原始创新成为建设世界科技强国的关键因子[2]。基础研究的原始创新是科学之本、技术之源,对经济社会发展起着支撑和前瞻引领作用,关系着科技发展的后劲和经济社会发展的未来[3]。

① 成全,董佳,陈雅兰.创新型国家战略背景下的原始性创新政策评价[J].科学学研究,2021,39(12): 2281-2293.
② 刘天星.原始创新:建设世界科技强国之"锥"[N].科技前沿,2017-10-18.
③ 于绥生.论基础研究原始创新的特点[J].技术与创新管理,2017,38(04): 354-360.

自 2006 年全国科技大会首次提出自主创新以来,我国对原始创新越来越重视。2018 年 4 月,国务院印发的《国务院关于全面加强基础科学研究的若干意见》指出"突出原始创新,促进融通发展,把提升原始创新能力摆在更加突出位置,坚定创新自信,勇于挑战最前沿的科学问题,提出更多原创理论,作出更多原创发现"①。2019 年 11 月,习近平总书记在中国科学院建院七十周年之际对原始创新提出了新的期望:"加快打造原始创新策源地,加快突破关键核心技术,努力抢占科技制高点,为把我国建设成为世界科技强国作出新的更大的贡献"②。2020 年 1 月,科技部等五部委颁布的《加强"从 0 到 1"基础研究工作方案》中提出,"加强'从 0 到 1'基础研究,取得重大开创性的原始创新成果,是国际科技竞争的制高点"③。2021 年 3 月,十三届全国人大四次会议通过的《中华人民共和国国民经济和社会发展第十四个五年规划和 2035 年远景目标纲要》提出要"加强原创性引领性科技攻关","在事关国家安全和发展全局的基础核心领域,制定实施战略性科学计划和科学工程"④。同年 5 月,在中国科学院第二十次院士大会、中国工程院第十五次院士大会和中国科学技术协会第十次全国代表大会上,习近平总书记发表重要讲话,强调"加强原创性、引领性科技攻关,坚决打赢关键核心技术攻坚战"⑤。2024 年 1 月,在中共中央政治局第十一次集体学习时,习近平总书记强调"必须加强科技创新特别是原创性、颠覆性科技创新,加快实现高水平科技自立自强,打好关键核心技术攻坚战,使原创性、颠覆性科技创新成果竞相涌现,培育发展新质生产力的新动能"⑥。

2. 一流大学是原创研究的主力军

原创研究是一流大学的有机组成部分,二者之间存在互动关系:一方面,一

① 国务院.关于全面加强基础科学研究的若干意见[EB/OL].(2018 - 01 - 19)[2024 - 05 - 17].https://www.gov.cn/zhengce/content/2018-01/31/content_5262539.htm.

② 人民网.习近平致中国科学院建院 70 周年的贺信[EB/OL].(2019 - 11 - 02)[2024 - 05 - 17].http://cpc.people.com.cn/n1/2019/1102/c64094-31433949.html.

③ 科技部等五部门.加强"从 0 到 1"基础研究工作方案[EB/OL].(2020 - 01 - 21)[2024 - 05 - 17].http://www.cac.gov.cn/2020-03/04/c_1584872637385792.htm.

④ 第十三届全国人民代表大会.中华人民共和国国民经济和社会发展第十四个五年规划和 2035 年远景目标纲要[EB/OL].(2021 - 03 - 13)[2024 - 05 - 17].http://www.gov.cn/xinwen/202103/13/content_5592681.htm.

⑤ 新华社.两院院士大会中国科协第十次全国代表大会召开,习近平发表重要讲话[EB/OL].(2021 - 05 - 28)[2024 - 05 - 17].https://www.cas.cn/zt/hyzt/ysdh20th/yw/202105/t20210528_4790362.shtml.

⑥ 新华社.习近平在中共中央政治局第十一次集体学习时强调:加快发展新质生产力,扎实推进高质量发展[EB/OL].(2024 - 02 - 01)[2024 - 05 - 17].https://www.gov.cn/yaowen/liebiao/202402/content_6929446.htm.

流大学是原始创新的最重要来源,对原始创新有着突出贡献。统计发现,全世界所有大学获得诺贝尔科学奖的人次占同期获奖总人次的 3/4 左右①,其中,少数处于世界前列的一流大学的诺贝尔奖获得者遥遥领先于其他大学②;另一方面,原始创新对建设一流大学同样有着强大的推力,这种推力主要表现在有助于提升大学的学术声誉、提升教师的学术层次、吸纳教育经费、建设一流实验室③。因此,一流大学是基础研究的主力军,原创研究是一流大学不可推卸的使命与责任。中共中央、国务院颁布的《中国教育现代化 2035》明确提出,"加强高等学校创新体系建设,建设一批国际一流的国家科技创新基地,加强应用基础研究,全面提升高等学校原始创新能力"④。2021 年 3 月,三部委联合下发的《"双一流"建设成效评价办法(试行)》也对我国一流大学建设高校的基础研究水平提出了更高的要求,即在基础研究领域取得"从 0 到 1"的重大原始创新成果⑤。

二、国内外研究进展

与一流大学原创研究评价相关的文献大多集中在高校原始创新能力评价与提升方面,专门针对一流大学的比较少。

1. 高校原始创新能力评价与提升方面

在高校原始创新能力评价方面,学界的讨论主要集中在评价体系的构建方面,主要包括与原始创新活动相关的投入、产出和环境。李玉琼、邹树梁、孟娟在分析创新能力演化规律、原始创新的特点及内容、原始创新能力评价指标体系构建原则的基础上,设计了由 4 个一级指标(基础支撑能力、投入能力、产出能力、管理能力)、12 个二级指标和 40 个三级指标构成的我国高校原始创新能力评价指标体系⑥。王亮、孙绍荣、李世珣通过分析影响科技原创力水平的主要因素,

①　李立国."双一流"高校的内涵式发展道路[J].国家教育行政学院学报,2018(09):14 - 19.
②　陈丽媛,杨建华,高磊.一流大学学术大师的指标表现及其引育机制研究:基于国际比较的视野[J].上海交通大学学报(哲学社会科学版),2019,27(03):70 - 79.
③　杨宁,王建东,冯志敏.试论原始创新与一流大学的互动关系[J].高教探索,2001(02):60 - 62.
④　中共中央,国务院.中国教育现代化 2035[EB/OL].(2019 - 02 - 23)[2024 - 05 - 17].http://www.moe.gov.cn/jyb_xwfb/s6052/moe_838/201902/t20190223_370857.html.
⑤　教育部,财政部,国家发展改革委.关于印发《"双一流"建设成效评价办法(试行)》的通知[EB/OL].(2021 - 03 - 23)[2024 - 05 - 17].http://www.moe.gov.cn/srcsite/A22/moe_843/202103/t20210323_521951.html.
⑥　李玉琼,邹树梁,孟娟.我国高校原始创新能力评价指标体系设计[J].南华大学学报(社会科学版),2007(03):24 - 27.

依据我国相关的科技政策,构建了包含四个一级指标(产出能力、资源、硬环境、软环境)的科技原创力评价指标体系[①]。李海超、张赟、陈雪静从人力资源投入、科研经费投入、环境支撑以及产出水平四个方面构建了我国高科技产业原始创新能力评价指标体系,对我国高科技产业原始创新能力进行了评价与分析,并提出了提升高科技产业原始创新能力的策略[②]。邢纪红和龚惠群构建了由资源水平、创新氛围、管理水平和产出水平四个方面构成的高校原始创新能力评价指标体系,并以南京高校调查问卷所得数据为研究样本进行实证分析,证明了所构建的指标体系的有效性[③]。

在高校原始创新能力提升方面,王章豹和汪立超分析了我国高校原始创新能力不足的表现形式,剖析了造成这种现象的主要原因,并从学科、人才队伍、创新基地、评价体系和创新文化五个方面,探讨了加强高校原始创新能力的基本建设路径[④]。杨丽萍从重大奖项、基础研究实力和发明专利三个方面对我国高校原始创新的现状进行了分析,从中揭示了我国高校在原始创新中存在的问题[⑤]。汪立超、强晓华、曹明等将生态位理论应用于高校原始创新能力提升中,在界定高校原始创新生态位概念及内涵的基础上,提出了构建高校原始创新能力建设路径的生态位维度策略、生态位宽度策略和原始创新生态系统的协同进化策略[⑥]。陈良雨研究发现,在实践过程中,非共识研究在评价环境、干预行为、学术司法、多元参与等方面存在的问题制约着高校原始创新能力提升,因此,在非共识研究视角下,高校原始创新能力提升可以从创新包容的评价机制、构建科学的干预模式、建立开放的申诉程序以及拓展多元支持体系等方面进行尝试[⑦]。黄祥嘉选取部分教育部、工信部直属的行业特色高校为研究对象,从"双一流"学科、国家重点实验室、国家自然科学基金、国家科技奖励四个维度,分析了其原始创新现

① 王亮,孙绍荣,李世瘭.科技原创力评价指标体系研究[J].中国科技论坛,2005(02):98-102.
② 李海超,张赟,陈雪静.我国高科技产业原始创新能力评价研究[J].科技进步与对策,2015,32(07):118-121.
③ 邢纪红,龚惠群.高校原始创新能力评价指标体系研究——基于南京高校的实证研究[J].江苏高教,2017,(03):44-47.
④ 王章豹,汪立超.我国高校原始创新能力不足的成因分析及其建设路径[J].辽宁教育研究,2007(04):39-41.
⑤ 杨丽萍.我国高校原始创新能力的不足及发展对策研究[D].西安:长安大学,2008.
⑥ 汪立超,强晓华,曹明,等.基于生态位理论视角的高校原始创新能力建设策略[J].中国电力教育,2013(28):5-7.
⑦ 陈良雨.非共识研究与高校原始创新能力提升[J].科技进步与对策,2021,38(12):19-24.

状和存在的问题,并从优化创新环境、服务行业发展、培养青年人才、强化基础研究和完善学科体系五个方面,提出了行业特色高校原始创新能力提升策略①。陈良雨、沈华认为,学科群落生态作为由若干同类或非同类的学科通过相互联系、相互影响而聚集在一起形成特定组合结构单元的关系总和,对高校原始创新能力的提升具有驱动力,而生态网络建设、跨学科组织建设、梯度结构布局可以成为学科群落生态驱动高校原始创新能力提升的实现机制②。

2. 一流大学原始创新能力评价与提升方面

在一流大学原始创新能力评价与提升方面的文献相对较少。王成军、方明、秦素通过比较美国、日本一流研究型大学激发原始性创新的科研环境特征,从人才培养、科学研究、创新人才吸引三个角度探究如何提高我国研究型大学的原始性创新能力③。刘永林、张敏、刘泽政指出,在创新型国家建设的背景下,应以"双一流"建设为契机,整体提升我国高等教育的一流人才培养和创新能力,进一步夯实以创新能力为核心的人才基础、打造以基础研究为驱动的创新引擎、优化以双轮驱动为支撑的条件保障、营造以开放包容为理念的文化环境,全面提升高校原始创新能力④。

基于已有相关文献,我们发现高校原始创新能力评价指标体系差异较大,指标体系的设计缺乏国际可比性,实证研究也较少,并且对一流大学原创研究进行评价的专门文献呈现稀缺状态。

三、研究思路

1. 核心概念

1) 原创研究

1952 年,美国社会学家伯纳德·巴伯(Bernard Barber)在其著作《科学与社会秩序》(*Science and the Social Order*)中多次提到"科学创新"。他所说的"科

① 黄祥嘉.行业特色高校原始创新能力提升策略——基于 14 所部属高校的样本分析[J].中国高校科技,2021(04):4-8.
② 陈良雨,沈华.学科群落生态驱动高校原始创新能力提升研究[J].上海交通大学学报(哲学社会科学版),2023,31(09):152-162.
③ 王成军,方明,秦素.基于诺贝尔科学奖的研究型大学原始性创新能力提升研究[J].演化与创新经济学评论,2020(01):83-94.
④ 刘永林,张敏,刘泽政."双一流"建设背景下高校原始创新能力的提升路径[J].科学管理研究,2020,38(05):45-49.

学创新"是指科学发现或者发明，也可以看作原始创新的雏形①。原始创新是我国于 2005 年末提出的全新概念，是创新研究的新扩展②。随着现代科学的发展，科学创新分为两种，即原始性创新和跟踪性创新。原始性创新（original innovation）的概念是能够推动自然科学发展的各项科研成果，如方法、理论、发明等，作为科学家贡献给科学共同体的一种未曾出现、没有命名的存在③。原始性创新更强调本原性的、原初的创新，强调非模仿性的、独立自主的创新④。原始性创新侧重基础研究领域的创新，通过敏锐观察、独特思维和创意实验，引领新方向、开拓新领域、孕育新学科，表现为发现新现象与形成新概念、新理论体系等⑤。

　　原始性创新的概念存在多种提法，如原始创新、原始性创新、源头创新、根本性创新、基础创新等⑥。原创（originality）是原始性创新的简称，是科学创新的最高形式，是指通过科学实验和理论研究探索事物的现象结构、运动及其相互作用规律的过程，或者运用科学理论解决经济社会发展中关键的开创性科学技术问题的过程⑦。科学社会学家默顿（Robert King Merton）指出，原创性是科学的最高价值。科学作为一种社会制度，将原创性视为最高价值。从科学家转型为科学社会学家的齐曼（John Ziman）提出，所谓原创性，就是给人类知识宝库"添新砖、加新瓦"，比如，提出新科学问题，探索新研究方法，获得新数据，提出新理论、新解释，或者是以上的组合。可以说，原创性是科学的精气神⑧。原始性创新可以分为三个层面：第一个层面是基础研究，是对未知世界知识的探索，如数学、物理、生物中的基础性课题等；第二个层面是重大发展攻关，是从人类、区域发展的角度组织的研发攻关，如国际间的人类基因组计划、美国的阿波罗登月计划（Apollo program）、我国的"两弹一星"计划等；第三个层面是针对提升经济发展和人民生活水平而开展的研发活动，如新药的研制、芯片设计等⑨。

　　2）一流大学原创研究指数

　　原始性创新是一流大学重要的使命与责任之一。哈佛大学原校长陆登庭

①　汪寅.科技原始创新问题初探[D].合肥：中国科学技术大学,2007.
②　苏屹,李柏洲.原始创新研究文献综述[J].科学管理研究,2012,30(02)：5-8.
③　刘琳琳.基于原始性创新的科研人员创新潜力研究[J].科学管理研究,2014,32(03)：101-104.
④　邹承鲁,陈述彭,陈平原,等.自然、人文、社科三大领域聚焦原始创新[J].中国软科学,2002(08)：9-26.
⑤　石元春.谈发展生物质产业中的几个问题[J].中国基础科学,2005(06)：3-6.
⑥　汪寅.科技原始创新问题初探[D].合肥：中国科学技术大学,2007.
⑦　沈超,王学力.原始性创新的影响因素及其机制与模式分析[J].科技管理研究,2008(08)：11-13.
⑧　刘立.科研评价要突出"唯原创性"标准[N].中国科学报,2019-03-20.
⑨　陈雅兰.原始性创新的理论与实证研究[D].武汉：武汉理工大学,2005.

(Neil Rudenstine)曾指出"建设世界一流大学要有高水平的原创性研究、高水平的教师,培养高水平的人才,以及充足的办学经费等"[1]。自1901年诺贝尔奖首次颁奖以来,诺贝尔自然科学三大奖中约有500人获奖,其中70%以上来自研究型大学[2]。在统计学上,任何两个数值对比形成的相对数都可以称为指数。本书的一流大学原创指数是指对国内外一流大学原创研究水平定量评价比较后形成的数值结果的简称。

2. 研究问题

基于国际可比数据与经典案例,本章探讨三个方面的问题:第一,如何评价一流大学的原创研究? 第二,我国"双一流"建设大学与世界顶尖大学、世界一流大学在原创研究方面的差距如何? 第三,世界顶尖大学/世界一流大学为什么在原创研究方面表现突出? 有哪些经验可以借鉴?

3. 研究思路

具体研究思路如下:第一,在对原创研究内涵进行研究的基础上,结合一流大学建设的实践进行指数设计,并对每个指标内涵与统计方法进行清晰界定。第二,对一流大学自然科学、工程科学、社会科学研究方面的原始创新水平与能力进行测度,选择国内外四组样本,进行数据搜集与整理,计算指标得分,将研究结果进行对比研究。第三,选择有代表性的世界一流大学,对其科研管理机制进行深入探索,挖掘其原创性研究水平高的主要因素。第四,根据数据和案例分析的结果,提出促进一流大学原创研究能力提升的政策建议。

第二节　一流大学原创研究指数设计

一、国内外样本选取

本书共选取国际组和国内组两组样本,具体如下。

国际组样本:本章从2023年ARWU排名前25的大学中选取10所[3]作为

---

①　刘承波.十九大对"双一流"建设的新要求新期望[N].中国科学报,2017-12-19.
②　王章豹,汪立超.我国高校原始创新能力不足的成因分析及其建设路径[J].现代教育科学,2007(05):1-5.
③　包括哈佛大学、斯坦福大学、麻省理工学院、剑桥大学、加州大学伯克利分校、芝加哥大学、耶鲁大学、宾夕法尼亚大学、伦敦大学学院、帝国理工学院。

世界顶尖大学样本组,从排名为 76～100 的大学中选取 10 所①作为世界一流大学样本组。

国内组样本:本章从 2023 年 ARWU 排名前 100 名的我国"双一流"建设大学选取 10 所②作为国内顶尖大学组,从排名 100—200 名之间的我国"双一流"建设大学选取 21③ 所作为国内一流大学组。

二、指数体系设计

研究发现,能够反映一流大学原创研究并对大多数我国一流大学都有意义的指标并不多。"诺贝尔自然科学奖代表着物理学、化学、生理学和医学前沿研究的最高水平和发展走向,标志着科学原始性创新的重大成就"④。但是我国一流大学获得诺贝尔奖的数量太少,仅北京大学有一名校友(屠呦呦)获奖,教师队伍在诺贝尔奖方面并没有实现零的突破。因此,诺贝尔奖不太适用于评价我国一流大学现阶段的原创研究。在充分考虑指标的代表性、现实性与可比性的基础上,本书拟定了三个既有代表性又有国际可比性的一流大学原创研究评价指标,分别是突破性研究论文、国际权威学术期刊论文、前沿研究方向的活跃度。尽管这三个指标都是与论文相关的指标,但都不是普通的论文指标,而是与原创研究关系相当密切的三个论文指标。

1. 突破性研究论文

《自然》(Nature)和《科学》(Science)在学术界被公认为世界顶级科技期刊。《自然》是世界上最早的国际性科技期刊,由英国麦克米伦(Macmillan)出版社出版,自 1869 年创刊以来,始终如一地报道和评论全球科技领域里最重要的突破,刊载论文几乎覆盖了所有自然科学领域⑤。《自然》以报道科学世界中的重大发现、重要突破为使命,要求科研成果新颖、引人注意,且该项研究在该领域之外具有广泛意义,无论是报道一项突出的发现,还是某一重要问题的实质性进

---

① 包括格罗宁根大学、莫纳什大学、奥胡斯大学、巴塞尔大学、乌普萨拉大学、匹兹堡大学、根特大学、澳大利亚国立大学、伊拉兹马斯大学、布里斯托大学。

② 包括清华大学、北京大学、浙江大学、上海交通大学、复旦大学、中国科学技术大学、中山大学、华中科技大学、中南大学、南京大学。

③ 包括武汉大学、四川大学、西安交通大学、北京理工大学、天津大学、吉林大学、哈尔滨工业大学、苏州大学、东南大学、山东大学、华南理工大学、电子科技大学、南方科技大学、同济大学、厦门大学、西北工业大学、北京航空航天大学、北京师范大学、南开大学、郑州大学、湖南大学。

④ 黄涛.原创研究何以可能——诺贝尔自然科学奖的启示[J].科技导报,2009,27(24):94-95.

⑤ 马丽娜.科技论文合著现象发展趋势研究——以英国《自然》杂志为例[J].情报探索,2010(10):10-12.

展,均应使其他领域的科学家感兴趣①。《科学》由美国科学促进会(American Association for the Advancement of Science, AAAS)主办和发行,经过同行评议,发表重要的原创研究成果、综述,并分析科学研究与科学政策②。因此,《自然》和《科学》期刊的论文(以下简称"N&S 论文"),是突破性研究论文的标志。虽然有部分 N&S 论文并非原创性研究,但并不影响其代表突破性研究的水平。

2. 国际权威学术期刊论文

每个学科都有一些公认度比较高的国际权威学术期刊,2023 年上海软科公布了 43 个领域 123 本国际权威学术期刊。调查结果来自不同学科领域的知名和有影响力的领导者,并以透明的方式向公众展示③。

截至 2023 年 4 月,软科调查了来自世界前 100 名大学的一万多名教授。这些教授来自不同的学科领域,其中许多是所在学院或部门的负责人,他们列出了所在学科的顶尖期刊(the Top Tier Journals)④。一本期刊被认定为某个学科的顶尖期刊需满足以下两个条件:至少获得三票;得票数达到或超过本学科参加调查总人数的一半,或者得票数达到或超过本学科参加调查总人数的 40%,且该期刊曾入选 2022 年顶尖期刊⑤。

鉴于此,这些国际权威学术期刊上的论文能代表该学科原创研究的最高水平。虽然软科还没有调查全部的学科,但是已经涵盖了自然科学、工程科学和社会科学的大多数主流学科⑥⑦,所以对一流大学在这些国际权威学术期刊上发表的论文进行统计是有意义的。

---

① 英国《自然》杂志编辑部.杂志简介[J].中国动脉硬化杂志,2017,25(10):1040.
② Science. Information for Authors[EB/OL].(2021 - 08 - 08)[2024 - 05 - 17]. http://www.sciencemag. org/authors/science-information-authors.
③ ShanghaiRanking. ShanghaiRanking Academic Excellence Survey 2023 Methodology[EB/OL].[2024 - 05 - 17]. https://www.shanghairanking.com/activities/aes/method/2023.
④ ShanghaiRanking. ShanghaiRanking Academic Excellence Survey 2023 Methodology[EB/OL].[2024 - 05 - 17]. https://www.shanghairanking.com/activities/aes/method/2023.
⑤ ShanghaiRanking. ShanghaiRanking Academic Excellence Survey 2023 Methodology[EB/OL].[2024 - 05 - 17]. https://www.shanghairanking.com/activities/aes/method/2023.
⑥ 学科列表:数学、物理学、化学、地球科学、生态学、机械工程、电子工程、控制科学与工程、生物医学工程、计算机科学与工程、土木工程、化学工程、材料科学与工程、纳米科学与技术、能源科学与工程、水资源工程、航空航天工程、遥感技术、冶金工程、生物学、兽医学、临床医学、公共卫生、口腔医学、护理学、药学、经济学、统计学、法学、政治学、社会学、教育学、新闻传播学、心理学、工商管理、金融学、管理学、旅游休闲管理、农林经济管理、图书情报科学.
⑦ 上海软科."学术卓越调查":软科世界一流学科排名指标揭秘[EB/OL].(2018 - 11 - 19)[2024 - 05 - 17].http://www.zuihaodaxue.com/news/20180718-685.html.

3. 前沿研究方向的活跃度

2013 年,科睿唯安(时为汤森路透知识产权与科技事业部)开始发布《研究前沿》(*Research Fronts*)报告,通过持续跟踪全球最重要的科研和学术论文,研究分析论文被引用的模式和聚类,特别是成簇的高被引论文频繁地共同被引用的情况,可以发现研究前沿[①]。当一簇高被引论文共同被引用的情形达到一定的活跃度和连贯性时,就形成一个研究前沿,而这一簇高被引论文便是组成该研究前沿的核心论文[②]。研究前沿的分析为揭示科学研究的脉络提供了一个独特的视角[③]。研究前沿由一组高被引的核心论文和一组共同引用核心论文的施引文献组成。核心论文来自基本科学指标数据库中的高被引论文,即在同学科同年度中根据被引频次排在前 1% 的论文。这些有影响力的核心论文的作者、机构、国家在该领域也作出了不可磨灭的贡献[④]。通过对该研究前沿的施引文献的分析,可以发现该领域的最新进展和发展方向[⑤]。

研究前沿中的原发性原创发现虽然比较少,但如 CRISPR/Cas 基因组编辑技术[⑥]、希格斯玻色子[⑦]、引力波[⑧]等原创性研究也都很快在研究前沿中得以体现,而研究前沿中继发性原创发现的占比较高,如 PD-1/PD-L1 免疫抑制剂应用[⑨]的最新进展和冷冻电镜[⑩]的应用。此外,ESI 中的研究前沿与科学家认为的

---

① 中国科学院科技战略咨询研究院,中科院文献情报中心,科睿唯安.2017 研究前沿[EB/OL].(2021-08-08)[2024-05-17].http://swgk.imech.ac.cn/download/2017/12/7/83643.pdf.

② 中国科学院科技战略咨询研究院,中科院文献情报中心,科睿唯安.2017 研究前沿[EB/OL].(2021-08-08)[2024-05-17].http://swgk.imech.ac.cn/download/2017/12/7/83643.pdf.

③ 中国科学院科技战略咨询研究院,中科院文献情报中心,科睿唯安.2017 研究前沿[EB/OL].(2021-08-08)[2024-05-17].http://swgk.imech.ac.cn/download/2017/12/7/83643.pdf.

④ 中国科学院科技战略咨询研究院,中科院文献情报中心,科睿唯安.2016 研究前沿[EB/OL].(2018-10-05)[2024-05-17].http://swgk.imech.ac.cn/download/2016/12/23/141823.pdf.

⑤ 中国科学院科技战略咨询研究院,中科院文献情报中心,科睿唯安.2017 研究前沿[EB/OL].(2021-08-08)[2024-05-17].http://swgk.imech.ac.cn/download/2017/12/7/83643.pdf.

⑥ 中国科学院文献情报中心,汤森路透知识产权与科技事业部,新兴技术未来分析联合研究中心.2014 研究前沿[EB/OL].(2018-10-05)[2024-05-17].http://www.whiov.ac.cn/xwdt_105286/kydt/201411/W020141111411139459501.pdf.

⑦ 中国科学院文献情报中心,汤森路透知识产权与科技事业部,新兴技术未来分析联合研究中心.2014 研究前沿[EB/OL].(2018-10-05)[2024-05-17].http://www.whiov.ac.cn/xwdt_105286/kydt/201411/W020141111411139459501.pdf.

⑧ 中国科学院文献情报中心,汤森路透知识产权与科技事业部,新兴技术未来分析联合研究中心.2015 研究前沿[EB/OL].(2018-12-19)[2024-05-17].http://www.199it.com/archives/398814.html.

⑨ 中国科学院科技战略咨询研究院,中科院文献情报中心,科睿唯安.2018 研究前沿[EB/OL].(2019-05-17)[2024-05-17].https://clarivate.com.cn/blog/2018researchfronts.

⑩ 中国科学院科技战略咨询研究院,中科院文献情报中心,科睿唯安.2017 研究前沿[EB/OL].(2021-08-08)[2024-05-17].http://swgk.imech.ac.cn/download/2017/12/7/83643.pdf.

前沿研究问题不同,前者更多是对最新进展和发展方向的揭示,但是它能够反映该研究领域的活跃度已达到较高的国际水平。活跃度是判断研究潜力的关键,因此,我们认为对研究前沿的贡献代表原创性或突破性研究的潜力。

在对上述三个指标进行清晰界定的基础上,结合国内外一流大学原创研究的实际表现与认可程度,经过多次试测,确立了较为合理的统计方法。三个指标的定义与统计方法见表 4-1。

表 4-1　一流大学原创研究指数的评价指标体系

指　标	定　义
突破性研究论文	*Nature*、*Science* 论文
国际权威学术期刊论文	每个学科若干本权威刊物
前沿研究方向的活跃度	*Research Fronts* 核心论文数

三、数据搜集与分析

1. 突破性研究论文

指标界定：突破性研究论文是指在《自然》和《科学》上发表的研究论文(Article)。

数据搜集：以科睿唯安科学网(Web of Science, WOS)数据库(http://www.webofscience.com)为数据来源,统计 2019—2023 年以第一作者的署名机构发表的论文数量;如果有多个第一作者或单个作者有两个及以上的署名机构,只统计第一个第一作者的第一单位。

2. 国际权威学术期刊论文

指标界定：国际权威学术期刊论文是指在软科 2023 年公布的 54 个学科领域的 476 本国际权威学术期刊上发表的研究论文,其中"学术卓越调查"(Academic Excellence Survey)共选出 43 个学科领域的 123 本期刊,基于期刊引证报告(Journal Citation Reports, JCR)分区 Q1 区共选出 11 个学科领域的 353 本期刊[①]。

---

① ShanghaiRanking. ShanghaiRanking Academic Excellence Survey 2023 Methodology[EB/OL].[2024-05-17]. https://www.shanghairanking.com/activities/aes/method/2023.

数据搜集：基于科睿唯安 WOS 数据库，本研究选取 2019—2023 年发表的研究论文数量。

3. 前沿研究方向的活跃度

指标界定：前沿研究方向的活跃度是指科睿唯安的 ESI 数据库（http://esi. incites. thomsonreuters. com）中 143 个研究前沿的核心论文。

数据搜集：以研究前沿中 2018—2023 年发表的核心论文（论文、综述）数据为基础，提取核心论文的第一作者的地址信息，分析其机构信息，检索相应的大学名称，并进行了机构归并，对于不同地区相同名称的大学，进行了区域的区分。如果一位作者同时有两个单位，每个单位均算贡献。

4. 指数算法

首先，对所有原始值进行统计处理，改善原始数值分布；其次，分别计算出世界顶尖大学组在各个指标上的平均值作为参照，设为 1 分；再通过计算单一大学的单一指标值与世界顶尖大学组在相同指标上的平均值的比值，得到该校在该指标上的得分，得分超过 1 的计为 1。最后，对三个指标得分赋予同等权重，进行简单加权，得到原创研究指数。

第三节　我国一流大学原创研究指数表现及分析

一、一流大学原创研究指数的表现

1. 突破性研究论文指标表现

统计结果显示，在突破性研究论文方面，世界顶尖大学组平均得分为 1 分，超过其他三组大学，在四组样本中明显处于领先地位。国内顶尖大学组平均得分超过世界一流大学组，但与世界顶尖大学组还存在较大差距，国内一流大学组在这一指标上的表现较弱（见表 4-2）。

在国内顶尖大学组中（见附表 2），有八所大学的得分超过世界一流大学组的平均得分，但与世界顶尖大学组的平均得分相比还存在较大差距。在国内一流大学组中，武汉大学、南方科技大学的得分超过了世界一流大学组的平均得分，但同时有两所大学在这个指标上的得分为 0。

表 4 - 2　突破性研究论文指标的得分

组　　　别	指标得分
世界顶尖大学组	1.00
世界一流大学组	0.29
国内顶尖大学组	0.48
国内一流大学组	0.20

资料来源：笔者测算。

2. 国际权威学术期刊论文指标表现

统计结果显示，在国际权威学术期刊论文方面，国内一流大学组的平均得分低于国内顶尖大学组和世界顶尖大学组但落后差距并不大，世界一流大学组在这一指标上的表现较弱（见表 4 - 3）。

表 4 - 3　国际权威学术期刊论文指标的得分

组　　　别	指标得分
世界顶尖大学组	1.00
世界一流大学组	0.65
国内顶尖大学组	1.00
国内一流大学组	0.91

资料来源：笔者测算。

在国内一流大学组中（见附表 2），21 所大学中有 7 所大学的得分超过世界顶尖大学组的平均得分，还有 3 所大学的得分与世界顶尖大学组的平均得分非常接近。

3. 前沿研究方向的活跃度指标表现

研究结果显示，在前沿研究方向的活跃度方面，世界顶尖大学组平均得分最高，国内顶尖大学组的平均得分明显高于世界一流大学组，但略低于世界顶尖大学组，国内一流大学组的平均得分与国内顶尖大学组还存在一定差距，但明显高于世界一流大学组（见表 4 - 4）。

表 4‑4　前沿研究方向的活跃度指标的得分

组　　别	指标得分
世界顶尖大学组	1.00
世界一流大学组	0.50
国内顶尖大学组	0.94
国内一流大学组	0.78

资料来源：笔者测算。

在国内顶尖大学组中（见附表 2），清华大学和浙江大学两所大学的得分超过世界顶尖大学组的平均得分。在国内一流大学组中，21 所大学的得分全部超过世界一流大学组的平均得分，且其中有一所大学——电子科技大学的得分超过世界顶尖大学组的平均得分。

4. 一流大学原创研究指数表现

研究结果显示，在一流大学原创指数的表现方面，世界顶尖大学组的平均得分最高。国内顶尖大学组得分明显高于国内一流大学组，但距离世界顶尖大学组还有一定差距。世界一流大学组得分表现最弱，低于国内一流大学组（见表 4‑5）。

表 4‑5　原创研究指数的得分

组　　别	指数得分
世界顶尖大学组	1.00
世界一流大学组	0.48
国内顶尖大学组	0.81
国内一流大学组	0.63

资料来源：笔者测算。

国内两组样本中，31 所大学的原创指数得分全部高于世界一流大学组的平均得分。其中，在国内顶尖大学组中，最高的原创指数得分 0.94，最低指数得分为 0.69。在国内一流大学组中，有四所大学的原创指数得分高于 0.70，最低指数得分为 0.50（见附表 2）。

二、一流大学原创研究指数表现的分析

数据显示,国内顶尖大学组在突破性研究论文方面与世界顶尖大学组还存在较大差距,但在国际权威学术期刊论文方面已经高于世界顶尖大学组。国内一流大学组也在突破性研究论文方面与世界一流大学组存在些许差距,但同样在国际权威学术期刊论文方面高于世界一流大学组。该研究结果与国内学者对于我国一流大学在原创研究方面表现的分析具有较高的一致性。张淑林等的分析发现,我国一流大学在顶级或著名科学家(各学科领域被引用次数最多的科学家)、顶级或著名科学奖项(诺贝尔奖和菲尔兹奖)、《自然》及《科学》论文数等卓越科研指标方面的表现,明显落后于美国、英国、德国、日本的一流大学。但伴随我国的科研投入不断增强,同时在以论文为重要评价标准的驱动下,我国一流大学在 SCIE/SSCI 论文等指标方面已高于美国、英国、德国、日本的一流大学①。陈卫静和张宇娥的分析发现,一流大学建设高校在 2020 年 ESI 的 TOP100 研究前沿中,40 个研究前沿的高被引论文量占比均在 5% 以下。② 刘莉、董彦邦等的分析发现,一流大学建设高校(2000—2017 年)获得的国家科技三大奖(国家自然科学奖、国家技术发明奖和国家科技进步奖)中的一等奖数量约占获奖总数的 12%,二等奖数量约占获奖总数的 17%③。国内一流大学在国际权威论文发表上取得显著提升,但突破性研究成果却仍然较少的原因可能主要有以下几个方面。

1. 科研评价有待优化

长期以来,高校普遍倾向于运用量化方法来评价科研绩效,在"论文篇数、获奖项数等简单的'数字化'竞争中,'学术 GDP'越来越高"④。近年来,在"破五唯"(唯论文、唯帽子、唯职称、唯学历、唯奖项)背景下,为扭转不良评价导向,我国出台了一系列关于破除"唯论文"的科研评价改革文件。然而在实际操作过程中,"五唯"现象仍存在。以论文、项目为导向的"短频快"式评价体系,以及不太

① 张淑林,崔育宝,李金龙,等.大学排名视角下的我国"世界一流大学"建设现状、差距与路径[J].清华大学教育研究,2018,39(01):24-34.
② 陈卫静,张宇娥.我国世界一流大学建设的成效分析——以 ESI 数据库为视角的量化比较[J].中国高校科技,2021(05):10-15.
③ 刘莉,董彦邦,朱莉,等.科研评价:中国一流大学重大原创性成果产出少的瓶颈因素——基于国内外精英科学家的调查结果[J].高等教育研究,2018,39(08):23-31.
④ 刘恩允.高校科研评价的问题与对策[J].高等工程教育研究,2004(01):39-42.

宽容失败、只认第一作者等评价机制,容易导致科研人员避重就轻,开展一些浅层次、易发表的研究,不利于我国重大原创性成果的产出[①]。原始性创新具有长期性、风险性等特点,这些特点与我国现有的科研人员评价制度并不相容,从事原始性创新的科研工作者很容易在评价制度中处于劣势,并直接影响其切身利益[②]。因此,归根结底,科研评价的"短频快"导向对我国一流大学原创研究产生了制约作用。

2. 基础研究投入不足

定量比较的结果显示,国内顶尖大学组在原创研究的一些主要指标方面已经超过世界一流大学组,但是与世界顶尖大学还有一段距离。国内一流大学组与世界一流大学的差距也主要表现在原创研究方面。基础研究难度大、周期长,需要持续稳定的经费支持。近年来,我国的基础研究投入明显提升,从 2012 年的 499 亿元提高到 2022 年的约 1 951 亿元,占全社会研发经费比重也从 4.8% 提升至 6.3%。但相比发达国家基础研究投入占全社会研发经费的 15%～20%,仍有差距[③]。同时,我国一流大学在基础研究的资金投入上,资金来源相对单一且主要依赖竞争性经费,这与有组织基础研究对长期性、系统性的科研活动要求不匹配,容易导致高校科技工作者难以长期专注于自身研究领域,不利于重大原始创新成果的产生。此外,我国部分一流大学的基础研究经费和项目的支持布局不均衡,不同学科领域的原始创新成果产出差异巨大,以及部分高校专项经费分配与自身发展规划契合度不高等因素,也成为制约我国科技原始创新的重要原因[④]。

3. 创新生态亟须改善

2020 年 9 月 11 日,习近平总书记在科学家座谈会上强调,"关键是要改善科技创新生态,激发创新创造活力"[⑤]。尽管我国在"双一流"建设过程中已越来越重视创新生态建设,但是在功利主义的影响下,加之我国高校科研管理体制机

① 姜凡,刘念才.我国一流理科距离世界一流理科还有多远?——基于高精尖评价指标体系的分析[J].清华大学教育研究,2022,43(06):21-28.
② 王聪.知识生产过程中的原始性创新及其在我国评价制度中的风险[J].自然辩证法研究,2015,31(07):65-70.
③ 黄海华.科创策源:让更加重视"非共识"成为共识[N].解放日报,2023-07-24.
④ 陈劲,肖轶群.加强高等院校基础研究原始创新[J].中国高等教育,2023(24):38-41.
⑤ 求是网.习近平在科学家座谈会上的讲话[EB/OL].(2020-09-12)[2024-03-02].http://www.qstheory.cn/yaowen/2020-09/11/c_1126484063.htm.

制不健全,我国高校学术生态环境开始异化,出现了学术氛围浮躁、学术成果重量轻质等现象,甚至学术不端行为屡见不鲜。同时,在基础研究领域,创新往往是对原有理论、观念和思维范式的突破,越是具有原始性的重大创新就越不容易被人们所接受,创新层次越高,产生非共识的可能性越大。然而,当前在项目评审中,争议项目往往被习惯性拒绝支持,没有国外先例的研究也往往被排斥,创新精神受到压制[①]。

第四节　一流大学原创研究的典型案例研究

原创研究是一流大学重要的使命与责任之一[②]。本节以伦敦大学学院(University College London,UCL)、耶鲁大学(Yale University)和上海交通大学(Shanghai Jiao Tong University)为样本,探究世界一流大学在支持和保障原创研究方面所做的探索。伦敦大学学院创办于1826年,截至2024年3月,UCL共有30位诺贝尔奖得主、3位菲尔兹奖获得者[③]。耶鲁大学创办于1701年,校训是"光明与真理",截至2021年10月,耶鲁大学共产生了65位诺贝尔奖得主、5位菲尔兹奖得主、3位图灵奖得主[④]。上海交通大学,简称"上海交大",创办于1896年,现任教师中共有30名中国科学院院士,26名中国工程院院士,5位国家最高科学技术奖获得者[⑤]。通过对三所样本大学相关制度文本的分析发现,UCL通过多种方式支持学术,引领前沿;耶鲁大学增强科研投入,不懈追求学术卓越;上海交大重视科研人才,激发科研创新活力。

一、提供多方位支持,引领学术前沿发展:以英国伦敦大学学院为例

伦敦大学学院建校以来产生了一大批开创性科研成果。例如,罗伯特·鲁宾逊(Robert Robinson)在生物碱的研究方面取得了开创性成果,成功地合成出了盘尼西林和马钱子碱等药物;亚历山大·贝尔(Alexander Bell)发明了电话,不仅彻

① 严建新.我国原始创新能力不足的原因和对策研究[D].南宁:广西大学,2005.
② 刘莉,董彦邦,岳卫平,等.一流大学原创研究的评价与比较[J].上海交通大学学报(哲学社会科学版),2019,27(03):38-50.
③ University College London. History[EB/OL].[2024-03-02]. https://www.ucl.ac.uk/about/who/history.
④ Yale University. About Yale[EB/OL].[2024-03-02]. https://www.yale.edu/about-yale.
⑤ 上海交通大学.学校简介[EB/OL].[2024-04-13].https://www.sjtu.edu.cn/xxjj/index.html.

底改变了人们的通信方式,也开创了现代电信及通信技术的时代;威廉·拉姆赛(William Ramsay)发现了空气中的惰性气体元素,并确定了它们在元素周期表中的位置。UCL 拥有包括英国国家医学研究所(National Institute for Medical Research,NIMR),马拉德空间科学实验室(Mullard Space Science Laboratory,MSSL),以及世界著名的盖茨比计算神经科学中心(Gatsby Computational Neuroscience Unit,GCNU)等在内的诸多领先科研机构,其将跨学科研究作为其学术使命的基石,并以其雄厚的科研实力在众多学术领域处于国际领先地位[①]。研究 UCL 的发展历史,可以将其科研实力强劲的主要成因归纳如下。

1. 实施"大挑战计划",促进跨学科交流和合作

人类面临的重大问题往往需要多学科的综合解决方案。为了解决这些问题,伦敦大学学院于 2008 年推出"大挑战计划"(UCL Grand Challenges),主要围绕气候危机、心理健康与福祉、不平等、数据赋能社会、全球卫生、变革性技术等主题,致力于通过投资,激励校内来自不同学科领域的研究人员交流新想法、建立伙伴关系并进行跨学科合作,共同探索解决全球社会问题的方案[②]。"大挑战计划"不仅是 UCL 内部的合作项目,更鼓励校内研究人员积极进行校外合作,以建立广泛的跨学科合作伙伴关系。例如,每个重大挑战都可能涉及人类健康问题,而伦敦大学学院医院(University College London Hospitals)、伦敦皇家自由医院(Royal Free London)、皇家国立骨科医院(Royal National Orthopaedic Hospital)和惠廷顿医院(Whittington NHS Trust)等领先的英国国家医疗服务体系(National Health Service,NHS)信托基金都可能成为该计划的重要外部合作伙伴[③]。同时,"大挑战计划"向 UCL 的研究人员和博士生提供种子基金,资助其创新想法,并组织和支持学术圆桌会议等学术活动[④]。此外,"大挑战计划"还推出博客和播客系列"颠覆性声音"(Disruptive Voices),以分享该计划中应对

① University College London. History[EB/OL].[2024 - 04 - 13]. https://www.ucl.ac.uk/about/who/history.

② University College London. Funding from UCL Research, Innovation & Global Engagement[EB/OL].[2024 - 04 - 13]. https://www.ucl.ac.uk/research/staff-students/funding-ucl-research-innovation-global-engagement.

③ University College London. Academic Initiatives[EB/OL].[2024 - 04 - 13]. https://www.ucl.ac.uk/strategic-plan-2022-27/plan-contents/academic-initiatives#Grand.

④ University College London. Grand Challenges Doctoral Students' Small Grants[EB/OL].[2024 - 04 - 13]. https://www.ucl.ac.uk/grand-challenges/research-projects/2023/nov/grand-challenges-doctoral-students-small-grants-closed.

社会挑战的新颖想法和创新解决方案。其中,在第二集播客中,伦敦大学学院教育学院教授罗斯·卢金(Rose Luckin)和英国信息技术协会(The UK's Technology Trade Association,TechUK)的技能、人才与多元化部门主管尼米·帕特尔(Nimmi Patel)就人工智能的发展对未来工作的影响展开对话①。

自 2009 年以来,"大挑战计划"已经吸引了来自 UCL170 个不同中心、研究所和部门的 850 多位研究人员参与,目前已为 442 个项目提供了超过 190 万英镑的资助,其中许多项目后续又获得进一步资助,总额超过 3 100 万英镑②。为了纪念该计划诞生 15 周年,UCL 还于 2023 年 2 月举办了"大挑战,大影响"展览,该展览主要围绕"创建新平台"和"社区参与"等六大主题,展示了"大挑战计划"的部分资助项目及其成果,并探索了该计划的未来发展③。

2. 追求卓越的研究文化,营造良好的科研环境

UCL 制定的十年路线图(10 - Year Roadmap)与其 2022—2027 年的战略计划一致,阐述了 UCL 将如何发展公平、包容和可持续的研究文化,以期能创造一个有利于追求学术卓越和创新的科研环境,助力各级研究人员相互支持,共同取得成长和成功。该十年路线图主要包括以下内容。

重点支持研究人员的职业发展。UCL 希望来自不同背景的各级研究人员都能充分了解自己可以选择的不同发展路径,感受到职业发展的支持,同时相信晋升和成功将取决于个人的能力和贡献。例如,为了响应该目标,UCL 发起面向早期职业研究人员(Early Career Researcher,ECR)的研究金孵化器项目,为其提供种子资金机会。截至 2023 年 12 月,研究金孵化器已为 UCL 的 39 个独立试点研究项目提供了支持,使 ECR 获得了重要的经验和独立性,为其职业发展提供了支持④。

强调以人为本的领导和管理。希望管理者和领导者将员工和团队置于首位,能够抓住机遇,发展自己在未来所需的研究领导技能,并在权责范围内打造

① University College London. Disruptive Voices[EB/OL]. [2024 - 04 - 13]. https://www.ucl.ac.uk/grand-challenges/impacts-and-outputs/podcasts/disruptive-voices.
② University College London. Impacts and Outputs[EB/OL]. [2024 - 04 - 13]. https://www.ucl.ac.uk/grand-challenges/impacts-and-outputs.
③ University College London. Grand Impacts Exhibition[EB/OL]. [2024 - 04 - 13]. https://www.ucl.ac.uk/grand-challenges/impacts-and-outputs/grand-impacts-exhibition.
④ University College London. Empowering ECRs with the Fellowship Incubator[EB/OL]. [2024 - 06 - 02]. https://www.ucl.ac.uk/research/case-studies/2023/dec/empowering-ecrs-fellowship-incubator.

健康的研究文化——这种文化既要支持研究人员的福祉，也要支持卓越研究。

重视合作与创新的机会。希望研究社区能够建立鼓励持续改进的文化氛围，使员工能够快速尝试并从错误中吸取教训。同时，希望员工能够跨学科、跨地域、跨部门和跨文化地参与项目与各类交流活动，并能够通过学习新技能和拓宽视野来支持其研究工作和个人发展。

凸显研究与创新的开放性和完整性。UCL 科研实践的核心包括"开放科学"和"研究诚信"原则，同时对科研卓越有更广泛的定义，奖励和认可非传统的贡献。遵循这些原则不仅是为了遵守规定，还要认识到其对科研的重要价值。

着重打造支持性和包容性环境。UCL 希望每一位研究贡献者都能在一个认可并奖励团队努力的机构中体验到心理上的安全感，感受到价值和认可，能够意识到他们的心理健康和福祉会被优先考虑，从而促进思维的多样性和强烈的归属感[①]。

3. 加强知识交流与合作，开阔教师创新视野

UCL 在年度知识交流框架（Knowledge Exchange Framework，KEF）中被评为英国顶尖的知识交流大学之一，"与他人合作改变生活"是在 UCL 开展研究工作的核心理念。通过知识交流，科研人员与企业、政府、慈善机构、非营利组织和社区等合作，共同将知识和想法转化为有益于所有人的解决方案[②]。

其中，伦敦大学学院研究领域（UCL Research Domains）是一个大型的跨学科研究社区，横跨 UCL 和其研究合作伙伴，旨在通过加强知识交流与协作，促进大量专业知识汇聚和资源整合，从而助力 UCL 在癌症、神经科学、环境研究、微观生物学、空间科学、合作社会科学、代谢研究等关键领域开展国际领先的科学研究[③]。

同时，伦敦大学学院坚信集思广益则一切皆有可能，通过实施全球参与（Global Engagement）计划，汇聚局域知识、专业知识和建议，促进 UCL 科研人员与世界各地不同合作伙伴之间的跨国合作，从而产生国际影响，造福全球利

---

① University College London. UCL's Research Culture Roadmap[EB/OL]. [2024 - 06 - 02]. https://www.ucl.ac.uk/research/strategy-environment/research-culture-ucl/ucls-research-culture-roadmap.

② University College London. Transforming Lives through Collaboration and Knowledge Exchange[EB/OL]. [2024 - 06 - 02]. https://www.ucl.ac.uk/enterprise/transforming-lives-through-collaboration-and-knowledge-exchange.

③ University College London. About UCL Research Domains[EB/OL]. [2024 - 06 - 02]. https://www.ucl.ac.uk/research/domains/about-rd.

益①。该计划将全球分为非洲和中东、欧洲、拉丁美洲、北美洲、东亚、南亚,以及东南亚和大洋洲七大地区并分别构建区域社区网络②,并通过设置全球参与基金(Global Engagement Funds,GEF)和合作伙伴基金(Partner Funds)为 UCL 研究人员的全球研究合作提供资助。截至 2022 年 11 月,全球参与基金已经累计帮助超过 700 位学者,资助金额逾 1.5 亿英镑③。其中,UCL 计算机科学学院的迪米特里奥斯·卡努拉斯(Dimitrios Kanoulas)博士及其团队与意大利技术研究所(Istituto Italiano di Tecnologia,IIT)的科研合作就得到全球参与基金的支持,双方共同研发出了一种新型机器人,可以代替人工抓取和分类可回收垃圾④。

综上,UCL 通过实施"大挑战计划",追求卓越的研究文化,以及通过设立 UCL 研究领域并实施全球参与计划不断加强知识交流与合作,有效整合创新资源并提供多方位支持,着力解决社会重大挑战,引领学术前沿发展。UCL 的建校原则便是卓越的学术研究,旨在解决现实世界中的问题⑤,其对科研合作的重视和对科研环境的优化助力其实现科研卓越。

二、增强科研投入,不懈追求学术卓越:以美国耶鲁大学为例

耶鲁大学是一所世界顶尖的研究型大学,一直致力于拓展和分享知识,激发创新想法,以造福人类和地球。建校 300 多年来,耶鲁大学不断取得改变世界的卓越研究成果,创造了若干基本技术,启动了全新产业,如欧内斯特·劳伦斯(Orlando Lawrence)发明了第一台回旋加速器,为原子核物理学和粒子物理学的发展作出了重大贡献;马克斯·泰累尔(Max Theiler)开创性地研发出黄热病疫苗⑥。研究发现,耶鲁大学科研实力强劲的主要成因如下。

① University College London. UCL Global Engagement[EB/OL].[2024 - 06 - 02]. https://www.ucl.ac.uk/global/ucl-global-engagement.
② University College London. Regional Activity[EB/OL].[2024 - 06 - 02]. https://www.ucl.ac.uk/global/regional-activity.
③ University College London. Funding for Staff[EB/OL].[2024 - 06 - 02]. https://www.ucl.ac.uk/global/funding-staff.
④ University College London. Training a Robot to Sort Recycling Using Deep Learning[EB/OL].[2024 - 06 - 02]. https://www.ucl.ac.uk/global/case-studies/2021/sep/training-robot-sort-recycling-using-deep-learning.
⑤ University College London. UCL Vision, Aims and Values[EB/OL].[2024 - 06 - 02]. https://www.ucl.ac.uk/about/what/vision-aims-values.
⑥ Yale University. About Yale[EB/OL].[2024 - 06 - 02]. https://www.yale.edu/about-yale.

1. 投资尖端科研设施，助力顶尖科研创新

只有顶尖的科学仪器设备，才能支撑顶尖的科研创新。从大学洁净室、分光光度法，到显微镜，再到高通量阵列，耶鲁大学将投资研究核心设施作为优先事项，着力打造高水平的研究核心（Research Cores），为研究人员的科研探索与创新提供最先进的共享科学仪器，并在全校范围内安装综合物性测量系统（Physical Property Measurement System，PPMS），使用户能够在一个线上集中界面访问和预约各类核心设施，进一步提升其科研效率和用户体验。同时，研究核心还通过在网站上创建核心目录（Cores Directory），使研究人员能迅速搜索到所需的研究仪器或服务。此外，每个研究核心都拥有经验丰富的技术顾问和专家，为研究人员提供仪器操作指导、实验设计建议和数据分析等专业支持服务，致力于更好地支持全校的科学研究，助力科研人员在各自的学科领域取得突破性进展，使耶鲁大学的科学研究走在世界最前沿[①]。

耶鲁大学研究核心联合主任本·迈尔斯（Ben Myers）说："在耶鲁大学，几乎每一篇高影响力的实验研究论文都离不开研究核心的支持"[②]。例如，借助研究核心提供的超冷超导电路技术，研究人员开发了一种能够在熵增速率之上迅速纠正错误的机制，取得了量子计算领域的重大突破，成果发表在《自然》上。研究核心还通过提供单细胞转录组学的技术支持，助力科研人员深入分析单个猴子脑细胞和人造微型大脑中的所有 RNA 转录本，使其能够精确识别胎儿发育过程中可能产生神经精神疾病的关键时期和基因表达模式，该研究成果发表在《科学》上。耶鲁大学主管研究事务的副校长、眼科与视觉科学教授迈克尔·克莱尔（Michael Crair）表示："研究核心在顶尖科学研究中扮演着至关重要的角色，正因如此，耶鲁在核心研究设施建设和专家配置上都进行了大量投资"。自 2019 年以来，耶鲁已在科学山（Science Hill）和西校区（West Campus）的研究核心上投资了超过 2 500 万美元。同时，耶鲁大学医学院的研究核心也获得了超过 3 500 万美元的投资[③]。此外，2023 年 10 月，耶鲁大学举办了首届研究

① Yale University. Research Cores[EB/OL].［2024 - 06 - 02］. https://research. yale. edu/research-cores.

② Yale University. Research Cores at the Core of Yale's Scientific Breakthroughs[EB/OL].［2024 - 06 - 02］. https://forhumanity.yale.edu/news/research-cores-core-yales-scientific-breakthroughs.

③ Yale University. Research Cores: Making Science Easier, More Fruitful, and More Efficient[EB/OL].［2024 - 04 - 17］. https://news. yale. edu/2024/01/16/research-cores-making-science-easier-more-fruitful-and-more-efficient.

核心博览会(Research Cores Fair),不仅展示了研究核心提供的各种先进科研设施和服务,还为来自不同学科领域的研究人员提供了相互交流,寻求合作的绝佳机会①。

2. 设置风险投资公司,激励教师创新活力

耶鲁创新者具有改变世界的潜力。耶鲁大学于 2022 年设立风险投资公司(Yale Ventures),旨在为耶鲁的创新者提供更多的支持、资源和机会,进一步激发创新者的潜能,帮助他们将自己的创新想法和发现转化为实际企业,最终为解决全球性重大挑战贡献力量②。

耶鲁风险投资公司承担着耶鲁技术转移办公室的重要职责,致力于保护和许可耶鲁开发的知识产权,推动耶鲁的突破性创新成果从实验室推向市场,转化为能够对世界产生深远影响的产品和服务③。为进一步鼓励教师将研究转化为造福社会的产品和服务,耶鲁改变其许可收入分享政策,从 2022 年 10 月 1 日起把技术商业化产生的净收入 100% 分配给负责发明的研究人员和学术单位。这意味着发明人将获得更大比例的收入,资金将按固定比例直接分配给发明创造的实验室和院系。教务长斯科特·斯特罗贝尔(Scott Strobel)和研究副教务长迈克尔·C. 克莱尔(Michael C. Crair)在给教职员工的一封信中表示,"在耶鲁,我们始终在寻求更好地支持研究人员并帮助扩大他们影响的方法,研究人员的洞察力和开创性工作对我们改善世界的使命至关重要"④。

同时,风险投资公司为研究人员提供风险实验室(Venture Lab)、布拉瓦特尼克基金(Blavatnik Fund)、罗伯茨创新基金(Roberts Innovation Fund)和科尔顿自身免疫中心(Colton Center for Autoimmunity)等创新加速器和孵化器⑤。此外,风险投资公司于 2022 年 10 月设立首届教师创新奖(Faculty Innovation Awards)⑥,

①　Yale University. Inaugural Research Cores Fair[EB/OL]. [2024 - 04 - 17]. https://research. yale. edu/announcements/inaugural-research-cores-fair.

②　Yale University. Yale Ventures[EB/OL]. [2024 - 04 - 17]. https://research. yale. edu/yale-ventures.

③　Yale University. IP & Licensing at Yale[EB/OL]. [2024 - 04 - 17]. https://ventures. yale. edu/yale-technologies/ip-licensing.

④　Yale University. Important Changes to Patent Royalty Sharing Practices[EB/OL]. [2024 - 04 - 17]. https://provost. yale. edu/news/important-changes-patent-royalty-sharing-practices.

⑤　Yale University. Programs & Resources[EB/OL]. [2024 - 04 - 17]. https://ventures. yale. edu/programs.

⑥　Yale University. Yale Faculty Innovation Awards[EB/OL]. [2024 - 06 - 15]. https://myemail. constantcontact. com/Congratulations-to-the-inaugural-class-of-12-honorees. html? soid = 1133804050575& aid = ACFMXcIHZg4.

并自 2022 年 5 月起连续两年举办耶鲁创新峰会（Yale Innovation Summit）①。其中，耶鲁大学分子、细胞和发育生物学教授克雷格·克鲁斯（Craig Crews）是教师创新奖的 12 名获奖者之一，其联合创立的生物制药企业西杜玛治疗公司（Sidruma Therapeutics）旨在开发能够靶向致病蛋白的新型治疗药物，可以为治疗癌症等多种疾病提供新策略。近年来，耶鲁大学涌现的 60 家初创企业已经在风险投资公司的有力支持下，获得了超过 37 亿美元的风险投资，并在过去 40 年中诞生了 1 800 多项专利，有效激发了研究人员的创新和创业活力②。

3. 打造支持性社区，提升教师科研幸福感

耶鲁大学致力于拓展知识的边界，解决人类面临的重大挑战和前沿问题。为了实现这些目标，耶鲁从多方面着手，努力打造支持性社区，以留住杰出的研究人员并帮助其更好地进行科研创新。

多元化的师资队伍是大学卓越的基石。耶鲁于 2015 年 11 月发起教师卓越与多样性倡议（Faculty Excellence and Diversity Initiative，FEDI），通过向校内各学院提供配套资金支持，用于学术任命，以促进耶鲁教师队伍的卓越性和多样性。在 2019 年 12 月，FEDI 又宣布将该倡议的实施期限再延长五年，并承诺在未来五年内投入 8 500 万美元用于支持杰出的阶梯教师（Ladder Faculty）和总统访问学者（Presidential Visiting Fellows）③。通过 FEDI，耶鲁大学已经成功任命了 140 名阶梯教师，并致力于指导和帮助这些教师在学术研究等方面取得卓越成就，从而为其获得终身教职打下坚实基础。同时，FEDI 还支持了 63 名总统访问学者，即来自世界各地的杰出访问学者和行业专家，他们为耶鲁大学在研究、实践等方面带来了新的知识和视角④。彼得·萨洛维（Peter Salovey）校长表示，"我们明确声明，我们致力于吸引和招募最杰出的学者，他们将帮助耶鲁推动多元化进程，并将为他们各自的研究领域带来变革，创造知识以

①　Yale University. Yale Innovation Summit 2023：A Record-Breaking Year for Imapct & Ideas[EB/OL]. [2024 - 06 - 15]. https：//ventures. yale. edu/news/yale-innovation-summit-2023-record-breaking-year-impact-ideas.

②　Yale University. Out of the Lab and into the World：Yale Faculty Bring Research to Market[EB/OL]. [2024 - 06 - 15]. https：//news. yale. edu/2023/01/26/out-lab-and-world-yale-faculty-bring-research-market.

③　Yale University. Initiative for Faculty Excellence and Diversity[EB/OL]. [2024 - 06 - 15]. https：// faculty. yale. edu/diversity/initiative-faculty-excellence-and-diversity.

④　Yale University. Support for Faculty[EB/OL]. [2024 - 06 - 15]. https：//president. yale. edu/university-initiatives/community-inclusion-and-excellence/support-faculty.

改善世界"①。

　　强烈的包容性和归属感是激励社区成员全身心积极投入科研工作的关键。耶鲁要求每个学院和行政部门根据自身的特定文化和需求制定一个五年计划，以推动耶鲁的多样性、公平性、包容性以及归属感②。同时，自 2020 年起，耶鲁在全校范围内发起教师氛围调查（Faculty Climate Survey）。该调查每两年举行一次，旨在加强耶鲁的公平和包容文化，推进其归属感倡议目标，调查结果将为后续措施提供信息支持，以促进校园文化的持续改进与发展③。

　　"耶鲁大学通过大胆的思考、严谨的学术研究和跨学科的合作，不断突破科学和技术的前沿，造福人类和我们共同的地球家园"④。总之，耶鲁通过投资尖端科研设施、设置风险投资公司、打造支持性社区等一系列举措，不断加大科研投入，致力于为研究人员营造追求卓越的科研氛围，不断激发其科研创新活力，激励耶鲁的研究人员创造出推动科学领域重大突破与变革的创新成果，为解决全球性挑战并为推动科学发展作出积极贡献。

三、重视科研人才，激发科研创新活力：以上海交通大学为例

　　上海交通大学是我国历史最悠久、享誉海内外的高等学府之一，在 2023 年软科世界大学学术排名中位列第 46 位⑤，在 2024 年 QS 世界大学排名中位列第 51 位⑥。在 120 余年的办学历史中，上海交通大学创造了中国近现代发展史上的诸多"第一"：中国最早的内燃机、最早的电机、最早的中文打字机等，新中国第一艘万吨轮、第一艘核潜艇、第一艘气垫船、第一艘水翼艇、自主设计的第一代战斗机、第一枚运载火箭、第一颗人造卫星、第一例心脏二尖瓣分离术、第一例成功移植同种原位肝手术、第一例成功抢救大面积烧伤病人手术

①　Yale University. Faculty Excellence and Diversity Initiative：Update［EB/OL］.［2024 - 06 - 17］. https://faculty. yale. edu/diversity/faculty-excellence-and-diversity-initiative/faculty-excellence-and-diversity-initiative.

②　Yale University. Yale Academic & Divisional Infographic Posters［EB/OL］.［2024 - 06 - 17］. https://belong. yale. edu/yale-academic-divisional-infographic-posters.

③　Yale University. 2021 Faculty Climate Survey［EB/OL］.［2024 - 06 - 17］. https://faculty. yale. edu/data/faculty-climate-survey/2021-faculty-climate-survey.

④　Yale University. Research at Yale［EB/OL］.［2024 - 06 - 17］. https://research. yale. edu/.

⑤　上海软科. 2023 世界大学学术排名［EB/OL］.［2024 - 06 - 17］. https://www. shanghairanking. cn/rankings/arwu/2023.

⑥　QS 中国. QS 世界大学排名 2024［EB/OL］.［2024 - 06 - 17］. https://www. qschina. cn/university-rankings/world-university-rankings/2024.

等①。在加大科研经费投入、优化人才管理制度等原有科研创新支持基础上,近年来上海交通大学通过实施"交大 2030"计划、成立思源研究院、打造集成公关大平台等一系列举措,推动原始创新成果产出。

1. 设立"交大 2030"计划,激发原始创新动力

稳定的科研资助是高校科技创新的压舱石,是科学家坐稳冷板凳、投身长期颠覆性基础科研的定心丸。上海交通大学始终高度重视对科研创新的资助工作,不断完善多元化的科研经费筹措及资助机制。其中,上海交通大学于 2022年 5 月统筹近两亿元自有资金启动"交大 2030"计划②。该计划聚焦"真解决问题、解决真问题、问题真解决"的价值导向,为培育学术创新思想提供种子基金,旨在激励科学家们开展原创性、引领性、颠覆性的研究,勇闯科研无人区,推动未来三到十年取得若干重大原创性成果与突破③。

"交大 2030"计划关注重大基础研究关键核心技术攻关,主要分三类对科研项目展开支持。A 类项目主要是自主培育的重大科研项目,支持战略科学家及科技领军人才带领的具有前瞻性、引领性和交叉性的研究平台和重大项目,资助金额上不封顶;B 类项目主要是自主设立的重点研究课题,倡导"0 到 1"的原始创新,瞄准国家重大战略核心技术需求,致力于解决国家重大装备、重大工程、重点行业发展的关键问题,其中实验类项目经费高达 500 万元/项,资助期为二至四年,没有中期考评也不设论文相关的硬性考核指标;C 类项目是自主设立的青年探索基金,主要支持 35 岁及以下青年科技人才开展前沿创新领域的高风险、非共识、颠覆性研究,资助期为一年,并提供 50 万元的经费资助,同样不设任何评审考核,并且可视项目进展情况升级资助。上海交大副校长朱新远教授表示:"项目支持的是思想,而非现成成果和跟随性研究。某个项目如果不具备颠覆性和原创性思想,即便在《细胞》《自然》《科学》等国际著名科研期刊上发表再多文章,也不会获得资助。我们希望,申请者用颠覆性思想打动专家"④。

该计划于 2022 年首批资助了 6 个 B 类项目和 16 个 C 类项目。2023 年,又

---

①　上海交通大学.学校简介[EB/OL].[2024 - 06 - 17].https://www.sjtu.edu.cn/xxjj/index.html.

②　上海交通大学.勇担大学使命,用实干助力高水平科技自立自强[EB/OL].(2024 - 01 - 23)[2024 - 06 - 17].https://news.sjtu.edu.cn/mtjj/20240123/193344.html.

③　上海交通大学.2024 年度"交大 2030"计划申报启动[EB/OL].(2024 - 04 - 10)[2024 - 06 - 17].https://news.sjtu.edu.cn/mtjj/20240411/195961.html.

④　科学网.上海交大"交大 2030"重点资助颠覆性原创性项目[EB/OL].(2023 - 06 - 21)[2024 - 06 - 17].https://news.sciencenet.cn/htmlnews/2023/6/503264.shtm.

有 21 个项目脱颖而出，成功获得计划支持①。其中，上海交通大学暗物质探测研究作为"交大 2030"计划认定的 A 类项目，完成两代暗物质探测实验，并在《自然》期刊上在线发表②。

2. 成立思源研究院，打造科技人才强磁场

上海交通大学"因图强而生，因改革而兴，因人才而盛"，多年来，学校始终将"人才强校"作为发展主战略，持续深化人才和科研管理制度改革，坚定培养"大师"的决心和信心，不断激发科技人才的原始创新活力③。其中，上海交通大学于 2023 年 12 月成立思源研究院，充分发挥上海交大理工生医多学科综合性优势，聚焦基础研究领域，以数学、物理、化学、生物、基础医学和交叉科学为核心，积极探索基础研究管理新范式，努力建立符合基础研究发展规律和支撑优秀青年人才脱颖而出的研究环境④。

为了更好地汇聚优秀人才，思源研究院建立了"大师荐人才、人才荐人才"等多渠道的主动寻觅跟踪机制，瞄准全球范围内基础研究顶尖科学家和最杰出的青年学者，攻关前瞻性、挑战性、高风险、高价值的科学难题。同时，在校内的高水平基础研究平台中主动遴选出一批勇闯创新无人区的优秀基础研究人才。通过不拘一格的方式汇聚全球顶尖基础研究青年人才。

思源研究院打破传统评价体系，建立基于好奇心驱动、从兴趣出发的科研创新支持体系，鼓励人才探索未知之境，从事颠覆性的基础研究。建立 10 年长周期稳定投入机制，并实施宽松评价，不进行年度考核，也不设定阶段性研究目标，给予超常规支持，鼓励科研人才"坐冷板凳"、勇闯创新无人区，营造自由探索、潜心治学的学术氛围。来自上海交通大学医学院的首批"思源学者"之一叶菱秀表示："作为一名基础研究工作者，虽然我不知道我目前的研究是否能治病或者改变世界，但是，这项研究如果能够改变我们的认知，满足我对生物界的好奇心，就

① 上海交通大学.上海交通大学第十五期"科技论剑"——2024 年度"交大 2030"计划宣讲暨项目展示交流会举行[EB/OL].（2024 - 04 - 12）[2024 - 06 - 17].https://news.sjtu.edu.cn/jdyw/20240412/195985.html.

② 文汇网.50 万、500 万还是上不封顶？交大 2030 计划开放申报，为更多青年科学家提供第一桶金[EB/OL].（2023 - 06 - 20）[2024 - 07 - 15].https://wenhui.whb.cn/third/zaker/202306/20/526862.html.

③ 教育部.上海交通大学关于深化人才评价机制改革、加强人才队伍建设的报告[EB/OL].（2020 - 12 - 18）[2025 - 01 - 08].http://www.moe.gov.cn/jyb_xwfb/moe_2082/zl_2020n/2020_zl66/202012/t20201218_506352.html.

④ 澎湃新闻.上海交大成立思源研究院聚焦基础研究，不进行年度考核[EB/OL].（2023 - 12 - 21）[2024 - 07 - 15].https://www.thepaper.cn/newsDetail_forward_25742413.

已经给了我足够的探索动力了，也值得我花时间和精力去研究"①。

思源研究院尊重基础研究人才成长规律，探索"1 个总体协调机构＋X 个学术实体"的共建合育模式，打造基础研究高端人才政策特区。其中，"1 个总体协调机构"由校长直接领衔，组建专职管理团队，畅通对话渠道，精准对接需求，"X 个学术实体"为人才提供顶尖的研究平台支撑。同时，思源研究院集聚上海市和上海交通大学各方面资源及优惠政策，对人才在各方面给予超常规支持和服务，使优秀基础研究人才能够心无旁骛地从事研究②。

3. 打造集成攻关大平台，提高自主创新能力

上海交通大学瞄准国际科技前沿和国家重大战略需求，适应大科学时代科技创新范式，集结多学科力量，按照任务而非学科组建研究团队，破除各个学科之间的壁垒，着力打造集成攻关大平台的科研组织模式。通过有组织科研为科研人员厚植创新沃土，集中力量解决单个课题组做不了、单个学科做不好的重大科学问题，积极推进基础研究领域的重大原创突破，为建设科技强国奠定了坚实基础③。

同时，上海交大积极在平台化攻关中打造战略科学家队伍，将科技评价和资源指标赋予领军科学家，支持团队负责人在科研经费、科技人才、技术路线等方面具有充分决策权，为其承担重大科技任务以及参与重大科技创新实践创造平台和机会，支持其在引领重大原始创新、参与科技战略顶层设计、推动学科交叉融合和创新发展等方面发挥帅才作用④。此外，上海交大鼓励交叉合作，在制度层面积极推进跨学院跨学科双聘、成果互认等改革举措，以提升协同创新效能，推动关键核心技术攻关取得更大突破。例如，在 C919 研发设计过程中，上海交大相关学院和团队联合攻关，在总体、结构、制造、材料、航电等方面积极攻克新技术，不断锤炼人才队伍，有效带动了一批产业发展，形成了支撑国产大飞机发展的交叉创新、合力攻关的大平台⑤。2020 年 3 月，上海交通大学成立海洋装备

---

① 上海交通大学.上海交大成立思源研究院,打造科技人才"强磁场"[EB/OL].(2023 - 12 - 21)[2024 - 07 - 15].https://news.sjtu.edu.cn/mtjj/20231222/192325.html.

② 中国新闻网.上海交大成立思源研究院,打造科技人才"强磁场"[EB/OL].(2023 - 12 - 21)[2024 - 07 - 15].https://www.chinanews.com.cn/gn/2023/12-21/10133069.shtml.

③ 上海交通大学.如何加快提升创新策源能力? 上海交通大学这样做[EB/OL].(2023 - 08 - 02)[2024 - 07 - 15].https://news.sjtu.edu.cn/mtjj/20230802/186781.html.

④ 中国教育报.上海交通大学副校长朱新远:推进高校科研组织模式变革从何处着力[N].(2023 - 05 - 11)[2024 - 07 - 15].https://www.edu.cn/ke_yan_yu_fa_zhan/expert/202305/t20230511_2403595.shtml.

⑤ 中国教育报.上海交大校长林忠钦:推进高校有组织科研,建设国家战略科技力量[N].(2022 - 10 - 10)[2024 - 07 - 15].https://www.edu.cn/rd/expert/202210/t20221010_2249427.shtml.

研究院,以船舶与海洋工程一流学科为核心,深度融合机械、动力、信息、材料等领域优势,打造深海重载作业装备集成攻关大平台,致力于为海洋装备领域自主创新提供源头供给。为了充分激发集成攻关大平台的科研创新潜能,上海交大积极探索独立人事管理、单设资源统筹、任务导向组织、灵活双聘等科研管理新机制。例如,对于集成攻关科研团队,上海交大采取"协议入驻＋年度任务＋考核激励"的管理模式,通过设立使命导向类的科研人员考核评价和晋升通道,着力于改变以学术论文、课题项目等为主要考核指标的传统学术评价方式,充分保障团队成员心无旁骛地开展科学研究工作①。

综上,上海交通大学设立"交大2030"计划,成立思源研究院,以及打造集成攻关大平台,有效促进了基础研究不断实现原始创新突破,有力支撑了高水平科技自立自强、世界重要人才中心和创新高地建设。上海交通大学校长丁奎岭表示,"前沿领域的自由探索是揭示自然奥秘、拓展人类认知边界的重要途径。高校要聚焦世界科技前沿,凝练科学第一性问题,加快布局前瞻性基础研究,强化原始创新自主布局能力与学科交叉,致力于发现新现象、认识新规律、获得新知识、建立新理论,产出具有前瞻性、颠覆性的原创性成果,努力建设有世界影响力的科学中心和创新高地"②。上海交大对科研人才的重视和对科研管理制度的创新变革助力其实现科研卓越。

第五节　关于我国一流大学原创研究的政策建议

在"双一流"建设的背景下,原创研究越来越重要。基于以上对一流大学原创研究的指标进行分析后发现,发现我国一流大学与世界一流大学在原创研究方面的表现仍然存在差异。其中,在突破性研究论文和前沿研究方向活跃度指标上,我国顶尖大学已超过世界一流大学水平,但与世界顶尖大学仍存在差距。为提升原创研究能力,加快世界一流大学建设的步伐,本节进一步对英国伦敦大

---

① 上海交通大学.推进高校科研组织模式变革从何处着力[EB/OL].(2023－05－08)[2024－07－17]. https://news.sjtu.edu.cn/mtjj/20230508/182437.html.
② 上海交通大学.中国科学院院士、上海交通大学校长丁奎岭:夯实研究型大学两个基础,支撑高水平科技自立自强[EB/OL].(2024－02－10)[2024－07－17].https://news.sjtu.edu.cn/jdyw/20240210/193686.html.

学学院、美国耶鲁大学和上海交通大学在原创研究方面的典型案例进行了深入探讨,并综合定量比较与案例分析的结果,对我国一流大学在提升原始创新水平方面提出了以下两条政策建议。

一、优化科研评价体系,聚焦高精尖指标

2021 年,习近平总书记在清华大学考察时强调,"一流大学是基础研究的主力军和重大科技突破的策源地"[①]。因此,一流大学的原创水平直接关系着国家的原始创新能力。但是定量比较的结果显示,国内顶尖大学和国内一流大学整体原创研究水平提升较快,但距离世界顶尖大学的水平仍有一定差距。

建议国内顶尖大学和国内一流大学进一步深化科研评价体系改革,减少论文、项目等面上的评价指标,提升高精尖指标的比重,注重标志性成果的原创性、国际影响力和对国家重大战略需求的支撑。同时,不以科研成果完成人排序作为唯一的衡量标准,而是客观衡量团队所有参与者、合作者的实际科研投入和贡献,并尝试构建跨学科领域的成果互认机制,将具有实际科学贡献、解决实际需求的学科交叉成果纳入考核、晋升、奖励的范畴。不断优化基础研究的资金投入结构,引导社会力量多形式、多渠道支持基础研究,形成持续稳定的投入机制。此外,营造包容性的学术生态环境,引导更多科技人才坚定自身学术信念,潜心原创研究。对于非共识性研究成果和失败研究结果,应当对成果本身的前瞻性和战略性以及科技人才在研究过程中付出的努力给予充分认可,激励那些甘心坐冷板凳、具备原创潜力的高校科技人才"十年磨一剑",持续产出影响世界的原创性成果。

二、提供多方位科研支持,激发原始创新活力

案例研究发现,伦敦大学学院、耶鲁大学和上海交通大学通过多种方式为教师科学研究提供全方位的支持。伦敦大学学院通过实施"大挑战计划"、营造追求卓越的研究文化、设立研究领域并实施全球参与计划等举措不断加强知识交流与合作,有效整合创新资源并提供多方位支持,着力解决社会重大挑战,引领

---

① 人民网.习近平在清华大学考察时强调:坚持中国特色世界一流大学建设目标方向,为服务国家富强民族复兴人民幸福贡献力量[EB/OL].(2021-04-19)[2024-07-17].http://politics.people.com.cn/n1/2021/0419/c1024-32082038.html.

学术前沿发展；耶鲁大学通过投资尖端科研设施、设立风险投资公司、打造支持性社区等一系列举措，不断加大科研投入，致力于为研究人员营造追求卓越的科研氛围，激励其创造出推动科学领域重大突破与变革的创新成果；上海交通大学设立"交大2030"计划，成立思源研究院，以及打造集成攻关大平台，有效促进了基础研究原始创新，支撑高水平科技自立自强。

建议我国一流大学转变科研管理的理念，以服务为导向，以教师为根本，通过多种举措为教师的科学研究构建高效、多元的支持体系和科研服务平台。通过投资尖端科研设施，加强高水平科研人才培养和科研项目资助，在科研平台、设施、资金、研究文化等方面提供多方位的科研支持和服务，促使教师专注于科学探究，潜心科研，并有效提升科研效率，挑战重大前沿科学问题，探索前沿交叉领域，充分激发广大教师的原始创新活力。

（洪影珊，刘莉，董彦邦，王思茗，黄庭颖）

第五章
世界一流大学学术大师指数与案例研究

哈佛前校长詹姆斯·柯南特(James B. Conant)曾指出"大学是大师云集的地方"。学术大师往往是指"具有高深的学术水平、取得了标志性的学术成就或者重大原创性成果的学者"①。学术大师作为一流大学建设的灵魂支柱,从事的往往是最具有创新性、前瞻性的科学研究;发挥学术大师对高端人才的汇聚与指导作用,是一流大学推动自身发展的重要途径。因此,选拔聘用全球顶级学术大师、打造一流师资队伍是世界一流大学竞相建设的关键领域。本章通过构建一流大学学术大师指数体系,对国内外样本高校的学术大师指数进行比较分析,并结合国内外一流大学的典型案例研究,为我国一流大学学术大师的培养提供可参考的思路。

第一节　研究背景与思路

一、研究背景

1. 学术大师是国家科技创新发展的重要推力

知识经济时代,科技创新对于国家发展至关重要。2016 年 5 月,中共中央、国务院发布的《国家创新驱动发展战略纲要》提出,"到 2050 年要建成世界科技创新强国,成为世界主要科学中心和创新高地"②。党的二十大也明确指出"深

---

① 姜凡,刘莉.我国一流学科学术大师指数设计及其表现分析——以理工科为例[J].教育发展研究,2023,43(21):14-22.
② 国务院.国家创新驱动发展战略纲要[EB/OL].[2024-2-23].http://www.gov.cn/gongbao/content/2016/content_5076961.htm.

入实施人才强国战略""加快建设国家战略人才力量,努力培养造就更多大师、战略科学家、一流科技领军人才和创新团队",强调要坚持创新在我国现代化建设全局中的核心地位,把教育、科技、人才作为全面建设社会主义现代化国家的基础性、战略性支撑①。国家整体科技水平的提升关键在于是否拥有一大批在国际学术前沿和高新技术领域的杰出人才。学术大师作为最具创新意识、创新能力的一类人群,是国家科技发展的重要驱动力。只有"涌现出一批拥有重大原创性科学成果和国际顶尖水平的科学大师,将自身建设成为全球高端人才创新创业的重要聚集地"②,我国一流大学才能为科技发展提供强劲推力。

2. 学术大师为一流大学建设提供人才保障

一流大学建设的关键在于能否培育和汇聚一批学术大师。一方面,学术大师本身就是大学的灵魂,是世界一流大学的重要标志与发展根基;另一方面,学术大师是一流大学人才培养的重要助力,为大学发展提供坚实的人才支撑。为了进一步吸引、培育学术大师,我国政府也出台了一系列相关政策。2018年,教育部等六部门在《关于实施基础学科拔尖学生培养计划2.0的意见》中提出,应当注重大师引领,通过汇聚造诣深厚、德才兼备的学术大师参与拔尖人才培养,通过学术大师言传身教,加强对拔尖学生的学术引领和人生指导,激发学生的学术兴趣和创新潜力,从而培养一批能够勇攀科学高峰、推动科学文化发展的优秀拔尖人才③。2022年三部委在《关于深入推进世界一流大学和一流学科建设的若干意见》中指出要大力培养引进一大批具有国际水平的战略科学家、一流科技领军人才、青年科技人才和创新团队,统筹国内外人才资源,创设具有国际竞争力和吸引力的高端平台、资源配置和环境氛围,集聚享誉全球的学术大师和服务国家需求的领军人才,为加快建设世界重要人才中心和创新高地提供有力支撑④。

① 国务院.国务院新闻办就"深入实施创新驱动发展战略,加快建设科技强国"举行发布会[EB/OL].[2024-2-23].https://www.gov.cn/xinwen/2023-02/24/content_5743191.htm.
② 教育部,财政部,国家发展改革委.关于深入推进世界一流大学和一流学科建设的若干意见[EB/OL].[2024-2-23].http://www.moe.gov.cn/srcsite/A22/s7065/202202/t20220211_598706.html.
③ 教育部等六部门.关于实施基础学科拔尖学生培养计划2.0的意见[EB/OL].[2024-7-1].http://www.moe.gov.cn/srcsite/A08/s7056/201810/t20181017_351895.html.
④ 国务院.关于印发统筹推进世界一流大学和一流学科建设总体方案的通知[EB/OL].[2024-2-23].http://www.moe.gov.cn/jyb_xxgk/moe_1777/moe_1778/201511/t20151105_217823.html.

二、国内外研究进展

1. 学术大师与一流大学的关系研究

1）学术大师对一流大学建设的影响研究

学术大师是大学的灵魂,是世界一流大学的重要标志之一,在一流大学建设中扮演着重要的角色。首先,学术大师作为学术界拥有顶尖学术能力的高层次学者,能够为一流大学注入强大的师资,为高校的人才培养、学科发展和学术水平提升提供强大的人力资本支撑①。一流大学的建设依赖于学术大师等高层次人才的汇聚②,许多国外大学之所以能够成为公认的世界顶尖大学,很大程度上是依靠一批蜚声全球、成就卓著的大师作为强力支撑。所以,产生与汇聚世界级学术大师对当下中国建设世界一流大学具有重要意义③。我国也相继实行了海外高层次人才引进计划等人才政策,壮大我国学术大师队伍。其次,学术大师在学术界享有较高声誉,能够为所在机构的声誉带来正面效应,提升大学的声誉④。学术大师是衡量大学学术水平的可靠指标,众多大学排名将学术大师数量纳入指标体系。学术大师的聚集有利于提升大学排名,吸引优秀的学生、学者、基金以及校友与公众的支持,并赢得国内和国际的广泛认可,甚至被看作是大学保持和提高声誉的最有效的办法⑤。

2）一流大学对学术大师成长的影响研究

一流大学作为人才培养的摇篮,对学术大师的成长能够产生重要影响。一方面,一流大学是学术大师的塑造者,其浓厚的学术氛围、充裕的科研经费以及先进的科研设备等优越的学术条件为培养学术大师提供了前提和基础。朱克曼（Harriet. Zuckerman）的研究发现美国 15 所一流大学造就了 59％的美国诺贝尔奖获得者,并指出科学界超级精英的未来成员也将集中在名牌大学

①　于海燕,张海娟.世界一流大学师资国际化过程分析[J].高教探索,2012(03)：71-77.
②　郭书剑,王建华."双一流"建设背景下我国大学高层次人才引进政策分析[J].现代大学教育,2017(04)：82-90+112-113.
③　陈丽媛,杨建华,高磊.一流大学学术大师的指标表现及其引育机制研究：基于国际比较的视野[J].上海交通大学学报(哲学社会科学版),2019,27(03)：70-79.
④　刘少雪.大学与大师：谁成就了谁——以诺贝尔科学奖获得者的教育和工作经历为视角[J].高等教育研究,2012,33(02)：30-34.
⑤　HENRY R. The University：An Owner's Manual[M]. New York：W. W. Norton & Company, 1990：229-230.

中①。陈其荣通过实证研究也指出，诺贝尔自然科学奖获得者接受大学本科和研究生教育的院校高度集中于少数世界一流大学②。聚焦我国，有研究发现，我国 14 所重点大学培养了超过七成的中国科学院院士③。由此可见，一流大学是学术大师重要的培养主体④，对学术大师成长产生了重要影响。另一方面，一流大学是学术大师职业发展的加速器，在名列前茅的大学就读或就职的经历有利于学者获得更大的学术成就。杰瑞·加斯顿（Jerry Gaston）通过访谈搜集了 203 名英国学者的数据，其研究结果表明机构和部门的声望影响着学者的生产力及其在科学界的认可度，拥有一流大学本科学历的学者更有可能因其学术成果获得认可。⑤ 此外，一流大学也会吸引更多学术大师，使学术大师等顶尖学者聚集在少数机构⑥，为学术大师之间的交流与合作提供便利。无论在学术大师的培养阶段，还是在学术大师的学术职业发展阶段，一流大学都能够通过完善管理模式、优化配套投入政策、营造学术氛围等方式吸引并留住学术大师，从而对学术大师的引育产生重要影响⑦。

　　综上所述，学术大师与大学相互依存、相互成就。有研究看到学术大师对一流大学建设的重要作用，认为大师成就了大学；也有研究看到一流大学对大师成长的重要意义，认为大学成就了大师⑧。

　　2. 学术大师的评价指标研究

　　学界关于学术大师能否衡量以及如何衡量尚未达成普遍共识，更多研究则围绕学术认可机制及其标准展开探讨。著名的科学社会学家罗伯特·默顿（Robert K. Merton）、乔纳森·科尔（Jonathan R. Cole）和斯蒂芬·科尔（Stephen.

① 哈里特·朱克曼.科学界的精英：美国的诺贝尔奖金获得者[M].周叶谦,冯世刚 译.北京：商务印书馆,1979.
② 陈其荣.诺贝尔自然科学奖与世界一流大学[J].上海大学学报(社会科学版),2010,17(06)：17-38.
③ CAO C. Chinese Scientific Elite: A Test of the Universalism of Scientific Elite Formation[D]. Columbia University, 1997.
④ 刘少雪,庄丽君.研究型大学科学精英培养中的优势累积效应——基于诺贝尔奖获得者和中国科学院院士本科就读学校的分析研究[J].江苏高教,2011(06)：86-89.
⑤ GASTON J. The Reward System in British Science[J]. American Sociological Review, 1970, 35(4)：718-730.
⑥ 刘少雪.大学与大师：谁成就了谁——以诺贝尔科学奖获得者的教育和工作经历为视角[J].高等教育研究,2012,33(02)：30-34. HENRY R. The University: An Owner's Manual[M]. New York: W. W. Norton & Company, 1990：229-230.
⑦ 冯倬琳,王琪,刘念才.世界一流大学建设之路与启示[J].中国高等教育,2014(10)：61-63.
⑧ 刘少雪.大学与大师：谁成就了谁——以诺贝尔科学奖获得者的教育和工作经历为视角[J].高等教育研究,2012,33(02)：30-34.

Cole)两兄弟、杰瑞·加斯顿等学者均对科学的奖励系统等认可机制与评价制度进行过深入研究①②,主要涉及发表量与引用量、重大国际学术奖项数量、国际权威学术期刊编委数量等指标。

1）发表量与引用量

关于如何衡量学术认可,已有研究达成的基本共识是通过考察研究产出的数量和质量。不论在评价指标体系中,还是人才评价实践中,计算发表量、引用量是较为常见的衡量指标③④。发表量和引用量已经成为衡量一所大学、机构,或是研究者学术水平的标准工具⑤。无论海内外,都倾向通过统计公开发表的研究成果,对个体研究能力和机构学术水平进行评价。鉴于发表与否本身是一个同行认可的过程,所以刊用专业研究成果的数量可以作为得到同行认可的客观物证⑥。在科学计量学视角下,产出数量相对容易测量,但有研究表明产出数量与学术认可之间不存在相关,而与质量相关⑦。关于如何衡量研究产出的质量,虽然尚存争议,但论文引用是正式学术交流的主要方式之一,代表了他人对其学术成果的认可⑧。论文引用以专业同行的关注度作为判断学术研究质量的依据⑨,一定程度上能够反映学者在该研究领域的影响力和研究价值⑩,因而具有较强合理性。

2）重大国际学术奖项数量

学术大师应具有高深的学术水平和取得标志性的学术成就或重大原创性的

---

① MERTON R K. The Matthew Effect in Science[J]. Science, 1968, 159(3810): 56 - 63.
② COLE S, COLE J R. Visibility and the Structural Bases of Awareness of Scientific Research[J]. American Sociological Review, 1968, 33(3): 397 - 413.
③ LEYDESDORFF L. Caveats for the Use of Citation Indicators in Research and Journal Evaluations [J]. Journal of the Association for Information Science & Technology, 2010, 59(2): 278 - 287.
④ 阎光才,岳英.高校学术评价过程中的认可机制及其合理性——以经济学领域为个案的实证研究[J]. 教育研究,2012,33(10): 75 - 83+147.
⑤ LEYDESDORFF L. Caveats for the Use of Citation Indicators in Research and Journal Evaluations [J]. Journal of the Association for Information Science & Technology, 2010, 59(2): 278 - 287.
⑥ 阎光才,岳英.高校学术评价过程中的认可机制及其合理性——以经济学领域为个案的实证研究[J]. 教育研究,2012,33(10): 75 - 83+147.
⑦ COLE S, COLE J R. Visibility and the Structural Bases of Awareness of Scientific Research[J]. American Sociological Review, 1968, 33(3): 397 - 413.
⑧ 郭丽芳.评价论文学术质量的文献计量学指标探讨[J].现代情报,2005(03): 11 - 12.
⑨ 阎光才,岳英.高校学术评价过程中的认可机制及其合理性——以经济学领域为个案的实证研究[J]. 教育研究,2012,33(10): 75 - 83+147.
⑩ 朱明,谢梦晴,刘宇.近十年国内图书馆学研究热点述评:基于高被引论文的计量分析[J].高校图书馆工作,2019,39(01): 5 - 10+54.

成果,高深的学术水平和创造性的学术贡献是学术大师认定的根本标准①。一直以来,学术奖项作为一种制度化的成果奖励形式,在现代科学社会中承担着不可替代的评价职能。奖项不仅是学术成就的重要标志,也是推动学术体制不断发展的重要驱动。1719 年,法国科学院推出的年度奖项竞赛鼓励科学家寻找天文学和航海问题的解决方案,自此学术界开启了通过奖项认可科学成就的悠久传统。1731 年,伦敦皇家学会(Royal Society)开始对获得物理或生物科学方面杰出成就的科学家授予科普利奖章(Copley Medal)②。科普利奖因其在奖励的学科、周期、奖金数额以及授奖规则等方面设有明确规定,成为世界上第一个具有制度化性质的科技奖励,开创了制度化科技奖励的先河③。此后,制度化的科技奖励扩展到不同科技领域,并迅速在世界各国发展,涌现了大量科技奖项。20 世纪初,诺贝尔奖的设立是科学技术奖项的标志性重要事件。诺贝尔奖被认为是科学界的终极荣誉④,标志着学术奖励的进一步规范化、国际化,同时推动了科技奖励制度的全球化发展⑤。诺贝尔奖之所以能够作为"科学界至高无上的荣誉",是因为相对于绝大多数对已有范式的不断检验、改进与拓展的"常规科学"研究,诺贝尔科学奖是用来衡量"革命科学"的,即通过创造新的发现、理论或技术来改变科学的基本结构⑥。在诺贝尔奖设立之后,不同的学科领域中产生了越来越多具有高权威、高影响力的奖项,其中有些被称为"诺贝尔替代型"奖项(Nobel Surrogates),如数学领域的菲尔兹奖、计算机领域的图灵奖和环境科学领域的泰勒环境成就奖(Tyler Prize for Environmental Achievement)等⑦。

3)国际权威学术期刊编委数量

主编作为国际权威学术期刊的"守门人",位于科研产出的输出端,决定着

① 姜凡,刘莉.我国一流学科学术大师指数设计及其表现分析——以理工科为例[J].教育发展研究,2023,43(21):14-22.
② ZUCKERMAN H. The Proliferation of Prizes:Nobel Complements and Nobel Surrogates in the Reward System of Science[J]. Theoretical Medicine,1992,13(2):217-231.
③ 姚昆仑.科学技术奖励综论[M].北京:科学出版社,2008:147.
④ MERTON R K. The Matthew Effect in Science[J]. Science,1968,159(3810):56-63.
⑤ 姚昆仑.科学技术奖励综论[M].北京:科学出版社,2008:147.
⑥ KUHN T S. The Structure of Scientific Revolutions[M]. Chicago:University of Chicago Press,1970:55-66.
⑦ ZUCKERMAN H. The Proliferation of Prizes:Nobel Complements and Nobel Surrogates in the Reward System of Science[J]. Theoretical Medicine,1992,13(2):217-231.

学科的国际影响力,在国际学术话语权和科研产出评价体系中占据着重要的战略地位[1]。无论是论文产出数量,还是论文被引频次,均是"守门人"这一先前决定机制运行的结果,掌控着学术话语权的编委在某种意义上比单纯的科研产出指标更能代表大师级学者的实力[2]。1984 年,考夫曼(George G. Kaufman)在财政学领域的实证研究,首次将大学拥有的编委数量作为评价指标,但早期研究仅使用单一维度的"编委的绝对数量"[3]。随着研究的深入,期刊编委数量的测量指标更加多元。有研究将教师规模纳入分析框架,拓展了绝对量指标,发展衍生出衡量相对数量的"师均编委数量"指标[4]。而后,有研究基于期刊质量等因素的考量,制定了衡量期刊质量差异的"加权编委数量"指标[5]。也有研究衡量了校友影响力,发展出了"编委毕业院校数量"指标[6]。

4) 其他指标

关于学术认可的测量指标,除了上文所提到的发表量、被引量、重大国际学术奖项数量以及国际权威学术期刊编委数量等主要指标外,还衍生出了众多其他测量指标。20 世纪 60 年代,乔纳森·科尔与斯蒂芬·科尔两兄弟提出了"知名度"(Visibility)指标,研究发表数量、引用率、荣誉性奖项、所在大学院系的声誉以及学者年龄等因素对知名度的影响[7],该研究强化了知名度与研究成果质量之间的联系,提升了学术界对发表质量的关注,弱化了学界对于发表数量的强调[8]。此外,也有研究者将学者的外在标识作为学者获得普遍

① 王兴.国际学术话语权视角下的大学学科评价研究——以化学学科世界 1387 所大学为例[J].清华大学教育研究,2015,36(03):64-75.

② BRAUN T, DIOSPATONYI I. The Counting of Core Journal Gatekeepers as Science Indicators Really Counts: The Scientific Scope of Action and Strength of Nations[J]. Scientometrics, 2005, 62(2):297-319.

③ KAUFMAN G G. Rankings of Finance Departments by Faculty Representation on Editorial Boards of Professional Journals: A Note[J]. Journal of Finance, 1984, 39(4):1189-1195.

④ GIBBONS J D, FISH M. Rankings of Economics Faculties and Representation on Editorial Boards of Top Journals[J]. Journal of Economic Education, 1991, 22(4):361-366.

⑤ CHAN K C, FOK R C. Membership on Editorial Boards and Finance Department Rankings[J]. Journal of Financial Research, 2003, 26(3):405-420.

⑥ MUSAMBIRA G W, HASTINGS S O. Editorial Board Membership as Scholarly Productivity: An Analysis of Selected ICA and NCA Journals 1997-2006[J]. The Review of Communication, 2008, 8(4):356-373.

⑦ COLE S, COLE J R. Visibility and the Structural Bases of Awareness of Scientific Research[J]. American Sociological Review, 1968, 33(3):397-413.

⑧ 阎光才,岳英.高校学术评价过程中的认可机制及其合理性——以经济学领域为个案的实证研究[J].教育研究,2012,33(10):75-83+147.

学术认可的辨识工具,如重要理论假说或定理的命名、科学院院士头衔、资深机构的理事资格以及荣誉性学位等①。这种评价机制具有较强的操作性,但是过于刚性的标准不利于学术认可的动态测量,缺乏对学术认可运行过程的关注②。因此,学者丹尼尔·阿米克(Daniel J. Amick)提出了更为系统化的指标体系,使用 10 个指标来测量学术精英被认可的程度,包括担任学术期刊主编的期刊数量、担任期刊顾问的期刊数量、发表评论性文章的数量、申请专利的数量、参加专业组织的数量、所获奖项的数量、过去两年内在专业会议发表论文的数量、参与专业组织的次数(譬如担任活动组织者、主席、讨论主持人、主题发言人等)、受邀参加其他机构发表演讲的次数,以及在专业期刊发表文章的数量③。这种综合考量多元指标的方法,为本书学术大师指标的选取提供了重要思路。

三、研究思路

1. 核心概念

对于"学术大师"学界尚未形成相对成熟的概念界定与内涵共识。有学者认为大师是指在特定领域内有一定的权威并且得到社会公认,能够通过自己的知识创造出价值,从而增加社会公共财富、造福人类社会的人④。也有学者认为学术大师是指在某一领域内有突出成就的社会公认的德高望重者⑤,具有学术水平高、学术造诣深、学术成果丰富等特征⑥。学术大师对学术领域的发展具有重要影响,包括开拓新的研究方向与研究领域、确立新的研究方法与规范、开创学术流派等⑦。2018 年教育部印发的《高等学校基础研究珠峰计划》指出,"到本世纪中叶,在高等学校建成一批引领世界学术发展的创新高地,在一批重要领域形

①　MULKAY M. The Mediating Role of the Scientific Elite[J]. Social Studies of Science, 1976, 6(3/4): 445－470.
②　阎光才.学术系统的分化结构与学术精英的生成机制[J].高等教育研究,2010,31(03):1－11.
③　AMICK D J. Scientific Elitism and the Information System of Science[J]. Journal of the American Society for Information Science & Technology, 2010, 24(5): 317－327.
④　马仁杰,缪凯,姚则会.论学术大师成长规律对拔尖人才培养的启示[J].宁波大学学报(教育科学版),2015,37(05):46－51.
⑤　彭拥军,刘冬旭.世界著名实验室"盛产"诺贝尔奖得主的教育谱系[J].创新与创业教育,2021,12(01):144－155.
⑥　黄颂杰.学术大师与学术大师的产生[J].云梦学刊,2011,32(04):7－8.
⑦　王国良.学术大师与当代学术发展[J].云梦学刊,2011,32(04):21－22.

成引领未来发展的新方向和新学科,培养出一批国际顶尖水平的科学大师,为建成科技强国和教育强国提供强大支撑"①。鉴于此,本书将学术大师界定为：在学术研究方面具有超出大多数研究者的能力,做出了开创性的科研成果,在学术发展方向上发挥引领作用的全球顶尖学者。

2. 研究问题

下文将依次探讨三个问题：第一,如何衡量学术大师？学术大师的指标有哪些？第二,国内外高校在学术大师指标上的表现如何？是否存在差距？第三,中外一流大学的学术大师培育机制有何特点？我国"双一流"建设大学在学术大师培育方面有哪些经验可供借鉴？

3. 研究思路

基于上述研究问题,研究思路将按照以下步骤展开分析。第一,指标建构,根据已有研究建构一流大学学术大师指数的指标体系；第二,指数计算,根据指标设计,开展数据探索与搜集,对原始数据进行处理后,分别计算各个指标得分,对不同指标得分进行加权得到学术大师指数得分；第三,量化比较,将国内外一流大学样本分为四组,对国内与国际样本组进行比较,考察国内外一流大学在学术大师指标与指数上存在的差距；第四,案例分析,通过案例探讨不同大学的学术大师培育机制；第五,基于量化比较与案例研究的结果,提出促进一流大学培养学术大师的政策建议。

第二节　一流大学学术大师指数设计

一、国内外样本选取

国际组样本共选取了 20 所来自 2023 年 ARWU 排名前 100 位的大学。其中 10 所来自 ARWU 排名前 25 位的大学②,组成世界顶尖大学组；另外 10 所来自 ARWU 排名第 76～100 位的大学③,组成世界一流大学组。

---

① 教育部.关于印发《高等学校基础研究珠峰计划》的通知[EB/OL][2022 - 02 - 19].http://www.moe.gov.cn/srcsite/A16/moe_784/201808/t20180801_344021.html.
② 包括哈佛大学、斯坦福大学、剑桥大学、麻省理工学院、普林斯顿大学、哥伦比亚大学、加州理工学院、牛津大学、耶鲁大学、多伦多大学.
③ 包括莫纳什大学、匹兹堡大学、澳大利亚国立大学、布里斯托大学、阿尔伯特大学、南洋理工大学、普渡大学、布朗大学、麦克马斯特大学、巴塞尔大学.

国内组样本共选取 31 所"双一流"建设大学,其中 10 所在 ARWU 排名中位列前 150 位,组成国内顶尖大学组[①];另外 21 所在 ARWU 排名中位列 151—500 位,组成国内一流大学组[②]。

由于时间与数据可获得性的限制,本章的中外一流大学样本选取无法实现覆盖全样本,有可能会对结果产生影响。不过,研究通过分类取样选取了四个大学样本组,尽可能体现不同类别的一流大学学术大师在指标表现上的差异。

二、指标体系设计

首先,科学计量学界对学术精英的评价往往基于发表论文的他引次数[③]。高被引科学家的研究成果数量大、被引用次数名列前茅,是世界顶尖科学家的杰出代表。不论在各类全球大学排行榜中,还是在世界顶尖科学家的学术评价研究中,高被引科学家作为衡量世界一流大学的指标,被广泛应用且得到学界与社会的普遍认可。

其次,随着越来越多国际学术奖项的设立,重大国际学术奖项在学术评价中发挥着越来越重要的作用[④]。学术奖项不仅被用来衡量学者个体的科研表现与学术影响力,也与大学等研究机构的科研评价有着密切的联系。对于学者个体而言,奖项具有一定的精英识别作用[⑤],通常被作为衡量科学人才及其研究成果的尺度[⑥],获得重大学术奖项是高水平学者的象征。对于研究机构而言,重大学术奖项获得者与大学等研究机构的水平密切相关。重大学术奖项获得者的数量通常被纳入大学科研评价指标体系中,成为衡量大学科研水平的重要指标。学

---

① 包括清华大学、北京大学、浙江大学、上海交通大学、复旦大学、中国科学技术大学、中山大学、华中科技大学、中南大学、南京大学。
② 包括武汉大学、四川大学、西安交通大学、北京理工大学、天津大学、吉林大学、哈尔滨工业大学、苏州大学、东南大学、山东大学、华南理工大学、电子科技大学、南方科技大学、同济大学、厦门大学、西北工业大学、北京航空航天大学、北京师范大学、南开大学、郑州大学、湖南大学。
③ 姜春林,张立伟,刘学.牛顿抑或奥尔特加?———项来自高被引文献和获奖者视角的实证研究[J].自然辩证法研究,2014,30(11):79-85.
④ FREY B S. Giving and Receiving Awards[J]. Perspectives on Psychological Science,2006,1(4):377-388.
⑤ FREY B,NECKERMANN S. Awards:A View from Psychological Economics[J]. Zeitschrift für Psychologie / Journal of Psychology,2008,216(4):198-208.
⑥ 哈里特·朱克曼.科学界的精英:美国的诺贝尔奖金获得者[M].周叶谦,冯世刚 译.北京:商务印书馆,1979.

术奖项被诸多大学排名所运用,如上海软科的 ARWU 排名将高校诺贝尔奖和菲尔兹奖获得者人数作为指标之一①。

此外,国际权威学术期刊是传播学术成果的重要平台,主编是期刊的灵魂人物,一方面,国际顶尖期刊主编通常也是学科领域内的学术精英,具备卓越的学术研究能力,引导着学科研究的探讨热点与发展方向,在科研产出与学科建设上贡献巨大②。另一方面,主编把握办刊方向和质量,领导编委会各项事务,制定期刊中的学术评价标准,决定期刊文章发表与否,扮演着学术话语权控制者的关键角色。掌握学术话语权在一定程度上能够反映一个国家或者机构的科研实力及其在学术界的影响力。③

基于相关研究与实践经验,结合构建学术大师评价指标的现实需求,本章选取全球高被引科学家、国际重大学术奖项获得者以及国际权威学术期刊主编构建学术大师评价指标体系(见表 5 - 1),对国内外一流大学在学术大师方面的表现进行国际比较。需要说明,与一流大学原始创新、经济贡献等研究所采用的高频指标不同,上述三个指标中的两个指标为低频指标。例如,国际重大学术奖项中的诺贝尔奖得主人数屈指可数。从 1901 年首次颁发至今,科学领域的诺贝尔奖获得者不足千人。世界上拥有诺贝尔奖获得者最多的大学也只有 100 余人,在 ARWU 排名前 100 位的大学中,仍有约 20% 的大学没有诺贝尔奖获得者。大学拥有的国际权威学术期刊主编情况也与之类似。低频指标的数值相对较小,经常出现为零的情况,甚至之后几年内也难以实现零的突破。不过,低频指标的优势在于只要数值发生一个单位的变化,将会对学术大师指数的整体表现产生重大影响。另一方面,指标的选取也存在一定局限性。在满足代表世界级学术大师的水平的同时,还要具有国际可比性,指标的选取难度较大。使用的三个指标不一定能够代表所有学术大师,也有可能不是最具代表性的指标,但借鉴科尔兄弟、朱克曼等国内外学者已有的研究,从数据可获得性的实际出发,已经是在可行性前提下较为接近学术大师内涵的

① Center for World-Class Universities of Shanghai Jiao Tong University. Ranking Methodology of Academic Rankings of World Universities[EB/OL]. (2021 - 05 - 17)[2024 - 09 - 03]. http://www.shanghairanking.com/ARWU-Methodology-2020.html.

② 王兴.国际学术话语权视角下的大学学科评价研究——以化学学科世界 1387 所大学为例[J].清华大学教育研究,2015,36(03): 64 - 75.

③ BRAUN T, DIÓSPATONYI I, ZÁDOR E, et al. Journal Gatekeepers Indicator-Based Top Universities of the World, of Europe and of 29 Countries—A Pilot Study[J]. Scientometrics, 2007, 71: 155 - 178.

指标。随着学术大师指数研究的不断完善,研究者也将继续改进指标体系,丰富数据搜集。

表 5-1　学术大师指数的评价指标体系

指　　标	定　　义
全球高被引科学家	科睿唯安高被引科学家人数
国际重大学术奖项获得者	IREG 国际学术奖项获奖者人数
国际权威学术期刊	国际权威学术期刊主编人数

三、数据搜集与分析

1. 全球高被引科学家

指标界定:全球高被引科学家是指来自世界各地的自然科学和社会科学领域的论文被引次数位于同一学科前 1% 的研究人员。全球高被引科学家名单由科睿唯安公司发布,每年更新一次。本章中,全球高被引科学家指标统计的是一所大学的高被引科学家的人数。

数据搜集:指标计算使用的原始数据来自科睿唯安公司 2023 年 11 月发布的高被引科学家榜单(Highly Cited Researchers List 2023)[1]。2023 年榜单为来自 67 个国家和地区的 1 300 多家机构的 6 849 名科学家授予了 7 125 个高被引科学家称号。当高被引科学家同年度被授予两个及以上称号时,计入 1 人;当高被引科学家同时署名两所及以上大学时,只统计第一归属单位的大学,计入 1 人。

2. 国际重大学术奖项获得者

指标界定:国际重大学术奖项获得者是指荣获诺贝尔奖、菲尔兹奖等国际重量级奖项的获得者。本章中的国际重大学术奖项获得者指标统计的是一所大学的教师中的国际重大学术奖项获奖者人数。

数据搜集:指标计算使用的奖项名单为 IREG 国际学术奖项名单(the IREG List of International Academic Awards),涵盖包括诺贝尔奖在内的 99 个

① Web of Science Group. Highly Cited Researchers[EB/OL]. [2024-2-23]. https://clarivate.com/highly-cited-researchers/analysis/.

奖项。原始数据来自各个奖项官方网站公布的 2000 年—2023 年的获奖人名单,根据获奖者获奖时的归属单位,统计每所大学的获奖人数。当获奖人同时署名两所大学时,每所大学各计入 1 人;当隶属于同一所大学的获奖人获得多个不同奖项时,每个奖项各计入 1 人。

3. 国际权威学术期刊主编

指标界定:国际权威学术期刊主编是统计一所大学的教师担任国际权威学术期刊主编的人数。

数据搜集:关于刊物的选取,本章使用了软科"学术卓越调查"在 2023 年 4 月公布的包括 43 个学科的 121 本顶级期刊的名单①,若相同期刊属于不同学科则只计 1 次。关于主编信息的搜集,根据上述刊物名单,研究团队于 2024 年 1 月通过 Google 搜索引擎找到每本刊物的官方网站,检索诸如"editorial board"等字样的编委名单列表,然后将编委名单列表中所列出的主编姓名、隶属院校等数据进行搜集。鉴于主编在不同期刊编委会中有不同的英文表述,例如"Editor-in-Chief""Co-Editor-in-Chief""Editor"等,本章采集了直接表述为主编或相当于主编职能的人员信息,并根据其隶属单位统计每所大学拥有的国际权威学术期刊主编人数。

4. 指数算法

在完成上述数据搜集后,首先,对所有原始值进行统计处理,改善原始数值分布;其次,分别计算出世界一流大学组在各个指标上的平均值作为参照,设为 1 分;再通过计算单一大学的单一指标值与世界一流大学组在相同指标上的平均值的比值,得到该校在该指标上的得分;最后对三个指标得分进行简单加权,得到大学学术大师指数。

第三节　我国一流大学学术大师
指数表现及分析

一、一流大学学术大师指数的表现

通过国际比较发现,在全球高被引科学家指标上,国内顶尖大学组高于世界

---

① ShanghaiRanking. ShanghaiRanking Academic Excellence Survey 2023[EB/OL].[2024 - 2 - 23]. https://www.shanghairanking.com/activities/aes/method/2023.

一流大学组,但与世界顶尖大学组仍存在较大差距。国内一流大学组得分均值与世界一流大学组也存在一定差距,但其差距小于国内顶尖大学组与世界顶尖大学的差距(见表5-2)。具体到国内大学,国内顶尖大学组10所高校中全球高被引科学家指标得分均大于1,国内一流大学组21所高校中有11所大学的全球高被引科学家指标分数大于1分(见附表3)。

表5-2　学术大师指数的得分

组　　别	全球高被引科学家	国际权威学术期刊主编	国际重大奖项获得者	指数得分
世界顶尖大学组	2.05	3.31	4.05	3.14
世界一流大学组	1	1	1	1
国内顶尖大学组	1.41	0.39	0.13	0.64
国内一流大学组	0.98	0.08	0.03	0.36

资料来源:笔者测算。

在国际重大学术奖项获得者指标上,世界顶尖大学组的得分是世界一流大学组的四倍多,可见国际重大学术奖项获得者更集中于世界顶尖大学,其他大学鲜有国际重大学术奖项的获得者,我国大学亦是如此。在样本高校的600余名国际重大学术奖项获得者中,全职任教于我国大学的共计4人——分别是同济大学的项海帆,于2012年获得结构工程国际优胜奖(International Award of Merit in Structural Engineering);上海交通大学的王如竹,于2023年获得国际能源奖(Global Energy Prize);清华大学的姚期智和丘成桐,前者于2021年获得京都先进技术奖(Kyoto Prize in Advanced Technology),后者于2023年获得邵逸夫数学奖(The Shaw Prize in Mathematical)。我国已经出现越来越多的科学家获得国际重大学术奖项,但是在诺贝尔奖、菲尔兹奖等顶级奖项方面,我国大学仍然尚未实现从零到一的突破。诺贝尔奖获得者和菲尔兹奖获得者中从来不乏华人面孔,遗憾的是这些获奖者多数是拥有外国国籍的华人科学家,如2006年获得菲尔兹奖的华裔数学家陶哲轩。屠呦呦于2015年获得诺贝尔生理学或医学奖,但其工作单位是中国中医科学院,并非大学。国内大学在国际重大学术奖项获得者指标上与世界顶尖大学组和世界一流大学组存在较大差距,但课题组仍然将其作为学术大师指标之一,不仅因为国际重大学术奖项获得者本身对世界级学术大师极具代表性,更因这一指标对衡量未来我国的世界一流大学具有巨大潜力与价值,能够为我国一流大学推进学术大师的引育工作提供有益参考。

在国际权威学术期刊主编指标上,世界顶尖大学组与世界一流大学组之间也存在较大差距,国际权威学术期刊主编多数来自美国的世界一流大学。国内两组大学与世界顶尖大学组仍存在较大差异。不过,课题组认为该指标对未来衡量我国的世界一流大学同样具有巨大潜力。一方面,对国际权威学术期刊的界定存在进一步探索空间,本章使用的软科公布的国际权威学术期刊名单所覆盖的学科数量仍在不断增加,随着国际权威学术期刊名单逐渐完善,我国学者出现在有关期刊的概率也会随之增加;另一方面,虽然我国大学学者中担任国际权威学术期刊主编的人数有限,但担任副主编的人数并不少,他们都是未来有望成为主编的潜在群体。

对三个分指标进行加权后发现,在学术大师指数上,不论与世界顶尖大学组,还是与世界一流大学组相比,国内大学均存在较大差距,尤其是与世界顶尖大学的表现相比相差甚远。世界顶尖大学组的平均得分是国内顶尖大学组的 4.9 倍,是国内一流大学组的 8.7 倍;而世界一流大学组的平均得分是国内顶尖大学组的 1.6 倍,国内一流大学组的 2.8 倍。

二、一流大学学术大师指数表现的分析

从一流大学学术大师的指数表现来看,我国大学在国际重大学术奖项获得者、国际权威学术期刊主编指标上,与世界一流大学和世界顶尖大学存在较大差距;在全球高被引科学家指数方面,我国大学大部分已经达到了世界一流大学水平,但与世界顶尖大学的差距较大。中国大学中真正的大师级人才屈指可数,学术大师匮乏的问题依旧突出[①]。如何引育学术大师仍是我国一流大学建设中亟须解决的问题。

首先,在学术大师的培养方面,一流大学为学术大师成长发展提供的组织支

---

① 陈丽媛,杨建华,高磊.一流大学学术大师的指标表现及其引育机制研究:基于国际比较的视野[J].上海交通大学学报(哲学社会科学版),2019,27(03):70-79.

持起着至关重要的作用。组织支持能够为学术大师的职业发展提供的充分条件，如研究经费、工作环境与研究设备、更多的交流机会、更大的研究自主权，以及大学声誉所带来的"光环效应"对有抱负的青年学者的吸引，有助于一流大学高层次人才的集聚。

其次，作为学术组织中的引导者，学术大师所具备的崇高的科学精神、渊博的学科知识、丰富的育人经验、敏锐的科学洞察力等，需要在充足的平台资源、良好的学术氛围、合理科研制度的保障下才能发挥最大作用。通过大师的言传身教，持续引导青年学者开展前瞻性、颠覆性的科学研究，青年人才有望实现重大科学突破，成为新一代学术大师。在学术大师的影响下，青年人才可能学习学术大师的思维风格，培养对科学前沿问题的敏感性，依托组织资源、科研互助、课题项目等，不断提升自身的科研素养、产出重大科技创新成果。

最后，大师培育具有长周期性，在此过程中如何利用合理的学术评价体系确保潜在学术大师的发展，避免指标导向下的短平快式研究、学术近亲繁殖等现象。尽管大师引进能够在相对较短的时间内提升大师指数表现，但也容易衍生投机主义、挖人抢人等乱象，学术大师职业发展的稳定性、可持续性也是值得进一步探讨的问题。概言之，学术大师的引进和培育是相互作用、相辅相成的，需要一流大学各方共同的协调和努力。

第四节　一流大学学术大师的典型案例研究

本节选取东京大学宇宙射线研究所（Institute for Cosmic Ray Research, ICRR）、哈佛大学迪威尼特大道生物实验室（Bio Labs on Divinity Avenue, Bio Labs）、北京大学集成电路学院的案例，以组织支持为切入视角分析学术大师的成长机制。其中，ICRR 通过跨国交流合作以及官产学研融合造就学术大师；Bio Labs 通过自由探索的实验室文化以及良性互助的科研氛围助力学术大师成长；北京大学集成电路学院通过师承丰厚的研究基础以及与国家实际需求相结合的前沿科技创新培养学术大师。

一、国际交流与官产学研合作：以东京大学宇宙射线研究所为例

东京大学宇宙射线研究所始建于 1953 年，旨在从各个方面对宇宙线进行观

测研究①。ICRR 的主要工作是利用宇宙射线对宇宙和基本粒子进行基础研究②。纵观 ICRR 的发展沿革，其在漫长的历史发展过程中培养出了小柴昌俊（Koshiba Masatoshi）、梶田隆章（Takaaki Kajita）等物理学领域的世界级学术大师。这离不开 ICRR 提供的丰富的跨国交流与国际合作机会。与此同时，ICRR 通过官产学研合作获得的经费支持推动了 ICRR 在尖端科研领域的突破，为一代又一代学术大师的诞生提供了机会。

1. 以高深科学为引领的跨国交流与国际合作

就日本的一流大学而言，其诺贝尔奖的重要据地——物理学奖最早可源于物理学家仁科芳雄（Nishina Yoshio）。仁科芳雄被誉为"日本现代物理学研究的奠基人"，其研究涉及宇宙射线以及粒子加速器等领域。仁科芳雄曾先后在英国剑桥大学卡文迪许实验室、德国哥廷根大学、汉堡大学和丹麦哥本哈根大学学习，并在回国工作后培养出了日本历史上第一位诺贝尔奖得主汤川秀树（Yukawa Hideki）和第二位诺奖得主朝永振一郎（Sinitiro Tomonaga）。2002 年，朝永振一郎的弟子小柴昌俊因"对天体物理学的开拓性贡献，特别是在宇宙中微子探测方面"获得诺贝尔物理学奖。小柴昌俊于 1951 年毕业于东京大学理学部物理学专业，之后前往美国罗切斯特大学进行深造并于 1955 年获得博士学位，回国后在导师朝永振一郎的指导下，又于 1967 年获得东京大学理学博士学位。作为 ICRR 的资深学术顾问，小柴昌俊在 ICRR 工作期间，主持建造了研究中微子以及质子衰变的神冈探测器（后升级为超级神冈探测器），并于 1987 年通过神冈探测器发现了超新星中微子，证实了超新星爆发理论，由此开启了中微子天文学这一全新领域。

小柴昌俊主导建立的 T2K 中微子国际合作组曾助力他和梶田隆章分别于 2002 年和 2015 年获得诺贝尔物理学奖。T2K 中微子国际合作组由来自 12 个国家的 500 余名科研人员组成，并在美国、欧洲等地设立了多个合作观测取样点③。2018 年，ICRR 入选"国际联合使用研究中心"（International Joint Usage/

---

① Institute for Cosmic Ray Research. History[EB/OL]. [2024 - 2 - 13]. https：//www.icrr.u-tokyo.ac.jp/en/about-icrr-2/history/.

② Institute for Cosmic Ray Research. From Director[EB/OL]. [2024 - 2 - 13]. https：//www.icrr.u-tokyo.ac.jp/en/about-icrr-2/directors-greetings/.

③ Institute for Cosmic Ray Research. The Collaboration[EB/OL]. [2024 - 2 - 23]. https：//t2k-experiment.org/t2k/collaboration/.

Research Centers），开始接受国际研究人员的共同研究申请，与 ICRR 一起开展广义宇宙线及相关课题的观测和研究①。由此可见，学术大师的领导力以及跨国研究人员/团队之间的良好合作交流是高深科学研究项目实现突破的关键要素。

此后，小柴昌俊的博士生梶田隆章也在量子物理领域继续深耕，并因"发现了中微子振荡，证明了中微子具有质量"获得了 2015 年的诺贝尔物理学奖。梶田隆章在担任 ICRR 所长期间，通过 ICRR 下设的三个研究部门（中微子和天体粒子部门、高能宇宙射线部门，以及天体物理学和引力部门）进一步开展中微子以及量子物理领域的研究，并在美国犹他州（State of Utah）、中国西藏羊八井、西班牙拉帕尔马的加那利群岛（Islas Canarias）和玻利维亚查卡尔塔亚（Chacaltaya）建立了四个国际观测站，与其他国家的研究人员在 ICRR 开展了 150 多项大学之间的研究项目并达成了 30 余项国际间的学术交换协定②。世界各地研究人员与研究机构的跨国合作为 ICRR 产出世界级的顶尖成果提供了有力支持，这种跨国交流与合作也影响着 ICRR 一代代学术大师的成长之路。

2. 以科研项目为依托的大型官产学研合作

学术大师承担着一流大学的重大科研项目，此类项目以结构复杂、体系庞大而著称。为了解决复杂科研项目中存在的资源调配以及分工问题，多元主体之间的团队合作已经成为学术大师开展科研工作的主要方式。学术大师团队内部良好的沟通协作机制以及大师自身所具备的团队领导力是科研人员完成重大科研任务的核心推力。ICRR 作为享誉世界的一流研究机构，十分重视基础研究的投入，但耗资巨大的大型科研项目或实验计划仅依靠学校内部的组织支持还远远不够。因此，需要汇集大学、政府、产业等多方资金支持，实现科学家与相关产业部门的紧密合作。这也是具有日本特色的"官产学研"合作模式。

为了探测宇宙中存在的中微子及其特性、利用中微子对宇宙进行观测，探索质子衰变，保持日本在中微子研究领域的世界领先地位，日本政府批准并拨款助力小柴昌俊建设"超级神冈探测器"。超级神冈探测器由一个直径 39.3 米、高41.4 米的不锈钢罐组成，罐内装有 5 万吨水，能探测宇宙射线、太阳、超新星和粒

①　Institute for Cosmic Ray Research. Inter-University Research Program（Joint Usage/Research Center）[EB/OL].[2024 - 7 - 1]. https：//www.icrr.u-tokyo.ac.jp/en/collaborators-2/.

②　Institute for Cosmic Ray Research. International Exchange[EB/OL].[2024 - 2 - 13]. https：//www.icrr.u-tokyo.ac.jp/en/about-icrr-2/international-exchange/.

子加速器等各种来源产生的海量中微子①。与此同时,美国的麻省理工学院(Massachusetts Institute of Technology,MIT)也在进行质子衰变的实验。MIT使用了 7 000 吨纯水和直径 12.5 厘米的光电倍增管来捕捉质子衰变的切伦科夫光,而小柴昌俊的神冈实验场内只有 3 000 吨纯水,且由于实验场地和经费的限制,无法增加纯水容量和光电倍增管数量。经过一番周密计算,小柴昌俊确定光电倍增管的直径必须要达到 50 厘米,才能与 MIT 一较高下。考虑到 ICRR 团队难以在经费支持上与 MIT 抗衡,小柴决定另辟蹊径,通过与日本光电倍增管厂商浜松(Hamamatsu)建立技术协商合作,一起研发出了当时领先世界的 20英寸倍增管,其实验敏感度是 MIT 使用的光电倍增管的 16 倍,能使实验室的观测能力增强 1 000 倍以上。浜松公司一共为 ICRR 开展的超级神冈探测器研究提供了 11 200 个直径为 50 厘米的光电倍增管,并将探测器的灵敏度提高为首代神冈探测器的两倍②。这帮助小柴昌俊团队获得了精准的实验数据,助力梶田隆章和小柴昌俊斩获诺贝尔奖,浜松也一跃成为世界各国进行中微子相关实验研究的首选供货单位。

具有日本特色的"官产学研"合作研发模式,对于颠覆性、创新性科研活动的支撑作用是极其重要的。在合作过程中,政府提供场地以及资金支持,学者与企业研发人员通力合作,让企业人员更好地解决技术问题,并且学者专心于科研课题的创新与研究方向的把控,在降低共同研发成本的同时提高效率,抢占研发先机,进而推动了日本本土科研活动的发展以及学术大师的培养,提高了日本研究的国际知名度,并为企业开拓国际市场、获取利润提供了保障。

二、自由探索互助的组织文化:以哈佛大学迪威尼特大道生物实验室为例

就生物医学科学领域而言,伟大的科学家有时会在特定的时间地点集群出现。哈佛大学迪威尼特大道生物实验室就是范例。Bio Labs 通过营造自由探索、互帮互助的实验室氛围,持续激发实验室内部研究人员解决重大问题的热情

---

①　Institute for Cosmic Ray Research. Super-Kamiokande[EB/OL].[2024 - 2 - 23]. https://www-sk. icrr.u-tokyo.ac.jp/en/sk/about/outline/.

②　小柴昌俊.我不是好学生:诺贝尔奖获得者小柴昌俊的传奇人生[M].戚戈平,李晓武,译.北京:科学出版社,2008.

渴望，吸引了具有创造力的年轻人以及一批声名卓著的学术大师共同为生物医学领域的进步作出贡献①。作为诺贝尔奖的孵化器，Bio Labs 是多位学术大师的工作地。譬如，1962 年，DNA 结构的共同发现者之一詹姆斯·沃森（James D. Watson）被授予诺贝尔生理学/医学奖；1967 年，乔治·沃尔德（George Wald）因其对视觉生物化学的研究获得诺贝尔生理学/医学奖；1980 年的诺贝尔化学奖得主沃尔特·吉尔伯特（Walter Gilbert）在 Bio Labs 工作期间研究出测定 DNA 序列的方法；2007 年的诺贝尔生理学/医学奖得主马里奥·卡佩基（Mario Capecchi）也曾在该实验室工作。实验室自由探索、良好互助的组织文化进一步催生了以诺贝尔奖为代表的国际重大奖项在 Bio labs 聚集，不断产生颠覆性前沿性的研究成果。

1. 给予充分研究自主权的实验室文化

野依良治（Ryoji Noyor）曾在"世界顶尖科学家论坛"中发言称，"给年轻研究员自由，是科学研究取得成功的关键"②。以诺贝尔奖为代表的国际知名奖项得主往往在一种自由探索的科研氛围中工作。学者们能够遵循自己的研究兴趣，独立设计课题并自主开展研究。因此，实验室自由的研究文化对科学家发挥创造性、成长为相应领域的学术大师至关重要。

综观 Bio Labs 的发展脉络，沃森在将 Bio Labs 改造成为培养优秀青年科学家孵化器的过程中发挥了重要作用。沃森曾在英国剑桥与弗朗西斯·克里克（Francis Crick）因共同发现遗传物质 DNA 的双螺旋结构，于 1962 年获得诺贝尔生理学/医学奖。沃森是一位极具创新精神的科学家，在 Bio Labs 工作期间，他撰写了两部在生物学科教学领域具有重大影响的开创性著作。在《基因的分子生物学》（*Molecular Biology of The Gene*）这本教材中，他以一种极具概念性的风格阐释了分子生物学的基础；在《双螺旋》（*The Double Helix*）中，他言辞尖刻地讲述了 DNA 结构的发现过程，颠覆了公众对科学研究的传统看法。沃森总是用一种"近乎无礼的勇敢"直言不讳地表达自己的科学意见③，不断地扩展

① Harvard University. A Nobel Incubator: How a Single Floor in A Single Building Fostered Extraordinary Scientific Talent[EB/OL]. [2024 - 2 - 23]. https://www.mcb.harvard.edu/department/news/nobel-incubator-single-floor-single-building-fostered-extraordinary-scientific-talent/.
② 财新网.野依良治.科学家的自由与责任[EB/OL].[2024 - 2 - 23].https://special.caixin.com/2015-11-16/100874433.html.
③ FOLKMAN J. Watson and DNA: Making a Scientific Revolution[J]. Nature Medicine, 2003，9(4)：387 - 390.

学科边界并鼓励同事摆脱陈旧的观念。沃森对自己的学生同样秉持开放自由的理念,给予学生充分的信任,鼓励他们迎难而上,引导他们远离研究的安全区,为自身感兴趣的课题工作。沃森实验室规定,如果研究从头至尾都是学生独自完成,即使作为实验室的拥有者,沃森都会要求学生不要在论文中署他的名字,也不会每天查岗。他鼓励学生在实验室中积极进行互动,确保他们能够就自己的研究问题进行清晰、自由且高效的交流,并在交流过程中培养学术自信①。譬如,沃森的学生吉尔伯特原本从事的是物理学相关研究,受沃森影响,吉尔伯特对分子生物学产生了浓厚的兴趣,并在之后因在设计确定核酸中核苷酸序列方面的开创性工作于 1980 年获得诺贝尔化学奖。2007 年的诺贝尔奖得主卡佩基也是沃森课题组的一员。沃森教会了卡佩基一项重要技能,即如何在本领域内找到一个关键且在现有的技术下切实可行的研究问题。只要学生有好的想法,沃森就会全力支持他们去做②。由此可见,正是 Bio Labs 这种鼓励自由探索的研究文化,不断鼓励着科研人员遵循自己的研究兴趣进行真正有价值的问题探索,最终取得了举世瞩目的科研成果。

2. 科研实验室内部的良性科研互助

伴随科学研究日趋规模化、复杂化与综合化,知识生产越来越依赖团队合作。实验室不仅是研究人员完成学术训练的物理空间,也是他们进行科研合作的社会场域③。Bio Labs 通过实验室内部成员之间的科研互助与合作,取得了一系列开创性的学术成果。为 Bio Labs 的创立奠定基础的生物科学家沃尔德,在 20 世纪中叶阐明了视觉的分子基础——视觉色素视紫红质中的化学开关,首次确立了脂溶性维生素的生化作用④。沃尔德发现,光能使视网膜发生简单的结构变化,从"顺式"构型变为"反式"构型,这种化学变化反过来又能产生信号并传递给大脑。沃尔德因其对感光器工作原理的贡献,于 1967 年获得诺贝尔生理学/医学奖。在开展实验的过程中,沃尔德与同事露丝·哈伯德(Ruth Hubbard)密

① Mario R. Capecchi Biographical[EB/OL].[2024 - 2 - 23]. https://www.nobelprize.org/prizes/medicine/2007/capecchi/biographical/.
② 光明网.流浪儿诺奖传奇:发明首个基因修饰的科学家[EB/OL].[2024 - 7 - 1]. https://www.kepuchina.cn/more/201608/t20160817_14750.shtml.
③ 谢心怡,沈文钦,张存群.实验室文化对博士生科研合作的影响——一个多案例的质性分析[J].研究生教育研究,2023(02):43 - 52.
④ National Academy of Sciences. George Wald 1906 - 1997[EB/OL].[2024 - 7 - 1]. https://www.nasonline.org/publications/biographical-memoirs/memoir-pdfs/wald-george.pdf.

切合作、互相配合,利用化学方法从视网膜中提取色素,并用分光光度计测量了色素的光吸收率。哈伯德是哈佛大学第一位晋升为生物学终身教授的女性,和沃尔德共同分享了保罗·卡雷尔金奖(The Paul Karrer Gold Medal),实现了两者的合作双赢。Bio Labs 的另一位成员——琼·施泰茨(Joan Steitz)通过与沃森合作开展噬菌体 RNA 研究,为她后续揭示核糖体 RNA 如何在 mRNA 的起始位点启动翻译、发现将前信使 RNA 剪接成最终成熟 mRNA 的剪接体奠定了基础。作为沃森的第一位女研究生,施泰茨于 1983 年当选为美国国家科学院院士。①

　　曾在 Bio Labs 从事博士后研究的理查德·罗伯茨(Richard J. Roberts)也是同伴间互助的受益者。罗伯茨在研究过程中所面临的挑战是确定一种新发现的不寻常 RNA 分子中的碱基序列。在听说诺贝尔奖获得者桑格(Frederick Sanger)的实验室发明了一种名为"游走点"(Sanger)的 DNA 测序方法之后,罗伯茨学习了这种方法,并在沃森的帮助下通过系列研究成功确定了病毒 DNA 中的蛋白质编码序列经常被一段非编码序列打断的事实,并于 1993 年获得了诺贝尔生理学/医学奖。在 Bio Labs 工作过的生物学家马蒂·查尔菲(Marty Chalfie)在实验初期并不顺利。后来,他从罗伯特·霍伟茨(Robert Horvitz)那里了解到蠕虫相关研究,研发出一种能够将生物体内基因表达进行可视化的变革性工具,这个工具首先在蠕虫身上得到了验证,并因此于 2008 年获得诺贝尔化学奖。

三、师承领域深耕与前沿创新:以北京大学集成电路学院为例

　　集成电路是信息技术的基石,加快发展集成电路是我国国家战略的重要组成部分。北京大学集成电路学院作为我国微电子领域相关研究的领头单位,具有深厚的发展底蕴。其肇始于 1956 年黄昆先生创办的、由北京大学、复旦大学、南京大学、厦门大学以及吉林大学部分师生组成的"五校联合半导体专门化"。该组织奠定了我国半导体科学技术研究以及集成电路产业发展的人才基础。北京大学在 1970 年开设半导体专业,1978 年正式成立微电子专业,2020 年设立集

---

① Harvard University. A Nobel Incubator: How a Single Floor in a Single Building Fostered Extraordinary Scientific Talent[EB/OL].[2024 - 2 - 23]. https://www.mcb.harvard.edu/department/news/nobel-incubator-single-floor-single-building-fostered-extraordinary-scientific-talent/.

成电路科学与工程学科,2021 年正式成立集成电路学院①。在将近 70 年的发展历程中,北京大学集成电路学院不但取得了诸多开创性的科研成果,也培养了我国微电子领域的多位学术大师。

1. 课题组顶尖师资奠定的丰厚研究基础

以课题组为单位的清晰科研传承体系能够在研究初始为青年学者指明研究方向,从而使它们能够站在巨人的肩膀上开展所在研究方向的前沿研究课题。以集成电路学院王阳元院士为例,其致力于微电子学领域中新器件、新工艺和新结构电路的研究,并作为发起人之一创建了中芯国际(Semiconductor Manufacturing International Corporation,SMIC)集成电路制造有限公司,成功领导建设了我国第一条大型 12 英寸纳米级集成电路生产线,使我国集成电路生产技术位列国际先进水平。黄如院士在王阳元课题组学习期间,利用导师提供的科研资源,在原有研究基础上继续深耕,开辟了半导体新器件新工艺这一领域,研制出准 SOI 新结构器件、BOI FinFET 新结构器件等,并提出了可大规模集成的围栅纳米线器件新工艺方法,开发出新的涨落性/可靠性分析表征方法及模型②。此后,新锐青年学者黄芊芊在超低功耗微纳电子器件领域也取得了突出成果。黄芊芊在大三时加入黄如院士领导的超低功耗微纳电子器件研究课题组,开启了科研之路③。读博期间,在导师的悉心指导下,黄芊芊在该领域的国际顶会——国际电子元件会议(International Electron Devices Meeting,IEDM)发表多篇文章,在生产晶体管的可靠性和质量的稳定性上取得了重大技术突破,为芯片性能提升提供了更多可能性和选择。

在王阳元院士和黄如院士等学术大师的带领下,集成电路学院目前已建有国家集成电路产教融合创新平台、微纳电子器件与集成技术全国重点实验室、微米纳米加工技术全国重点实验室、微电子器件与电路教育部重点实验室等多个国家、省部级创新研究平台,以及“后摩尔时代微纳电子学科创新引智基地”等国际合作平台,拥有国际一流水平的微纳加工与集成、器件/芯片/微系统设计与测

① 北京大学集成电路学院.院长寄语[EB/OL].[2024 – 2 – 23].https://ic.pku.edu.cn/xygk/ycjy/index.htm.
② 北京大学集成电路学院.师资队伍[EB/OL].[2024 – 2 – 23].https://ic.pku.edu.cn/szdw/ysfc/hr/index.htm.
③ 北京大学新闻网.黄芊芊:芯片突围者[EB/OL].[2024 – 09 – 03].https://news.pku.edu.cn/bdrw/d5a97b653ce84565b63306859aaeaa4e.htm.

试的前沿研究环境①。

2. 与国家需求相结合的前沿科技创新

北京大学集成电路学院自成立之初就秉承"得人才者得天下，集人心者集大成"的理念，以"为国育才、为国创新"为使命，聚焦集成微纳电子、集成电路设计、设计自动化与计算系统、集成微纳系统、集成电路先进制造技术五个方向的教学科研工作，致力于打造国际一流的集成电路人才培养和科技创新高地②。

北京大学集成电路学院借助北京大学学科齐全的优势，不断为我国集成电路产业发展培养高端科研人才。王阳元院士、黄如院士等学术大师领衔的科研队伍，面向学科前沿、国家重大需求，在集成微纳电子器件领域取得了一系列具有国际影响力的系统性重大创新成果和技术突破。譬如，王阳元院士作为我国硅栅 N 沟道 MOS 技术的重要开拓者，在 20 世纪 70 年代成功主持研究了我国第一块三种类型 1 024 位 MOS 动态随机存储器③。黄如院士在纳米尺度新器件、超低功耗新原理器件、器件可靠性、关键共性工艺等方面作出了系统性创造性贡献，并在国际上产生了重要影响④。

曾入选 2017 年"未来女科学家计划""第十八届中国青年女科学家"的黄芊芊研究员在踏入科研领域之初，就将"以技术创新打破前沿技术壁垒，助力中国'芯'事业崛起"视为人生理想与追求。作为一位国内自主培养的芯片领域青年领军人才，从 2010 年起，黄芊芊在王阳元院士和黄如院士的指导下，针对集成电路功耗瓶颈问题，带领团队在集成电路主要基底材料硅的基础上，开展器件原理创新与攻关。她和团队一起研发出了具有自主知识产权的超低功耗微纳电子器件，为华为提供了核心的技术支持，并成功研发出了世界上首个基于 12 英寸的互补隧穿场效应晶体管集成技术，未来几年有望在物联网芯片可穿戴设备以及生物医疗等一些极低功耗场景上得到应用。多年来，她坚持以国家实际需求为导向，深耕超低功耗微纳电子器件的基础研究与产业转化，为国家科研创新

① 北京大学集成电路学院.学院简介[EB/OL].[2024 - 2 - 23].https://ic.pku.edu.cn/xygk/xyjj/index.htm.

② 北京大学集成电路学院.学院简介[EB/OL].[2024 - 7 - 1].https://ic.pku.edu.cn/xygk/xyjj/index.htm.

③ 北京大学集成电路学院.师资队伍：王阳元[EB/OL].[2024 - 7 - 1].https://ic.pku.edu.cn/szdw/ysfc/wyy1/index.htm.

④ 北京大学集成电路学院.师资队伍：黄如[EB/OL].[2024 - 7 - 1].https://ic.pku.edu.cn/szdw/ysfc/hr/index.htm.

贡献力量①。

第五节 关于我国一流大学学术大师 培养的政策建议

本书通过数据分析发现,我国一流大学在高被引科学家、国际权威学术期刊主编、国际重大学术奖项获得者人数方面与世界顶尖大学均存在较大差距,我国一流大学中的学术大师仍然严重匮乏。不论是东京大学宇宙射线研究所的国际交流与官产学研合作、哈佛大学迪威尼特大道生物实验室取得的成功,还是北京大学集成电路学院的发展,都反映了学术大师对一流大学建设的重要作用。一流大学对学术大师的成长和发展也至关重要。一方面,学术大师会成为"磁石",凭借其卓越的学术成就、学术领导力吸引更多学术大师加入,形成科研人才高地的聚集效应;另一方面,一流大学先进的科研设施、宽松自由的学术环境以及浓郁的学术文化氛围等条件也会吸引学术大师的加入,促进学术大师的成长。具体来看,可以通过营造组织内的良好互助文化、延续师承优势资源等途径助力学术大师成长。

一、营造良好组织文化,融汇多方资源合作创新

从指数得分结果可知,尽管 2023 年我国一流大学的全球高被引科学家总量已经达到了全球第二,但国际权威学术期刊主编以及国际重大奖项获得者这两项仍与世界一流大学存在明显差距。究其原因,我国以绩效为导向的科研文化虽然可以在短时间内产生大量论文,但是科研项目的短期性与功利性难以产生具有重大突破的原创性成果。此外,我国一流大学在推进科研项目的过程中,尚未充分挖掘产业界资源、发挥产业界作用。因此,建议从营造科研组织文化氛围、汇聚多元主体资源入手,增强我国一流大学培养学术大师的能力。

本章建议营造良好的学术组织文化,为研究者提供自由探索的科研环境。一方面,建议营造开放包容的文化氛围,吸纳不同背景、不同学术观点的科研工

---

① 北京大学新闻网.黄芊芊:芯片突围者[EB/OL].[2024 - 09 - 03].https://news.pku.edu.cn/bdrw/d5a97b653ce84565b63306859aaeaa4e.htm.

作者加入,赋予科研人员自由探索的机会与时间,使它们就自己感兴趣的领域展开独立研究。另一方面,建议为研究人员提供良好的科研条件,延长开创性、突破性课题的项目周期,为在颠覆性、创新性领域深耕多年的学者开辟职业发展绿色通道,解除他们生活保障等后顾之忧,使他们能够投入更多时间和精力去探索科学领域的前沿问题。同时,汇聚多方优势资源,加强一流大学与企业、研究机构的合作,寻求不同主体之间的利益契合点,通过共同开展产学研合作项目、共建实验室、技术转移与成果转化等方式,为学术大师的成长提供更广阔的研究平台和资源支持。

二、倡导大师引领精神,搭建科研平台促进合作

基于学术大师案例分析,发现一流大学科研组织中师门传承的影响深远,为大师的职业发展起到了重要的引领作用。学术大师对具有良好禀赋和学术抱负的科研工作者具有强烈的吸引力。师生被吸引到一流大学之后,在大师耳濡目染下也有可能成长为未来的学术大师。学术大师的师承效应不仅体现在传承研究脉络、改进研究方法,更体现在建构师生共同体,通过团队协作推动研究创新。

首先,建议建立大师导师制度,通过严格的遴选与考核制度确保学术大师的道德品质与研究素养,使其能够躬身示范,将科研智慧和经验传递给后辈学者。其次,鼓励大师团队通过定期举办学术交流会议、组织专题讨论等方式,促进同行之间的交流合作,根据团队成员各自的优势所在,以己之长补他人之短,共同探讨解决科研中的难题。最后,为有潜力的青年学者提供科研平台和机会通道,通过参与学术大师领衔的前沿科研创新项目不断赋能自身发展。

(纪璇,陈丽媛)

第六章
世界一流大学经济贡献指数与案例研究

在科技快速变革的时代,创新逐渐成为牵动社会经济发展全局的引擎。一流大学通过高水平的基础研究以及对拔尖创新人才的培养,在区域及国家的经济发展方面贡献了越来越重要的力量。本章通过构建一流大学经济贡献指数并与世界一流大学进行比较,探究我国一流大学的经济贡献水平;通过分析两所一流大学在创新人才培养和技术转化方面的案例,本章归纳了世界一流大学在服务经济发展方面的经验,为我国一流大学服务经济发展提供政策启示。

第一节 研究背景与思路

一、研究背景

1. 一流大学在培养创新人才和推动科技进步中发挥重要作用

一流大学是经济发展的重要内在动力,主要表现为对科技创新和技术进步的促进作用。19 世纪末期,《莫雷尔法案》(*Morrill Land-Grant Act*)的颁布促使美国高等教育由精英化向平民化转变,一批"赠地大学"在政府资助下开设了面向工农业发展需要的实用型课程,在提升高等教育质量的同时通过培养人才与推广技术的方式实现了教学、科研与服务社会职能的统一[①]。在赠地运动的影响下,20 世纪初,美国威斯康星大学校长范·海耶斯(Van Hise)和当时的威斯康星州州长拉·福莱特(La Follette)认为,作为一个由政府资金资助的公共组织,大学除了具有科学研究和人才培养两大职能外,还应为发展社会福祉作出

---

① 郭庆霞.《莫雷尔法案》的颁布对内战后美国高等教育的影响[J].黑龙江高教研究,2011(03):54-56.

贡献,从而形成了"威斯康星理念(Wisconsin Idea)"——大学、政府与社会应当紧密联系在一起。在此期间,威斯康星大学以两种方式提供社会服务:一种是通过开展研究和提供技术推广服务,直接服务威斯康星州的居民;另一种则是通过提供政策建议、参与政府部门工作等方式,服务于政府部门的发展目标①。20世纪80年代初,经济上的成功越来越依赖于无形资产(如知识、技能和创新潜力)的有效利用,而大学正是这些关键资源的生产地。知识经济概念的发展也为大学服务经济社会提供了理论基础——知识经济发展更多依赖于智力能力,而不是物质或自然资源,科学技术的加速发展急需知识密集型的生产服务作为支撑②。21世纪初,亨利・艾茨科维兹(Henry Etzkowitz)和洛艾特・雷迭斯多夫(Loet Leydesdorff)最早将生物学领域的 DNA 螺旋概念运用到大学、产业和政府的互动关系中,提出在"大学—产业—政府"的区域创新三螺旋模式中,知识空间对区域发展至关重要;作为知识的主要生产者,大学是三螺旋创新模式存在的前提和基础③。"三螺旋理论"也为大学的发展和变革提出了新的发展方向,大学不仅应当继续通过科学研究与人才培养秉承其传统使命,更应当主动走出象牙塔,发挥驱动经济社会发展的引擎作用。

在创新发展中,一流大学扮演着不可忽视的角色。一方面,一流大学应当积极回应时代发展的需求,通过培养创新创业人才为社会发展注入新鲜活力;另一方面,一流大学是前沿知识与高精尖技术的孵化地,大学能够有效带动所在区域经济发展速率与协调性同步提升,增强区域创新能力④。如今,最具活力的全球经济区域往往也是世界一流大学的聚集地,例如加利福尼亚大学群(University of California)所在的美国硅谷(Silcon Valley),德国慕尼黑工业大学(Technical University of Munich)所在的慕尼黑高科技工业园(Munich Technology Center),爱丁堡大学(The University of Edinburgh)和格拉斯哥大学(The University of Glasgow)所在的英国苏格兰高科技区(Silicon Glen)等。这些一流大学为知识、

①　王志强.传承与超越:威斯康星理念的百年流变[J].清华大学教育研究,2017,38(04):57-64.
②　POWELL W W, SNELLMAN K. The Knowledge Economy[J]. Annual Review of Sociology, 2004, 30: 199-220.
③　ETZKOWITZ H, LEYDESDORFF L. The Dynamics of Innovation: From National Systems and "Mode2" to a Triple Helix of University-Industry-Government Relations[J]. Research Policy, 2000, 29(2): 109-123.
④　黄艳,薛晨晖,周洪宇,等.中国高校科技创新对区域经济协调发展的影响及空间溢出效应[J].中国高校科技,2024(01):96-102.

技术和人才发展作出了贡献,并在区域创新和发展中发挥了重要作用。

2. 我国一流大学服务经济发展面临机遇与挑战

目前,我国正处于经济发展转型的重要时期,日趋复杂的国内外环境对经济高质量发展提出了更高要求。时代进步与科技发展推动着生产力核心要素的变化,我国的人口红利与后发优势已经不足以支撑经济高速稳步增长。对此,我国提出了"加快形成新质生产力"以增强经济发展动能的路径,而新质生产力的关键特征就是需要科技创新作为支撑,通过聚焦原始创新、基础研究、高水平科技人才培育等方式引领生产力的变革①。高等教育作为高深知识的产出源头,应当自觉通过培养高质量人才、建立产学研合作、推进知识产权转化等方式将高深知识从高等教育领域扩散至产业领域,主动融入国家经济发展战略②。

自 20 世纪 90 年代起,随着"211 工程"和"985 工程"等重点建设计划的实施,我国的重点大学开始向世界顶尖大学行列迈进。这些项目的实施显著提升了我国研究型大学的科研成果数量和影响力,表明重点建设计划对学术产出具有积极影响③。然而,有研究表明,我国一流大学建设虽然对国际期刊论文发表数量有提升作用,但对技术转化的影响并不显著④。也有研究对"985 工程"的项目成果进行评估,发现其虽然对学校的科研产出有积极影响,但"985"高校的同质化现象严重,与此同时"985"和"211"大学之间的垂直分化也在明显扩大⑤。此外,我国一流大学在创新创业人才培养方面仍在起步阶段,还存在培养模式同质化、教师队伍经验不足和创新成果转化不畅等问题,导致高校陷入创新创业人才培养困境,为我国经济高质量发展提供的人才智力支撑尚且不足⑥。

2022 年,三部委发布《关于深入推进世界一流大学和一流学科建设的若干意见》,强调了持续推进"双一流"建设的紧迫性,并且提出了在新发展阶段中必

①　贾品荣.加快形成新质生产力的重点及实现路径[EB/OL].(2023 - 10 - 31)[2024 - 03 - 17].http://theory.people.com.cn/n1/2023/1031/c40531-40106762.html.

②　廖伟伟.论新质生产力的生成:高深知识生产、技术元素整合与产业技术突破[J].重庆高教研究,2024,12(02):75 - 86.

③　朱军文,刘念才.我国高校基础研究产出变迁轨迹:1978 - 2009[J].高等教育研究,2010,31(11):57 - 63.

④　YANG X, YOU Y. How the World-Class University Project Affects Scientific Productivity? Evidence from a Survey of Faculty Members in China[J]. Higher Education Policy, 2018, 31:583 - 605.

⑤　ZONG X, ZHANG W. Establishing World-Class Universities in China: Deploying a Quasi-Experimental Design to Evaluate the Net Effects of Project 985[J]. Studies in Higher Education, 2019, 44(3):417 - 431.

⑥　徐伟明,肖洒.供给侧结构性改革视域下高校创新创业型人才培养路径[J].科技管理研究,2022,42(06):76 - 82.

须精准定位战略目标,在关键核心领域加快培养战略科技人才、一流科技领军人才和创新团队,为国家经济社会发展提供坚实的人才支撑与智力支持,推动高等教育强国建设迈上新的历史起点①。当前,在"双一流"建设计划的推动下,我国高水平研究型大学在迈向世界一流大学行列的过程中既要持续提升学术研究的实力,又要加速提升大学学术研究对接国家重大需求、服务社会经济发展的能力。

综上,当前我国经济发展需求与"双一流"建设的目标均对我国一流大学提升经济贡献能力提出了迫切需求,因此,对一流大学经济贡献能力开展研究具有重要的理论和实践价值。

二、国内外研究进展

大学通过创新知识溢出效应促进经济发展,国内外已有许多研究支持此观点。卢克·安赛林(Luc Anselin)等学者通过建立空间维度的模型比较了大学与企业的研发,发现在同一个经济圈或地区内,大学研究与高技术创新活动之间存在直接或间接的空间外部性,并且对周边邻近的区域也存在溢出效应②。阿列克谢·叶戈罗娃(Alexey Egorov)等分析了俄罗斯的高等教育覆盖率与经济增长率之间的关系,发现区域高等教育体系的发展将对区域经济发展产生积极的影响③。马里贝尔·格雷罗(Maribel Guerrero)从内生增长的角度对英国大学的研究表明,大学的教学、研究和创新创业活动能对经济增长做出巨大贡献④。王雁等人研究了大学服务区域经济的发展路径,大学可以通过科研与创新、投入与产出、间接影响、催化影响和诱发影响等方式对区域经济发展起到积极作用⑤。景慧等人也通过城市层面的数据分析发现,高等教育、科技创新与城市经济发展

① 教育部,财政部,国家发展改革委.关于深入推进世界一流大学和一流学科建设的若干意见[EB/OL].(2022-01-29)[2024-03-17].http://www.moe.gov.cn/srcsite/A22/s7065/202202/t20220211_598706.html.

② ANSELIN L, VARGA A, ACS Z. Local Geographic Spillovers between University Research and High Technology Innovations[J]. Journal of Urban Economics, 1997, 42(3): 422-448.

③ EGOROV A, LESHUKOV O, GROMOV A. The Role of Universities in Economic Development of Russian Regions[J]. Higher School of Economics Research Paper, 2017, WP BRP: 41.

④ GUERRERO M, CUNNINGHAN J A, URBANO D. Economic Impact of Entrepreneurial Universities' Activities: An Exploratory Study of the United Kingdom[J]. Research Policy, 2015, 44(3): 748-764.

⑤ 王雁,陈锐,江波.世界一流大学服务区域经济发展路径研究——基于10所大学经济影响报告的内容分析[J].比较教育研究,2021,43(05): 13-20.

存在高度耦合关系,高等教育对所在区域的经济发展具有重要的作用价值①。

　　也有研究探讨了大学研究与技术转让对地区经济发展的影响。比如有学者研究了美国大学对都市区经济发展的作用,发现大学主要通过三种"大学产品"——教育服务、商业服务,以及新知识和新技术来对区域经济发展产生显著的正向影响②。马丁·凯瑞(Martin A. Carree)等研究者分析了 2001～2006 年间意大利各大学教学、研究和技术转化活动以及相关的省域经济数据,指出大学的教学、研究以及技术产出均可通过新创企业的转化带动区域经济增长,学术研究和技术转移可以为新创企业提供有价值的商机,进而服务经济增长③。大学科技成果成功进行技术转化是世界一流大学促进国家经济发展的重要途径,通过校内外合作、制定技术转化政策、建立技术转化的专业部门等形式,大学有效融入了所在地区的经济发展战略④。杨希、王倩等从技术转化和创业人才培养两方面比较分析了中外一流大学对创新型经济贡献的差异,该研究发现我国顶尖大学与世界一流大学相比,对创新型经济贡献的总体差距不大,差距主要体现为我国顶尖大学技术转化效率偏低⑤。

　　此外,有研究表明,大学对地区人力资本的提高具有显著的作用。杰森·阿博尔(Jaison R. Abel)和理查德·迪亚兹(Richard Deitz)考察了高校的学位生产和研发活动与其所在地区的人力资本数量和类型的关系,发现学术性研发活动提高了地方人力资本水平,表明学术性研发活动的溢出效应能够吸引高质量人力资本的集聚;同时,高等教育活动更多的地区往往有更大比例的工人从事高人力资本职业,因此,高校可以通过增加技能供给和需求来提高地方人力资本水平⑥。程锐等人关注我国高校扩招这一重要节点,发现高等教育规模扩大引致的人力资本提高可以推动所在城市产业结构合理化和高级化,进而促进当地经济高质

① 景慧,张林,孙永权.高等教育、科技创新与经济发展的耦合关联研究[J].中国高校科技,2023(08):52-60.

② LENDEL I, QIAN H. Inside the Great Recession: University Products and Regional Economic Development[J]. Growth and Change, 2017, 48(1): 153-173.

③ CARREE M, MALVA A D, SANTARELLI E. The Contribution of Universities to Growth: Empirical Evidence for Italy[J]. The Journal of Technology Transfer, 2014, 39: 393-414.

④ 卓泽林.世界一流大学的技术转化:理念、政策和组织机制[J].国家教育行政学院学报,2017(09):73-79.

⑤ 杨希,王倩,李欢.中外一流大学对创新型经济贡献的比较:基于指标与案例分析[J].上海交通大学学报(哲学社会科学版),2019,27(03):60-69.

⑥ ABEL J R, DEITZ R. Do Colleges and Universities Increase Their Region's Human Capital? [J]. Journal of Economic Geography, 2012, 12(3): 667-691.

量发展[①]，也有研究指出大学毕业生的人力资本能够刺激所在地的经济发展[②]。因此，以知识为基础的毕业生输出及其创业活动也是服务区域经济发展的重要因素。

三、研究思路

1. 核心概念

创新驱动型经济发展：创新理论的代表人物约瑟夫·熊彼特（Joseph Schumpeter）提出了创新促进经济增长理论。该理论认为，经济增长并不是由于外部因素变化所引起的创新带来的，而是由内部变化引起的经济发展方式的转变，即自主创新[③]。20 世纪 80 年代，以保罗·罗默（Paul Romer）为代表的学者丰富了创新驱动经济发展的理论，将知识作为一个变量直接引入经济模型中；由于研发部门生产的知识具有溢出效应，使得经济增长超越资本收益率规模报酬递减的限制，从而带来经济稳定的增长。该理论指出，经济增长取决于两个因素：一是投入研发部门的人力资本规模，二是研发活动的生产力系数[④]；这一理论反映出高水平科技人力资本的质量与规模将对经济增长起到决定作用。基于这一理论观点，本书将创新驱动型经济发展界定为由科技人力资本驱动，进而推动科技创新和技术进步带来的经济持续增长的过程。

一流大学经济贡献：根据创新驱动型经济增长的理论，一流大学是培养科技创新人才的摇篮，也是提供人力资本的重要载体，能够通过改变人力资本的数量和质量，从而对社会经济发展产生深远影响。同时，一流大学也是科技创新成果产出的重要基地，可以对经济发展产生知识外溢的作用[⑤]。基于大学对经济发展贡献的理论基础，本书将一流大学的经济贡献界定为一流大学对创新驱动型经济增长的促进作用，具体表现为对创新创业人才的培养、对技术进步的推动两个方面。

---

① 程锐，夏楠，马莉莉.高校扩招、人力资本与产业结构升级[J].教育经济评论，2023，8(02)：35 - 63.
② AMENDOLA A, BARRA C, ZOTTI R. Does Graduate Human Capital Production Increase Local Economic Development? An Instrumental Variable Approach[J]. Journey of Regional Science, 2020, 60：959 - 994.
③ SCHUMPETER J A. The Theory of Economic Development: An Inquiry into Profits, Capital, Credit, Interest, and the Business Cycle[M]. Cambridge: Harvard University Press, 1934.
④ ROMER P M. Increasing Returns and Long-Run Growth[J]. Journal of Political Economy, 1986, 94(5)：1002 - 1037.
⑤ BROSTRÖM A. Working with Distant Researchers——Distance and Content in University-Industry Interaction[J]. Research Policy, 2010, 39(10)：1311 - 1320.

2. 研究问题

本章研究将结合发展经济学和高等教育学的相关理论,基于可比数据与案例,探讨三方面的问题:① 如何衡量一流大学的经济贡献? ② 我国"双一流"建设大学与世界一流大学经济贡献方面的差距如何? ③ 世界一流大学在实现对接经济发展需求、贡献区域发展方面有哪些经验可供借鉴?

3. 研究思路

基于上述研究问题,本章研究思路主要包括五个步骤:第一,基于发展经济学和高等教育学的相关理论,构建一流大学经济贡献的维度、指标和评价体系,并选择不同维度下具有典型意义的大学和案例分析框架。第二,根据设计的指标,选择相应的数据库,建立国际可比的指标数据库;根据案例大学政策,搜集相关大学经济贡献的案例信息。第三,对原始数据进行处理,计算指标得分,并将国内与国外对标大学进行指标比较,探索国内外一流大学经济贡献指标的差异性,并深入分析造成这种差异的原因。第四,根据选择的典型案例大学相关资料,分析一流大学促进经济发展的具体组织和制度设计。第五,归纳数据和案例分析的结果,并结合我国一流大学经济贡献在宏观和微观组织及制度方面的不足,提出促进一流大学经济贡献能力提升的政策建议。

第二节　一流大学经济贡献指数设计

一、国内外样本选取

1. 国际组样本

样本选择方面,本章参考了 2023 年的 ARWU 排名对大学进行区分,主要是考虑到 QS 排名、THE 排名等其他世界大学排名采用了主观的声誉调查,而ARWU 排名主要采用学术研究相关的客观指标,与创新的关系相对更密切。本章从 2023 年 ARWU 排名前 20 的大学中选取 10 所作为世界顶尖大学组[①],从排名 76—100 的大学选取 10 所作为世界一流大学组[②]。

---

① 包括哈佛大学、斯坦福大学、麻省理工学院、普林斯顿大学、哥伦比亚大学、加州理工学院、芝加哥大学、宾夕法尼亚大学、约翰斯·霍普金斯大学、华盛顿大学。

② 包括莫纳什大学、匹兹堡大学、澳大利亚国立大学、鲁汶大学、布里斯托大学、阿尔伯塔大学、南洋理工大学、首尔国立大学、普渡大学-西拉法叶、布朗大学。

2. 国内组样本

2022 年"双一流"建设名单更新为 147 所,其中进入 2023 年 ARWU 前 500 名的共 74 所。为保持样本数量相对稳定,本章选择进入 2023 年 ARWU 前 200 名的共 31 所"双一流"建设高校。样本选取截止时间为 2023 年 12 月 31 日。样本高校分为两组:国内顶尖大学组是 ARWU 排名前 100 的 10 所大学[①];国内一流大学组是 ARWU 排名在 101~200 名之间的 21 所"双一流"建设大学。[②]

二、指标体系设计

基于一流大学经济贡献的概念界定,本节构建了一流大学经济贡献指标体系(见图 6-1)。一流大学促进创新发展主要有两条途径,一是通过培养创新创业型人才来促进经济发展[③],二是通过高水平的学术研究实现技术转化从而推动技术进步[④]。根据这两条途径,本章设计了相应的两个维度,并考虑了国际可比性、指标与大学经济贡献广度和深度的关联性、时间可持续性、数据搜集的可行性等多方面因素,确定了三个衡量一流大学经济贡献的指标,分别是:高管及

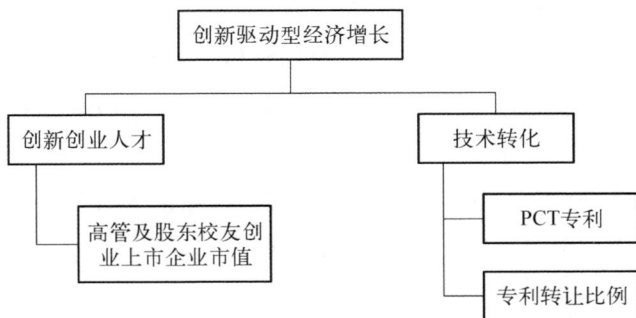

图 6-1　一流大学经济贡献指标体系

---

① 包括清华大学、北京大学、浙江大学、上海交通大学、复旦大学、华中科技大学、中山大学、中国科学技术大学、中南大学、南京大学。

② 包括武汉大学、四川大学、西安交通大学、北京理工大学、天津大学、吉林大学、哈尔滨工业大学、苏州大学、东南大学、山东大学、华南理工大学、电子科技大学、南方科技大学、同济大学、厦门大学、西北工业大学、北京航空航天大学、北京师范大学、南开大学、郑州大学、湖南大学。

③ ETZKOWITZ H, LEYDESDORFF L. The Dynamics of Innovation: From National Systems and "Mode2" to a Triple Helix of University-Industry-Government Relations[J]. Research Policy, 2000, 29(2): 109-123.

④ GUERRERO M, URBANO D, FAYOLLE A. Entrepreneurial Activity and Regional Competitiveness: Evidence from European Entrepreneurial Universities[J]. The Journal of Technology Transfer, 2016, 41: 105-131.

股东校友创业上市企业市值、专利合作条约(Patent Cooperation Treaty,PCT)专利数、大学专利转让比例。第一个指标反映一流大学培养的创新创业人才对经济的贡献,第二个指标反映了大学高水平国际专利的数量,第三个指标反映一流大学技术转化的效率。

三、数据搜集与分析

1. 高管及股东校友创业板上市公司市值

指标界定:本书界定的高管及股东校友创业板上市公司市值指的是,在某所大学获得过学士、硕士或博士学位的个人,在创业板上市公司担任主要股东或高级管理人员(简称"高管"),其所在公司年末股市市值的汇总额。其中,创业板上市公司是指在创业板市场上市并且发行股票的公司,包括中国的创业板以及纳斯达克全国市场(NASDAQ National Market)上市公司。股东限定为持股5%以上的股东或前10名股东,不包含非自然人;高管界定为总裁、副总裁、总经理、副总经理、首席执行官、首席运营官、首席财务官等(不包括独立董事)①。

数据搜集:国内数据来自国泰安数据库,共包含1 365家企业。国泰安数据库②含有上市公司财务、财务附注、证券市场交易、治理结构研究、人物特征等一系列子数据库。国外数据来自全球企业数据库(BvD-Orbis)中的纳斯达克全球市场名单,共包括3 075家企业。BvD-Orbis 数据库③是一个包含了全球超过3.6亿家企业的财务、管理层、董监高管、评级报告、原始财务报表、新闻与并购记录和行业信息的大型企业分析库④。搜集步骤如下:

1)国内大学高管及股东数据搜集

在国泰安"上市公司人物特征"数据库中,选择了2018—2022 年数据,逐年下载当年1月1日至12月31日创业板上市公司的"董监高个人特征文件",保留姓名、毕业院校、学历、是否高管团队成员、是否董事会成员和是否独立董事等辅助计数的变量。最后将毕业院校名称进行规范,例如将"上海复旦大学"和"复旦大学数学所"等名称统一为"复旦大学"。

---

① 张武军,张唯玮,贾晨.创业板上市公司知识产权问题研究[J].会计之友,2019,7:74-81.
② 注:数据库网址为 https://data.csmar.com。
③ 注:数据库网址为 https://orbis-r1.bvdinfo.com。
④ 鲁明易.在华外资法人银行经营发展动因研究——基于 Orbis 数据库的实证分析[J].天津大学学报(社会科学版),2012,14(01):25-29.

2）国外大学高管数据搜集

本章中创业板上市公司的范围是 2018—2022 年纳斯达克交易所上市的企业,高管及股东包括企业中的主要高级管理人员和董事会成员(不含独立董事)。在 BvD-Orbis 数据库导出 2018—2022 年纳斯达克交易所上市企业的高管信息,提取其毕业院校名称并进行规范。

3）计算高管及股东校友市值

本章用每个企业每年年末的市值除以数据库中该企业的高管及股东人数,求得各企业高管及股东的人均市值,再累加每个大学校友人次(包含学士、硕士、博士等学位类别,计算获得学位的频次,即假如某位高管在同一所大学完成了本硕博 3 个层次的教育并取得学位,则计 3 次)与对应人均市值的乘积,得到相应大学创业板上市公司高管及股东校友当年年末的总市值,最后计算五年均值。

2. PCT 专利

指标界定：PCT 专利是指满足《专利合作条约》的专利,它是专利领域的一项国际合作条约。PCT 建立了一种国际体系,允许发明人同时在 157 个国家(PCT 缔约国)申请专利[①]。由于世界知识产权组织(World Intellectual Property Organization,WIPO)规定了严格的检索规则,可以缓解专利审查员对外国现有技术的引用偏见,因此 PCT 申请被认为是国家和国际申请的综合表现,体现了专利的国际化[②]。

数据搜集：数据来自 WIPO 官网的国际和国家专利汇编 PATENTSCOPE 数据库[③]。搜集步骤如下：① 进入 WIPO 官网国际和国家专利汇编;② 在专利局选项里选择 PCT 专利,并选择单一族成员,专利总数以公开(公告)日统计;③ 点击结果进行筛选,在申请人中只选择需要搜索的学校,并得出每一年的 PCT 数据,查询范围是 2019～2023 年。

3. 专利转让比例

指标界定：本书界定专利转让比例为一段时间内专利转让个数与专利授权

---

① 世界知识产权组织.PCT 现在已有 157 个缔约国[EB/OL].(2024 - 03 - 18)[2024 - 03 - 19].https://www.wipo.int/pct/zh/pct_contracting_states.html.

② 夏芸,翁佳铭.高管海外背景与企业专利国际化——基于 PCT 申请的经验证据[J].工业技术经济,2021,40(04)：141 - 149.

③ 注：数据库网址为 https://www.wipo.int/patentscope/en/。

数之比。由于当前统计上衡量专利转化率较为困难,因此本书选择专利转让比例来近似反映一段时间内的专利转化情况。专利转让是指专利权人作为转让方,将其发明创造专利的所有权或持有权移转受让方,受让方支付约定价款的法律行为。授权专利包括发明授权专利、实用新型专利和外观设计专利,不包括发明申请专利。专利总数以公开(公告)日统计。

数据搜集:国内外数据均来自 incoPat 数据库,此数据库完整收录全球 170个国家/组织/地区 1.8 亿余件专利信息,拥有专利全文,数据字段完善且质量高①。本章中的国内外大学专利数据均可在 incoPat 数据库中查找到,数据来源较为可靠。搜集步骤如下:① 在 incoPat 数据库搜索国内外大学的名称,筛选大学的授权专利,统计 2019~2023 年专利授权数,授权专利数以专利公开(公告)日统计;② 筛选大学的转让专利,统计 2019~2023 年专利转让数;③ 将大学专利转让数除以授权数,得到大学的专利转让比例。

4. 指数算法

通过以上三方面指标的数据搜集,将原始数据进行统计处理,并与世界一流大学组的均值做比值,得到该指标的得分。对三个指标得分赋予同等权重,进行简单加权,得到大学的经济贡献指数。

第三节　我国一流大学经济贡献 指数表现及分析

一、一流大学经济贡献指数的表现

笔者采集了样本高校的数据并计算了经济贡献指数得分以及各个指标的得分,还通过计算得出了国内外不同样本组大学经济贡献指数和各指标的平均值,具体参见表 6-1。每所国内样本的表现见附表 4。

表 6-1 显示,在高管及股东校友创业板上市公司市值方面,世界顶尖大学组是世界一流大学组的 4.01 倍;国内顶尖大学组在该指标的表现已经超过了世界一流大学 26%,但与世界顶尖大学组还有明显的差距;国内一流大学组在该指标上依然与世界一流大学存在明显差距,只有世界一流大学组的 58%。以上

---

① 　注:数据库网址为 https://www.incopat.com。

结果说明我国顶尖大学在创新创业人才培育方面的贡献已经达到世界一流大学水平,但国内一流大学与世界一流大学仍有一定差距。

表 6-1　大学经济贡献指数得分

组别	高管及股东校友创业板上市公司市值	PCT 专利	专利转让比例	指数
世界顶尖大学组	4.01	1.82	1.04	3.86
世界一流大学组	1.00	1.00	1.00	1.00
国内顶尖大学组	1.26	1.60	0.35	1.27
国内一流大学组	0.58	1.09	0.34	0.61

资料来源:笔者测算。

PCT 专利方面,通过指标的比较发现,世界顶尖大学组在该指标的得分是世界一流大学组的 1.82 倍。国内顶尖大学组的 PCT 专利指标得分已超过世界一流大学组水平,为世界一流大学组的 1.60 倍。附表 4 显示,尤其是国内若干高水平的综合型与理工类大学在该指标得分上比世界一流大学组要高,少数大学甚至已经达到了世界顶尖大学的平均水平。国内一流大学组的 PCT 专利指标得分为世界一流大学组的 1.09 倍,反映出国内一流大学在国际专利方面已经达到世界一流大学水平。

专利转让比例方面,分析显示,国内顶尖大学组和国内一流大学组的技术转让比例指标得分分别为世界一流大学组的 35% 和 34%,两组大学均与世界一流大学存在显著的差距。附表 4 显示,国内组得分较高的学校为理工类的大学,但也比世界一流大学组低 50%~70%。因此,在科技成果转化效率方面,我国一流大学与世界一流大学的差距较为显著。

表 6-1 最后一列显示了经济贡献指数的得分比较,分析显示,国内顶尖大学组的经济贡献指数是世界一流大学组的 1.27 倍,但和世界顶尖大学组仍然存在一定的差距,仅为世界顶尖大学组得分的 32%,说明国内的顶尖一流大学在经济贡献方面与世界顶尖大学还存在一定差距。国内一流大学组在经济贡献指数上与世界一流大学组的差距较明显,仅为世界一流大学组的 61%。附表 4 显示,在国内大学样本组中,只有约 20% 的大学达到或超过世界一流大学组的经

济贡献水平,80%的国内一流大学在经济贡献得分上均与世界一流大学存在一定的差距。

二、一流大学经济贡献指数的分析

以上分析显示,国内大学在经济贡献方面与世界一流大学还存在一定差距,主要表现在创业人才培养和专利转让比例方面还与世界一流大学差距显著。以下就我国高校在创业人才培养以及专利转化效率方面存在不足的原因进行了讨论。

在创业人才培养方面,国内全校性创业教育发展缓慢,这与学院和学科之间合作机制不健全有关。创新创业人才的培养有赖于跨学科的知识整合,然而,相关研究提出当前国内高校院系合作的缺失导致创业教育运行机制很难突破专业和学科的限制,创业教育的跨学科特性很难发挥出来[1]。国内很多高校通过设立专门的创业学院来达到培养创业人才的目的,但创业学院和其他学院之间的交流与合作较少,这也导致了国内大多数高校创业学院只能流于形式[2]。此外,创业人才的培养还缺乏校企的充分合作。多数校企合作仅停留在一些浅层次的方式,如签署定岗实习协议、接受师生参观学习等[3],缺少企业导师和行业专家的加入,创业人才培养并不能为学生创业带来实质性的帮助。多数高校校企合作创业平台构建滞后,缺乏来自企业层面的企业政策咨询、扶持资金申请、企业登记注册及融资等方面的支持和服务[4]。

在技术转化方面,目前我国高校存在着专利技术转化较低的现实困境,2022年我国高校发明专利的转让率仅为 3.1%[5],这背后可能有多方面的原因。一方面,我国一流大学技术转化组织方面的发展仍不够健全,尚未形成完善的技术转化服务体系与专业人才队伍,无法有效将高校科研成果对接市场需求。已有研

①　桑大伟,朱健.以创业学院为载体推进高校创业教育的有效开展[J].思想理论教育,2011(11):70-74.
②　姜慧,殷惠光,徐孝昶.高校个性化创新创业人才培养模式研究[J].国家教育行政学院学报,2015(03):27-31.
③　沈云慈.基于政校企合作的地方高校创业教育实践平台构建研究[J].中国高教研究,2020(09):37-42.
④　吴洁,牛彦飞.创新驱动背景下高校创新创业人才培养机制[J].教育与职业,2019(23):63-67.
⑤　国家知识产权局战略规划司,国家知识产权局知识产权发展研究中心.2022年中国专利调查报告[EB/OL].(2022-12-01)[2024-02-22].https://www.cnipa.gov.cn/module/download/downfile.jsp?classid=0&showname=2022年中国专利调查报告.pdf&filename=08361b2a6aef417cbe102f7d77f1f851.pdf.

究表明,专利、技术转化和衍生企业等形成与商业相关的活动联系需要有高校的管理支持,仅依靠科研产出数量的增长无法实现[1][2][3]。然而,我国高校作为技术创新的重要主体,却仅有50.8%的高校设立了专利转移转化机构[4],并且已有的技术转化机构也存在专业化不足、扶持技术转化质量水平不高的问题。比如,有研究发现,我国高校的技术转化办公室对科技成果转化收入的影响不显著,并且由于成立时间短,层级低的技术转化办公室在促进技术转化方面效果也相对不佳[5]。

另一方面,我国关于高校知识产权保护与收益分配相关的规章制度也有待完善。在专利所有权方面,我国规定由国家资助所产生的科技成果归国家所有,这就限制了科研人员进行技术转化的积极性[6]。目前,我国出台了一系列政策法规,尝试激发了科研主体的积极性,如《中华人民共和国促进科技成果转化法》《高等学校开放研究实验室管理办法》《关于加强高等学校科技成果转移转化工作的若干意见》等,把职务科技成果的处置权和收益权完全下放至高校,但是我国高校对具体应如何配置职务科技成果处置权和收益权尚无明确定论,大部分高校还缺乏充分的经验和有效的论证,科技成果"所有人虚化"的问题长期存在[7]。

此外,我国高校科研评价体系具有重数量的特征,导致专利数量膨胀的现象。表6-2显示了专利授权数的国内外大学均值比较。结果表明,国内顶尖大学组专利授权数为世界一流大学组的5.62倍,国内一流大学组为世界一流大学组的5.16倍,二者均显著高于世界一流大学组。然而,授权的专利可能并不能良好对接市场的需求,从而导致真正实现转让的专利比例较低;有案例研究指

①　LINK A N, SIEGEL D S. Innovation, Entrepreneurship, and Technological Change[M]. Oxford, UK: Oxford University Press, 2007.

②　OSHEA R P, CHUGH H, ALLEN T J. Determinants and Consequences of University Spinoff Activity: A Conceptual Framework[J]. The Journal of Technology Transfer, 2008, 33: 653-666.

③　WU W. Managing and Incentivizing Research Commercialization in Chinese Universities[J]. The Journal of Technology Transfer, 2010, 35: 203-224.

④　国家知识产权局战略规划司,国家知识产权局知识产权发展研究中心.2022年中国专利调查报告[EB/OL].(2022-12-01)[2024-02-22].https://www.cnipa.gov.cn/module/download/downfile.jsp?classid=0&showname=2022年中国专利调查报告.pdf&filename=08361b2a6aef417cbe102f7d77f1f851.pdf.

⑤　胡凯,王炜哲.如何打通高校科技成果转化的"最后一公里"?——基于技术转移办公室体制的考察[J].数量经济技术经济研究,2023,40(04):5-27.

⑥　刘学之,马婧,彭洁,等.美国国家实验室成果转化路径解析与制度保障[J].科技进步与对策,2015,32(11):20-25.

⑦　张翼,王书蓓.美国斯坦福大学职务科技成果转化处置权和收益权配置研究[J].科学管理研究,2018,36(06):111-115.

出,斯坦福大学只在企业愿意接受专利许可后才会申请专利。此外,众多国外大学设立了技术转化办公室,由专业技术经理评估发明的应用价值,并邀请专家和企业人员为教师提供咨询,以提高专利转化效率[①]。

表 6-2　大学专利授权数的指标表现

组　　别	平均专利授权指标
世界顶尖大学组	1.67
世界一流大学组	1
国内顶尖大学组	5.62
国内一流大学组	5.16

资料来源:笔者测算。

第四节　一流大学经济贡献的典型案例研究

本节在创业人才培养以及技术转化方面分别选择了一个案例。在创业人才培养方面,本节选择了香港科技大学创业培养生态系统进行介绍。香港科技大学创业中心(The HKUST Entrepreneurship Center)已成功孵化了多个创业项目,例如坚思科研(Gense Technologies)、启瀚科技教育(Caprikon Education)、医药通(PharmCare Technology Limited)等,这些项目在科技、教育、环境保护等多个领域都取得了显著成效[②]。在技术转化方面,本节选择了美国哈佛大学技术发展办公室(Harvard Office of Technology Development)作为典型案例。哈佛大学技术发展办公室在过去五年内拉动了 3.29 亿美元的资助基金,建立了100 余家初创企业,并且与 700 余家业界合作伙伴达成了超过 1 050 项技术许可[③]。该机构在促进科技成果转化、搭建高校与市场交流平台等方面具有丰富的经验。

---

① 冯倬琳,刘念才.世界一流大学评价与建设[M].上海:上海交通大学出版社,2020.
② HKUST Entrepreneurship Center. Startup Companies[EB/OL].[2024-05-31]. https://ec.hkust.edu.hk/startup-companies.
③ Harvard Office of Technology Development. Harvard Office of Technology Development[EB/OL].[2024-02-23]. https://otd.harvard.edu.

一、建立创业教育生态系统：以香港科技大学创业人才培养为例

当前，我国高校创业教育存在实施方式割裂化、实施过程松散化、实施结果表层化等问题，主要原因是我国高校对创业教育内部化、孤立化、碎片化的处理，忽略了创业教育系统内部各要素之间的共生性[①]，这导致了高校创业教育课程整体质量不高、实效性不强、结构不完善[②]，理论建设不足、基础条件不实[③]，以及创业教育意识较弱等问题[④]，如何高效地开展创业教育培训成为我国高校亟待解决的问题。

下文选择香港科技大学创业中心作为典型案例，探索其创业教育培养体系。香港科技大学以科技和商业管理为主、人文及社会科学并重，尤以商科和工科见长。1999年香港科技大学创业中心正式成立，作为香港科技大学实施"辐射式"创业教育运行与管理模式的产物，该中心负责协调和指导全校创业教育[⑤]，旨在培养学生的创业思维，为初创企业提供定制化的增值服务以加速科技创业的发展。同时通过吸引全球范围内的企业家及利益相关者来发展自我可持续的创业生态系统[⑥]。以下将归纳香港科技大学创业中心在培养创新创业人才过程中的四个突出特色。

1. 组织协同，推动创业教育生态系统发展

重视创业教育的系统性和生态性是香港科技大学创业生态系统的核心，同时也是香港科技大学创业教育取得显著成就的重要因素。在内部组织协同中，香港科技大学整合大量资源，形成学校内各部门间的组织协同。香港科技大学创业中心、教学部门、实验室研究机构以及教务管理机构等不同部门之间会进行密切合作。例如，创业中心与学术部门合作开设创业课程，实验室研究机构与创业中心合作进行技术转移等，共同推动创业教育生态系统的发展。在外部组织协同中，香港科技大学与企业和政府均建立了紧密的联系，与"大学-产业-政府"

① 王维军.美国公立研究型高校创业教育生态系统的建构及经验——以美国北卡罗来纳州立大学为例[J].外国教育研究，2024,51(01)：17-31.
② 臧玲玲,梅伟惠.高校创业教育课程生态系统的生成逻辑与建设路径[J].华东师范大学(教育科学版)，2019,37(01)：23-29＋165.
③ 杨晓慧.高校创业教育生态系统建设的国际比较和中国特色[J].中国高教研究，2018(01)：48-52.
④ 黄扬杰,吕一军.高校创业教育的问题与对策[J].教育研究，2018,39(08)：81-87.
⑤ 闫守轩,降杰.香港科技大学创业教育的实施及启示[J].中国高等教育，2013(22)：46-47.
⑥ HKUST Entrepreneurship Center. About Entrepreneurship Center[EB/OL].[2024-2-29]. https://ec.hkust.edu.hk.

的三螺旋结构较为一致①。在产学研合作中,香港科技大学创业中心与外部企业、研究机构进行合作,共同推动创新成果的商业化和产业化。在与政府协同中,中国香港特别行政区政府通过提供资金支持、政策支持、资源共享等计划和项目来支持香港科技大学创业中心的发展。同时,香港科技大学创业中心也会与政府有关部门就相关政策和社会需要进行沟通和协商,以确保创业环境的良好发展,并促进创新创业生态系统的建设②。

香港科技大学创业中心内外部组织协同发展(见图 6-2),在内部将教师、资金、场地等大量的资源都投入到创业教育中,同时以政府、企业、科研院、校友、创业社区等外部组织作为支撑,为学生的创业活动提供资金支持和市场信息;以香港科技大学的科研实力为依托,以创新平台为中心,以产学研合作为抓手,以政府协同为导向,为香港科技大学创业教育生态系统发展打下坚实的基础。

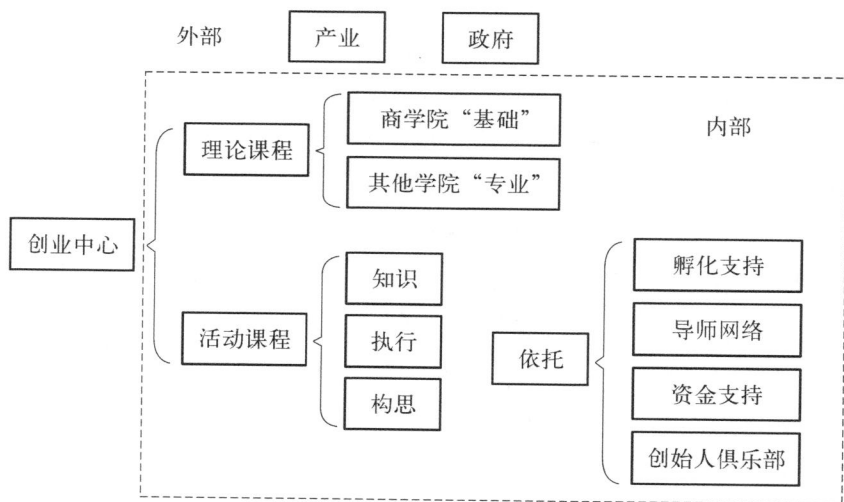

图 6-2　香港科技大学创业教育生态构成

2. 学院联动开发,驱动"基础+专业"复合课程建设

香港科技大学创业课程的总目标是培养学生的创业能力,提高学生的综合

---

① ETZKOWITZ H, LEYDESDORFF L. The Dynamics of Innovation: From National Systems and "Mode2" to a Triple Helix of University-Industry-Government Relations[J]. Research Policy, 2000, 29(2): 109-123.

② HKUST Entrepreneurship Center. Media and News[EB/OL]. [2024-09-14]. https://ec.hkust.edu. hk/news_ecevent?page=2.

素质,使学生更好地适应社会,并为社会发展作出贡献。为赋能学生成为各类企业家,创建可拓展、可持续的创新创业环境,香港科技大学创业中心牵头,对创业教育的课程结构进行科学优化。以商学院为主体,联合各大学院为学生提供与专业相结合的创业教育课程,系统整合学院力量设置理论学科课程①。香港科技大学的创业教育课程由基础和专业两部分组成,一部分课程由商学院开发,主要注重创业基础知识的巩固和创新思维的培养,如创业精神、创业过程、市场分析、商业模式构建、会计准则、金融服务运营管理等与创业直接相关的知识的课程,并通过大量案例研究、小组讨论等形式激发学生的创造力和批判性思维。另一部分课程由各个学院与商学院联合开发,根据学科专业属性开设专业性创业教育课程,为专业产业化打下基础。课程将创业知识融入专业人才培养体系和专业课程与专业实践中,深入探讨如何将专业技术、科技创新转化为商业机会,涉及知识产权管理、产品开发、技术市场落地策略等方面,让创业教育不受学科限制面向所有学生。比如香港科技大学的工程学院开设了 IT 创业、工程知识产权法、工程商业的发展、工程管理等课程。"基础＋专业"的复合课程设置能让学生更加全面地学习创业的基础知识,在特定专业背景下开设相关的创业课程也能够更好地促进学生在创业实践中多维度地将创业知识和专业背景相融合,促进创业创新项目的落地和发展②③。

3. 创业竞赛活动多元,重视实践导向的学习体验

香港科技大学重视创业计划竞赛和相关活动的组织和举办,寓教育于实践。实践课程是香港科技大学创业教育课程的重要组成部分。其中,学科创业竞赛活动是香港科技大学创业教育实践课程的重要培养手段,为培养学生创新创业能力提供了实际操作平台,让学生在学中做、做中学。香港科技大学的创业教育注重对学生整体商业思维和商业意识的培养,强调科研活动的市场导向。香港科技大学的创业竞赛活动主要可以分为执行(execution)、构思(ideation)和知识(knowledge)三种类型。执行方面的创业活动主要指学校提供资金支持相关计划和项目,以及发布与创业计划有关的会议信息;构思方面的创业活动主要由参

① 闫守轩,降杰.香港科技大学创业教育的实施及启示[J].中国高等教育,2013(22):46-47.
② 闫守轩,降杰.香港科技大学创业教育的实施及启示[J].中国高等教育,2013(22):46-47.
③ HKUST. HKUST ENGINEERING | HKUST School of Engineering-The Hong Kong University of Science and Technology. Home[EB/OL].[2024-09-14]. https://seng.hkust.edu.hk/academics/taught-postgraduate#programs.

观营地和竞赛挑战两部分组成,前者主要涉及创业相关的夏冬令营、实地考察创业作品展示等方面,后者主要是相关的创业竞赛;知识方面的创业活动主要涉及相关的研讨会和工作坊。创业方向多元化,涵盖电子信息、互联网、新能源、清洁环保、生物保健等多领域,为回应社会问题奠定了良好基础①。

执行活动主要聚焦创业基金方面的支持,由香港科技大学创业中心、校友捐赠基金提供学生创业资助金,并由香港科技大学创业发展基金管理,旨在通过各种资助和奖励计划,支持学生、教师乃至校友所发起的创新创业项目,以资助、奖励、资源和服务等形式支持处于不同创业阶段的初创企业,进一步促进和推动创业成员的跨学科合作,培养和提升团队成员的创业精神、思维方式、技能潜能,为创新理念具体化提供社会解决方案。例如"梦想建造者孵化计划""香港科技大学×香港科技园公司共构计划简介会""数码港大湾区青年创业计划"等②。

构思活动主要侧重创业计划的构思,以夏冬令营和创业竞赛为主体,以探索、解决某一特定的社会主题为宗旨,旨在汇聚创新者、解决问题者和数据爱好者的创新商业理念,解决社会现实问题,促进合作,加速创新。竞赛的评价标准多元,主要强调团队合作能力、创新想法、社会影响和商业模式四个维度。团队合作能力强调团队成员的角色和职责,是否能够反映成员对问题的理解、是否具有有效性和可持续性是创新想法是否有影响力的标准,社会影响则考虑到创新计划是否能够对社会增长和收入产生重大的积极影响,商业模式维度则重点关注财务情况和商业模式是否具有可持续发展性。财务情况和商业模式是否可持续发展是商业模式维度的关键因素。例如"创业 101 培训计划""香港科技大学霍特奖 2024""香港科技大学-中和百万美元创业大赛 2023"等③。

知识活动主要关注创业知识的传播,研讨会和工作坊为主要的传播方式,向受众传播创业活动所需要的学科知识和行业前沿信息。研讨会包括会议和讲座两种形式,跨校进行合作,邀请校外专业人士参与教育教学,注重自身国际化发展战略的设计与规划,为洞察学科前沿信息和知识搭建交流平台。主题研讨会

---

① HKUST Entrepreneurship Center. Entrepreneurship Event[EB/OL].[2024 - 02 - 29]. https://ec. hkust.edu.hk/events.

② HKUST Entrepreneurship Center. Entrepreneurship Event[EB/OL].[2024 - 02 - 29]. https://ec. hkust.edu.hk/events.

③ HKUST Entrepreneurship Center. Entrepreneurship Event[EB/OL].[2024 - 02 - 29]. https://ec. hkust.edu.hk/events.

每期围绕不同的创业主题有针对性地展开,研讨会邀请有资深创业经历的专家、科技园的首席执行官及风投基金的负责人主持和讲授,并与学生进行研讨和互动,学生也可以与专家面对面进行讨论,解决个性化问题。工作坊主要为学生提供专项的创业课程,包括营销策略、知识产权、财务评估和商业画布等方面的专项知识,为学生理解掌握创业知识提供了切实有效的途径。例如"数码港创业投资论坛"、"微电子生态系统会议"、"初创工作坊-初创企业的营销策略"等①(见图 6-3)。

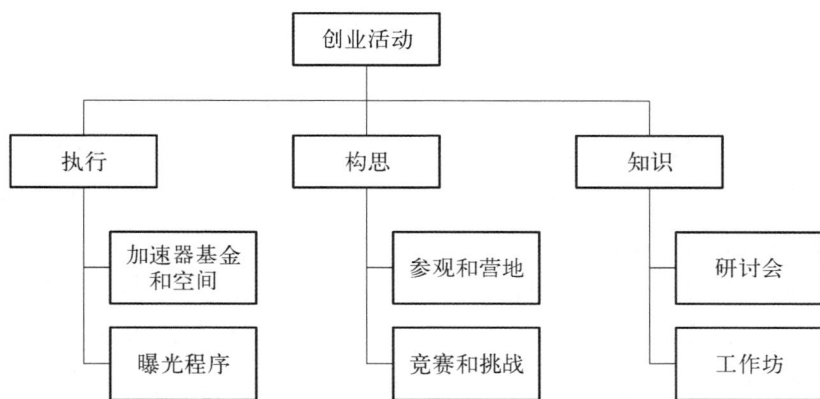

图 6-3　香港科技大学创业中心活动构成

4. 大量资源举措,赋能创新创业落地

香港科技大学采用多项举措支持创新创业人才的培养,主要通过资金支持、导师网络、创始人俱乐部、孵化支持等途径实现(见图 6-4)。

1) 资金支持

香港特别行政区政府高度重视创业教育,在政策和资金支持方面提供有力支持,为创业教育营造了有利的外部条件。中国香港特别行政区拥有成熟完善的社会金融体系,涵盖了政府资助、银行贷款、天使投资

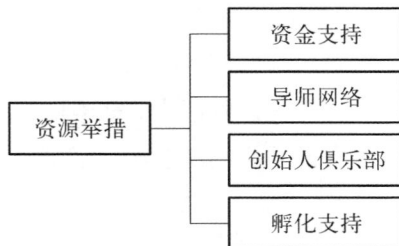

图 6-4　香港科技大学创业中心具体资源举措

---

① HKUST Entrepreneurship Center. Entrepreneurship Event[EB/OL].[2024-02-29]. https://ec.hkust.edu.hk/events.

以及香港社会创投基金等多元化的融资渠道,为高科技领域的风险投资开辟了新的融资渠道。香港科技大学得益于香港生产力促进局、香港贸易发展局等政府机构的财政支持,有效缓解了创业资金短缺的问题,为推动初创企业经济的发展提供了保障条件。同时,香港科技大学也一直坚持开拓基金来源,多方融资,目前有来自社会、基金会、校友等多方面的支持①②。例如陈当基金会、罗桂祥(Lo Kwee Seong)基金会、香港青年发展委员会以及香港民政事务局青年发展基金会③,为香港科技大学的创业教育与实践提供了稳定的资金来源。

2）导师网络

香港科技大学创业中心拥有完备的师友网络,导师网络几乎覆盖香港科技大学所有创业活动计划,比如筑梦者计划、大湾区青年创业基金计划、香港科技园公司×科大共创计划、大学科技初创企业资助计划(Technology Start-up Support Scheme for Universities)以及创业计划等。香港科技大学的导师团队由具有丰富创业经验的专家组成,包括专业教师、高管、企业家和风险投资人等。香港科技大学丰富的导师网络由来自香港创业生态系统的背景多元的导师组成,导师库可以提供丰富的导师网络,既能为创业者提供理论知识,又能传授创业技能实践经验。学生可以参观导师的公司,获得开放的见解以优化业务策略和发展,也可以利用导师的关系网获得更多机会资源,并且体验真实场景下的推销讨论会等场景④。

3）创始人俱乐部

香港科技大学拥有完备的社区支持,旨在为创业者创造一个充满活力的创业社区。俱乐部与各大高校进行对接,促进俱乐部成员之间的联系、协作和相互支持,整合其资源和创业生态系统,优化俱乐部社区结构,起到社区建设的作用。俱乐部作为社区创业的战略性桥梁,为香港科技大学加强与业界专家、投资者和大学资源网络的联系搭建了良好的社区平台,从而达到加强协同机会和伙伴关

---

① HKUST Entrepreneurship Center. Founders' Club[EB/OL]. [2024 - 09 - 14]. https://ec.hkust.edu.hk/founders-club.

② HKUST Entrepreneurship Center. Wuxi Exchange Fund[EB/OL]. [2024 - 09 - 14]. https://ec.hkust.edu.hk/wuxi-exchange-fund.

③ HKUST Entrepreneurship Center. Incubation Programs[EB/OL]. [2024 - 02 - 29]. https://ec.hkust.edu.hk/events/chan-dang-foundation-social-entrepreneurship-award.

④ HKUST Entrepreneurship Center. Mentorship Network[EB/OL]. [2024 - 02 - 29]. https://ec.hkust.edu.hk/mentorship-network.

系的作用。同时,俱乐部将大量资源用于获取丰富的人才库、与潜在的客户联系,提高知名度和曝光率上,一定程度上降低了创业成本,提升了创业效率①。

4) 孵化支持

创业者的创业项目在获得"研究发展董事会"审核后可进驻创业中心进行孵化。除了资金的支持外,创业者可获得以下资源支持:全方位的理论培训指导,对外推广路径(包括外部比赛的提名,便捷通道,获得在香港科技大学刊物上发表的机会),场地三年的免费使用权,基本公用设施的免费使用权(包括创业中心的办公器材、电话、网络),并且可以得到咨询委员会在技术和管理上的免费指导②。完备的创业资源系统降低了学生创业的成本,减少了学生创业的后顾之忧。

整合上述举措,可以将学生的创业过程归纳如下:学生提出创业想法后,香港科技大学的研究发展董事会将进行评估,并提供全面的技术和理论支持,利用导师网络、创始人俱乐部与创业中心联合的企业等为学生创业提供更好的创新孵化基地,并提供点对点的信息服务将创业人才和创业成果传递给目标市场。另外,香港科技大学也通过创业中心的网络平台,将教师、学生、政府基金、风险投资、科技园、企业、国外高校和其他相关资源有效整合在创业中心平台上,使创业教育相关资源实现有效对接,为创业者提供系统的支持、咨询与服务,为学生创新创业项目落地提供坚实的物质保障和系统支持。

综上所述,香港科技大学创业中心通过"全校性模式"推动创业复合课程建设,并基于多元的创业竞赛活动和丰富的资源支持成功推动了高校创业创新人才的培养。其成功的原因可能包括以下方面:首先,香港特别行政区作为高度国际化的都市,具有中西文化交融的独特背景,既拥有"多元、自主、自由"的西方文化特色,又有"辅之以诚、导向以真"的中国传统文化教育价值取向和"全人教育"的本土化特征③,香港创业教育生态自下而上的"专业模式"和自上而下的"全校性模式"为香港科技大学创业教育的发展提供了肥沃的土壤。其次,香港科技大学的创业培养除了传统的课程培养之外,着重强调实践、竞赛等活动课程,多元化的竞赛活动为学生理论知识的应用提供了大量实践机会,真正为学生

---

① HKUST Entrepreneurship Center. Founders' Club[EB/OL].[2024 - 02 - 29]. https://ec.hkust.edu. hk/founders-club.
② HKUST Entrepreneurship Center. The Base[EB/OL].[2024 - 02 - 29]. https://ec.hkust.edu.hk/ thebase/home.
③ 商应美.香港高校创业教育实践对内地高校创业教育的启示[J].中国青年研究,2014(05):86 - 90.

提供了学中做、做中学的机会,创业竞赛的特定主题既与学生的专业息息相关,同时也回应了社会问题。最后,香港科技大学充分利用政府、基金会、社会科研组织、校友、企业等一切力量,并且拥有完备的创业教师团队、完善的创业培养评估体系,为学生提供了技术、资金和平台等方面的支持,降低了学生创业的门槛,减少了学生创业的后顾之忧。

二、打通技术转化"最后一公里":以哈佛大学技术发展办公室为例

创新是引领发展的第一动力,创新驱动发展战略的实施对创新体系建设提出了更高要求。加速科技成果转化是科技与经济深度融合、互相促进的关键环节。大学作为科技创新的重要主体,也应当不断提升技术转化能力,逐步建立专业化的技术转移机构与团队,履行服务社会发展的职责使命。当前我国高校技术转化专业机构建设仍存在短板,进而影响了高校与社会良好协同创新环境的构建。科研院校内的技术转移机构是沟通科研界与产业界的重要桥梁,其主要目标在于打通技术转化的"最后一公里"[①]。然而,目前我国高校的专业技术转化机构存在着数量较少、成果转化缺乏价值效应等客观问题[②]。因此,高校需要继续建设技术转化机构,将高校创新活力转化为现实生产力。

下文选择了美国哈佛大学技术发展办公室(Harvard Office of Technology Development)作为典型案例。这一机构于 2006 年成立,为哈佛大学教务长办公室的下属机构,负责大学与市场之间的知识产权管理、技术开发与商业化、初创公司孵化、拉动行业资金赞助等工作,力求将哈佛大学的技术发明转化为能够服务社会的产品,以达成技术转化与服务社会的双赢局面。下面将从制度设置、团队建设、扶持策略以及资源整合四个方面介绍该机构的特点。

1. 制定合理的规章制度,保护师生科研成果

哈佛大学技术发展办公室旨在为科研发展吸引外部资助作为催化剂,为技术的商业化提供相应支持,大力推动创新成果服务社会。在开展工作的过程中,技术发展办公室秉承一套明确的价值观念,得到了研究人员和业界的信任,包括使大学科研成果的影响最大化,在研究人员与企业之间担任值得信任的协调者

① 马碧玉.促进科技成果转化的科技体制改革研究——基于当前政策调整与制度完善的思考[J].中国高校科技,2022(06):91-96.
② 胡凯,王炜哲.如何打通高校科技成果转化的"最后一公里"? ——基于技术转移办公室体制的考察[J].数量经济技术经济研究,2023,40(04):5-27.

角色，做负责任的知识产权管理者与代理人，保护学术自由，在哈佛大学乃至更广阔的范围内培育创新创业文化，为哈佛研究人员提供合理和及时的建议，在工作开展过程中坚守最高的道德标准，推动哈佛大学的持续创新[1]。在这套价值观念的指导下，哈佛大学技术发展办公室通过制定合理的制度规则，注重保护学术研究的自主性，保障了研究人员的合理权利。在技术发展办公室的指导下制定的所有协定都有时间期限，并且以哈佛大学教工的研究计划为中心，保障研究人员出版研究成果的权利、对研究成果的所有权以及将研究成果用于教育和非营利研究目的的权利，并且对合作企业的权利进行了合理限制，防止其侵犯研究人员的权利[2]。

　　哈佛大学十分注重知识产权的保护，早在 20 世纪 70 年代就制订了第一版关于发明专利和版权政策的声明，并在此基础上不断修订，形成了《知识产权政策声明》(*Statement of Policy in Regard to Intellectual Property*)[3]。在此基础上，哈佛大学技术发展办公室制订了一系列文件，包括许可协议、保密协议、材料转让协议、研究合作协议等，以保障研究人员的权利，帮助商业公司更好地与哈佛大学的研究人员合作，并以此为依托根据每一次合作所涉及的技术类型、被许可公司的商业模式及所在行业的标准进行有针对性的制订。在此过程中，哈佛大学技术发展办公室也十分关注研究人员和高校自身利益的保护。以《技术许可协议》(*License Agreement*)为例，协议中明确规定保留了研究人员将发明技术用于教育、学术以及进一步的科研活动中的权利[4]。与商业公司签订的《研究合作协议》(*Research Collaboration Agreement*)规定，研究人员在接受赞助的同时拥有研究的自主权，并保留发表学术成果的自由权利[5]。

　　作为发展较早的高校技术转化机构，哈佛大学早在 2006 年就与其他 11

---

[1]　Harvard Office of Technology Development. Leading by Example[EB/OL].[2024 - 02 - 23]. https://otd.harvard.edu/about-otd/our-values.

[2]　Harvard Office of Technology Development. Integrity in Academic Research[EB/OL].[2024 - 02 - 23]. https://otd.harvard.edu/about-otd/our-values.

[3]　Harvard Office of Technology Development. Statement of Policy in Regard to Intellectual Property [EB/OL].[2024 - 02 - 23]. https://otd.harvard.edu/faculty-inventors/resources/policies-and-procedures/statement-of-policy-in-regard-to-intellectual-property.

[4]　Harvard Office of Technology Development. License Agreement[EB/OL].[2024 - 02 - 23]. https://otd.harvard.edu/uploads/Files/Sample_Basic_Patent_Rights_Exclusive_License_Agreement.pdf.

[5]　Harvard Office of Technology Development. Research Collaboration Agreement[EB/OL].[2024 - 02 - 23]. https://otd.harvard.edu/uploads/Files/Sample_Basic_Research_Collaboration_Agreement.pdf.

家美国高校与研究机构制定了《为了公众的利益：大学技术许可需考虑的九点》(*In the Public Interest： Nine Points to Consider in Licensing University Technology*)，目前得到了世界范围内 120 家高校与研究机构的认可①。此外，哈佛大学技术发展办公室还与耶鲁大学负责技术转化的机构联合制定了《公平传播医疗技术的原则和战略声明》(*Statement of Principles and Strategies for the Equitable Dissemination of Medical Technologies*)，就大学在医疗健康领域通过技术转化服务社会提供指导与帮助，该声明也得到了世界各地众多医疗研究机构的认同②。

2. 组建专业的专家团队，全方位支持科技创新转化

哈佛大学技术发展办公室目前已形成一支专业的服务团队，团队成员具有丰富的工作经验与强大的专业能力。目前，团队的首席技术开发官负责哈佛大学技术与知识产权的战略管理和商业化，在此之前他曾于研究院、高校等科研机构的技术转化部门任职，具有丰富的实践和管理经验。技术发展办公室下设了多个团队，分别负责商业发展、研究联盟建设、加速器建设、知识产权管理、战略发展、技术交易、财务与行政、对外联络等工作。超过 50% 的负责专业事务的工作人员(除行政财务、对外联络等负责支持性事务的工作人员)具有硕士研究生及以上学历，众多工作人员都曾在公司或其他研究机构从事过相关工作，具有丰富的实践经验。团队成员职责明晰，合力服务于哈佛大学的创新发展与技术转化③。

除此之外，哈佛大学技术发展办公室还十分重视具有实践经验的专业人士在技术转化过程中发挥的作用。现任首席技术开发官艾萨克·科尔伯格(Isaac Kohlberg)表示："当你谈论将研究从学术领域转移到现实世界时，如果没有敬业、有才能的个人在其中发挥作用，这种转化过程很少会获得成功。"④因此，技

---

① AUTM. Nine Points to Consider in Licensing University Technology[EB/OL]. (2007 - 03 - 06) [2024 - 02 - 23]. https：//autm. net/about-tech-transfer/principles-and-guidelines/nine-points-to-consider-when-licensing-university.

② Harvard Office of Technology Development. Statement of Principles and Strategies for the Equitable Dissemination of Medical Technologies[EB/OL]. [2024 - 02 - 23]. https：//otd. harvard. edu/uploads/Files/Global_Access_Statement_of_Principles. pdf.

③ Harvard Office of Technology Development. Our Team[EB/OL]. [2024 - 02 - 23]. https：//otd. harvard. edu/about-otd/team/.

④ Harvard Office of Technology Development. OTD Welcomes Entrepreneurs-in-Residence to Harvard Research Labs[EB/OL]. (2018 - 02 - 07) [2024 - 02 - 23]. https：//otd. harvard. edu/news/seeding-startups/.

术发展办公室还组建了常驻专家（Experts in Residence，XIRs）和常驻企业家（Entrepreneur in Residence，EIRs）团队，为开展技术商业化、建立初创公司以及寻求合作伙伴的研究人员提供相应的帮助。常驻专家大多是在商业界具有创业和投资经验的企业管理人员，也有部分常驻专家是曾经将自己的创新发明推广到市场的研究人员。他们在知识产权战略、组建或领导公司、法律事务等方面有丰富的经验，需要咨询相关问题的研究人员可以与技术发展办公室联络，由该机构联络常驻专家提供相应的支持①。常驻企业家的主要职责是帮助研究人员启动一家初创公司，为具有创业意愿的研究人员提供建议以催化研究成果的商业化。技术发展办公室现任的常驻企业家既是一名具有科研经验的化学教授，也是一名具有超过 25 年创业经验的企业家，长期专注于帮助生命科学领域的初创公司成长②。常驻企业家的专业积累能够帮助研究人员更好地了解市场，为初创公司建立和发展的各个阶段提供有针对性的建议；同时，常驻企业家也可以作为中间平台，为研究人员筹集资金和吸纳投资提供帮助。

3. 搭建多方交流平台，有效整合各类资源

技术成功转化需要各方协力参与，而哈佛大学技术发展办公室则致力于为研究人员与商业公司等方面搭建一个交流与联络的平台，整合各类资源并打破信息壁垒。在技术发展办公室的官方网站上，按照医疗、制药和生物技术、食品和农业等类目列出了当前哈佛大学研究人员的创新发明项目的简要情况，每个项目都有一位对相关领域有所了解的技术发展办公室工作人员负责对接③。企业可以通过这一平台搜索和了解与自身需求相匹配的技术创新，如果有意愿开展合作，可以在平台上获取工作人员的联系方式以了解更多相关信息。网站上还公布了哈佛大学的研究人员与实验室建立的初创公司的信息，投资者与企业家也可以通过这一平台发掘合作与投资机会，与研究人员共同推动技术的商业化④。

---

① Harvard Office of Technology Development. Exports-in-Residence［EB/OL］.［2024 - 02 - 23］. https：//otd.harvard.edu/faculty-inventors/resources/experts-in-residence/.
② Harvard Office of Technology Development. Entrepreneurs in Residence［EB/OL］.［2024 - 02 - 23］. https：//otd.harvard.edu/accelerators/entrepreneurs-in-residence/.
③ Harvard Office of Technology Development. Licensing Opportunities［EB/OL］.［2024 - 02 - 23］. https：//otd.harvard.edu/industry-investors/licensing-opportunities/.
④ Harvard Office of Technology Development. Start-up Opportunities［EB/OL］.［2024 - 02 - 23］. https：// otd.harvard.edu/industry-investors/startup-opportunities/.

　　此外,哈佛大学技术发展办公室还举办各类培训与交流活动,为研究生、博士后及研究人员提供与技术转化专家、商业公司、初创公司校友等的交流机会。例如,"气候训练营"(Climatech Startup Bootcamp)面向研究生、博士后及教师开展短期集中培训,由哈佛大学工商管理学院讲师、哈佛创新实验室教授等专家就知识产权、商业模式、资本结构等创业知识开展培训①;"从实验室到上市"(Lab-to-Launch Lounge)系列活动则会邀请在商业公司中担任创始人或高管的哈佛校友分享自己的技术转化与创业经历②;"从实验室到市场"(Lab-2-Market)系列活动致力于提供研究人员与投资人、企业家和创业成功者进行交流的机会,每次活动围绕一个特定主题开展讨论。此外,技术发展办公室还与哈佛创新实验室、技术创业中心、生物医学信息中心等学校内外部门联合举办技术商业化相关的讲座、定期交流会等活动,还会为研究人员和团队获得市场对早期创新技术的反馈、推广创新成果而举办专门活动,通过各种渠道将哈佛大学的技术创新推向市场。针对经验尚且缺乏的研究生与博士后,哈佛大学技术发展办公室还定期举办"从工作台到企业"(The Bench to Business Boot)训练营,培养学生技术创新的能力以及通过技术转化发挥创新成果影响力的技能,为学生从实验台走向商业世界提供更丰富的科研创新和职业发展新视角③。技术发展办公室还面向研究生与博士后设置了商业发展奖学金(OTD Business Development Fellowship),通过开设有关技术转让、知识产权、业务营销等方面的培训、建立与技术发展办公室及其他研究人员的联系、提供资金帮助等方式,为早期技术开发提供支持,并且为学生未来将自己的研究转化为商业产品积累经验④。

　　4. 提供针对性的技术转化策略,加速科技成果产出与商业化

　　哈佛大学技术发展办公室也致力于哈佛大学内部创新创业氛围的营造,为不同类型的人员、研究项目与合作形式提供了具有针对性的发明创新与转化策略,以激发创新活力、加速科技成果产出与商业化。哈佛大学技术发展办公室十

①　Harvard Office of Technology Development. Harvard Grid's Climatech Startup Bootcamp[EB/OL]. [2024 - 02 - 23]. https://otd.harvard.edu/events/harvard-grids-climatech-startup-bootcamp/.

②　Harvard Office of Technology Development. Harvard Grid's Lab-to-Launch Lounge | Soft Robotics Launches from SEAS[EB/OL]. [2024 - 02 - 23]. https://otd.harvard.edu/events/harvard-grids-lab-to-launch-lounge-02-15-24/.

③　Harvard Office of Technology Development. OTD's 2023 Bench-to-Business Boot Camp[EB/OL]. [2024 - 02 - 23]. https://otd.harvard.edu/events/otds-2023-bench-to-business-boot-camp/.

④　Harvard Office of Technology Development. OTD Business Development Fellowship[EB/OL]. [2024 - 02 - 23]. https://otd.harvard.edu/about-otd/fellowships/.

分注重通过多元化的方式加速技术转化或促成研究人员与企业的合作,同时非常重视形成良好的合作模式——有丰富经验积累的专家能够帮助双方建立联系,清晰透明的流程与协议能够保障合作者的利益,工作团队也会根据合作者的需求制定个性化策略,并长期跟踪合作项目的实施进展从而为合作成果的诞生保驾护航。更重要的是,哈佛大学技术发展办公室在促成双方合作的过程中,十分注重研究人员的学术自由以及主导权,充分发挥团队的专业优势为研究人员选择和吸引合适的合作伙伴,并且通过持续跟进的方式保障合作项目有序推进。

哈佛大学技术发展办公室主要通过三种形式推动创新成果转化。第一,吸引合作伙伴赞助研究项目。哈佛大学技术发展办公室能够为有需求的研究人员和团队吸引来自企业的资金,为研究项目的持续推进提供财政支持。同时,哈佛大学技术发展办公室还会根据具体情况为技术转化寻找到合适的合作伙伴并按照相应的规章制度维护各方权益。对于尚处于起步阶段的研究项目,哈佛大学技术发展办公室建立了"布拉瓦特尼克生物医学加速器"(Blavatnik Biomedical Accelerator)和"哈佛格里德加速器"(Harvard Grid Accelerator)[1],分别为生物医学领域以及科学与工程领域的早期科研项目制定战略发展规划、吸引商业合作伙伴支持、加速实验室科研成果落地,并致力于推进实验室中的研究成果尽快转化为可以影响世界的商业产品。具有丰富的科研与商业经验的专业顾问能够为研究人员和投资者提供相应支持,使得具有商业潜力的早期研究项目能够尽快发展至应用和商业化阶段,在此过程中建立的伙伴关系也能为后续技术转化提供助力[2]。

第二,建立研究战略联盟。哈佛大学技术发展办公室努力促成大学和企业之间的长期合作关系,以研究人员的科研项目为依托,由大学和合作伙伴共同就某一领域的问题开展合作研究与技术转化。目前,在哈佛大学技术发展办公室的支持下,哈佛大学已经与益普生(Ipsen)、迪尔菲尔德(Deerfield)、亚马逊(Amazon)等商业合作伙伴就生物医学、量子网络技术、可穿戴技术与物联网技术等领域的问题开展合作。例如,哈佛大学与亚马逊网络服务(Amazon Web Service)在技术发展办公室的支持下建立了为期三年的战略研究联盟,共同推进量子网络方

---

①　注:"加速器"(Accelerator)是一种创新平台。

②　Harvard Office of Technology Development. Accelerators[EB/OL].[2024 - 02 - 23]. https://otd. harvard.edu/accelerators/.

面的基础研究与创新。战略联盟的建立能为哈佛大学的实验室提供大量资金以支持研究开展与学生培训,亚马逊网络服务中心也能在合作中接触到量子科学领域的前沿科技,双方共同探索未来量子互联网技术发展的方向①。

　　第三,支持研究人员建立初创公司。哈佛大学的科研人员可以向技术发展办公室的工作人员进行详细咨询,确定技术商业化的具体策略,选择与已成立的公司合作,或者创办新的公司。技术发展办公室将对技术的商业潜力、竞争力、投资者兴趣与风险性等方面进行评估,如果确定将建立初创公司作为技术转化策略,技术发展办公室也会提供相应支持。在过去 10 年里,哈佛大学的技术创新已经转化为世界各地 160 余所初创公司的发展基石。哈佛大学技术发展办公室还举办了"孔雀鱼缸"(Guppy Tank)系列活动,为生命科学领域的研究人员宣传和推广他们的技术创新提供平台,以获取专家小组、企业家与投资者对初创公司技术的建议和反馈②。

　　综上所述,哈佛大学技术发展办公室作为高校内部技术转化的专业部门,通过多种途径为高校技术转化创造了便利条件,提高了技术转化效率。一方面,通过对接科研人员和团队的技术创新与商业化需求,使得更多创新成果能够落地生根,另一方面积极推广创新成果从实验室走向市场,履行服务经济社会发展的职责使命。其成功的原因可能有三个方面。第一,哈佛大学技术发展办公室先进的价值理念与严明的规章制度能够使高校技术转化工作有章可循,具有丰富实践经验的专业团队能够为高校技术转化需求制定合适的商业化策略,有利于保障技术转化工作的顺利进行。第二,哈佛大学技术发展办公室在高校内部营造了良好的技术创新与转化氛围,通过知识产权保护、技术转化培训、搭建交流平台等方式打通了科研创新成果从实验室走向市场的渠道,激励研究人员参与到技术转化与创新创业项目当中。第三,哈佛大学技术发展办公室十分注重整合外部资源,为高校技术转化吸引合适的合作伙伴,通过与校内其他部门、商业公司以及外部高校合作的方式创造技术转化的良好条件,整合各方面资源以保障技术发明与转化的各个流程顺利进行。

①　Harvard Office of Technology Development. Harvard and AWS Launch Alliance to Advance Research in Quantum Science[EB/OL]. (2022 - 09 - 12)[2024 - 02 - 23]. https://otd. harvard. edu/news/harvard-and-aws-launch-alliance-to-advance-research-in-quantum-science/.

②　Harvard Office of Technology Development. Guppy Tank[EB/OL]. [2024 - 02 - 23]. https://otd. harvard. edu/events/guppy-tank/.

第五节　关于我国一流大学服务经济贡献的政策建议

　　基于以上对一流大学经济贡献的指标分析,发现我国一流大学与世界一流大学在经济贡献方面的表现仍然存在差异。在技术转化方面,主要表现在各个层次的国内一流大学技术转化效率偏低;在创新创业人才培养方面,国内一流大学与世界一流大学还存在较大的差距。结合当前我国一流大学经济贡献方面存在的不足,并借鉴中国香港特别行政区及国外一流大学经济贡献方面的典型案例经验,针对我国一流大学在创新创业人才培育和提升科技成果转化效率方面提出了以下两条政策建议。

一、改革大学创业培养模式,加强校产政合作

　　目前,我国高校创业教育面临诸多挑战,如创业教育培养割裂化、评价体系单一、缺乏校产政合作等。首先,在评价体系方面,由于创业教育培养学分与参赛获奖挂钩,“工具属性”和“功利性”削减了学生参加创业竞赛的积极性和能动性,也导致创业教育与“文化建设”和“社会服务”等社会功能脱轨。其次,在创业培养资源上,高校内外部因子的相互作用较弱。我国高校重点强调的是内部因子,例如创业教育理念、课程和师资等方面,而外部因子的建设相对薄弱,例如企业支持、政府政策和社会环境等方面[①]。

　　因此,建议我国一流高校改革创业培养模式,加强校产政合作。首先,创业教育课程需整合跨学科知识,联动各学院力量,强化创业教育培养的系统性。其次,我国高校需改良“重讲授轻辅导,重理论轻实践”的教学模式,将更多过程性评价也纳入其中[②]。在创业教育评价体系方面,高校应以人才培养、科学发展、社会服务为核心,改善创业教育生态系统,重构评价体系。最后,要加强创业教育培养组织的内外部联动。创业教育的深入发展需要我国高校与社会机构、企业组织的有效联动,落实打造“大学-产业-政府”的联动机制,以更好地实现创业

---

① 刘海滨.高校创业教育生态系统构建策略研究[J].中国高教研究,2018(02):42-47.
② 孙剑萍,汤兆平.高校创新创业教育“内卷化”的困境表征与“破卷”之道[J].现代教育管理,2023(03):92-102.

研究成果转化,服务社会发展的需求。

二、完善技术转化机构建设,提升科技成果转化效率

改革开放以来我国科技创新事业飞速发展,中国已经成功迈入创新型国家行列,中国在自主创新方面展现出强劲势头。然而,目前我国客观存在着专利技术转化效率较低的现实困境,高校作为技术创新的重要主体,在专利创造、转化与管理等方面仍然存在诸多短板。一方面,我国一流大学技术转化机构的发展仍处于起步阶段,尚未形成完善的技术转化服务体系与专业人才队伍。另一方面,我国一流大学在技术转移转化方面尚未形成良好氛围,高校对科研人员积极推进研究成果走向市场的激励较弱,与知识产权保护、收益分配相关的规章制度也有待完善,研究人员缺乏相应的专业知识与实践经验的指导。

因此,我国一流大学应当提高对成果转化的重视,完善科技成果转化平台建设。首先,建议我国高校完善科技成果发明和转化的全流程管理,制定技术转化相关的规章制度以保障技术转化顺利开展。其次,通过开展技术转化相关知识培训、设立资助项目、建立合作战略联盟等方式激发科研人员的科研创新与技术转化活力,让更多科技成果能够顺利走向市场。最后,整合各方资源,吸引市场力量关注高校创新成果,为技术商业化寻找可靠的合作伙伴,在专业人员的支持下协助高校科研团队与商业公司伙伴的交流合作。

(杨希,马欣,林昕悦)

第七章
世界一流大学品牌影响力指数与案例研究

联合国教科文组织认为高等教育正从"公益物品"(Public Good)转变为"共益物品"(Common Good),强调高等教育对全社会的共同利益,还关注所有参与者之间的互动与共同收益,通过促进国际合作和推动教育民主化,最终实现可持续发展目标。世界一流大学不仅在学术研究和科技创新方面处于领先地位,而且在应对全球性挑战如气候变化、贫困和传染病等方面发挥着不可替代的作用。本章通过构建世界一流大学品牌影响力指数体系,对国内外样本高校的品牌影响力进行比较分析,结合典型案例研究,探讨世界一流大学在全球公共危机应对中的表现。具体而言,本章将回答以下问题:世界一流大学的品牌影响力如何?它们在全球公共危机中有哪些影响力表现?针对我国"双一流"建设大学的品牌建设,有哪些政策建议?本章旨在为我国大学品牌的建设路径提供参考思路,进一步提升我国高等教育的全球影响力。

第一节　研究背景与思路

一、研究背景

1. 高等教育从"公益物品"向"共益物品"的转变

在 20 世纪,高等教育作为公益物品的理念在学术领域占据主流地位[1]。高等教育的公益性即没有竞争性和排他性的特性,意味着政府有责任确保公民享

---

① 杨力苈,范丽珺.高等教育的贡献与价值:中西话语体系下的概念辨析与本土建构[J].清华大学教育研究,2023(6):21-30.

有平等的高等教育机会①，以及高校旨在为服务于公共利益而存在②。然而，近十几年来，高等教育提供者的私有化、多元化趋势，以及新自由主义经济政策催生的教育商品化理念，不断对高等教育公益性提出挑战，引发了向教育公益性问责的呼声。2015 年，联合国教科文组织发布了一份题为《向"全球共同利益"的理念转变？》（*Rethinking Education：Towards Global Common Good*）的文件，提出教育应从"公益"向"共益"转变③。这一转变强调了高等教育的共同利益，关注的是所有高等教育参与者全程参与、在互动中获益。高等教育全球共益视角的核心是强调互利共赢，以期促进高校国际合作、推动高等教育民主化，最终实现人类社会可持续发展目标。从"公益物品"到"共益物品"的超越，不仅有助于高等教育机构与社会各界利益相关者建立合作关系，打破既有的利益隔阂，更有助于形成紧密联系的学术共同体。高等教育发展至今已经被视为一种共益物品，全球高校及利益相关者的参与、合作、受益、共享势不可挡④。在应对公共事件时，这种共同体能够产生具有全球影响力的研究成果，并将其应用于实践之中。

2. 世界一流大学在全球共益中的责任与担当

世界一流大学在学术研究、科技创新方面具有全球领先地位，在应对全球性挑战如气候变化、贫困、传染病等方面也发挥着不可替代的作用。世界一流大学在全球共益中的责任与担当体现在以下几个方面：一是传承和创新人类文明⑤；二是面向世界科技前沿，进行原创性科研活动⑥；三是积极参与全球治理，提供有效的全球治理方案⑦；四是根植于各国基本国情和现实需要，胸怀世界，推动国际交流与合作⑧。世界一流大学应当面向世界科技前沿，积极进行原创性科

① 原青林.论高等教育的公益性与私益性[J].高等教育研究，2009，30(8)：43-48.
② WALKER M A. Human Development and Capabilities "Prospective Analysis" of Global Higher Education Policy[J]. Journal of Education Policy，2010，25(4)：485-501.
③ UNESCO. Rethinking Education：Towards a Global Common Good? (chi)[EB/OL].(2024-07-17)[2015-11-04]. https://unevoc.unesco.org/e-forum/RethinkingEducation.pdf.
④ 黄静潇，汤晓蒙.从公益事业到共同利益——从联合国教科文组织教育理念的转变谈起[J].教育发展研究，2017，37(9)：78-84.
⑤ TIAN L，YAN W，LIU N C. World-Class Universities and the Common Good[J]. International Higher Education，2018，95：14-16.
⑥ LEVIN R C. The Worth of the University[M]. New Haven：Yale University Press，2013，202-210.
⑦ ERNST R R. Heading towards a Better World Part 2：The Current World Situation and the Responsibility of Universities[J]. Toxicological & Environmental Chemistry，2016，98(9)：1092-1099.
⑧ MANNS D. Redefining the Role, Scope, and Mission of Community Colleges in an International Context [J]. Community College Journal of Research and Practice，2014，38(8)：705-709.

研活动,以实现重大原始创新。通过科技创新引领社会发展;通过高校与国际组织、企业和社会团体等合作,共同开展科研项目、人才培养和社会服务;通过举办国际学术会议、文化交流活动等方式,增进不同国家和地区之间的了解与信任,推动全球共益理念的普及与实践,服务于国家和全球的经济发展。世界一流大学应积极参与全球治理,提供合适的全球治理方案,倡导美美与共的理念。例如,清华大学倡议并邀请多所世界著名高校共商一流大学在应对全球气候变化进程中应承担的历史责任,获得积极响应①。

二、国内外研究进展

1. 高等教育视域中的品牌研究

品牌建设早在 1955 年就由外国学者开展了相关研究,而高校品牌建设最早出现在学者罗斯(Rosen)以学生主体视角对学生择校的分析中,高校品牌的影响力包含"品牌淘汰"的概念②。伴随着高等教育大众化、市场化和国际化的发展进程以及教育需求的多样化,20 世纪 80 年代,品牌营销被引入高等教育领域,其研究也引起高等教育学术界的广泛关注。诺依曼·鲁斯(Neumann Ruth)提出,市场化可能导致高等教育文化的转型,他将高等教育市场化看成是一种新的高等教育文化重建,提出高等教育机构必须为各种各样的顾客和赞助者(学生、政府、雇佣者、企业、校友和捐赠者等)提供高质量的服务。1998 年,张弘强作为我国最早关注高校品牌战略实施的学者,指出高校要注重品牌建设③。大学品牌不仅是学校办学特色的体现,也是高校宝贵的无形资产,有助于学校清晰地识别并强调自身优势,从而准确地进行自我定位,进而提升在全球高等教育舞台上的竞争力④。品牌战略的制定和实施对于提升大学的品牌影响力至关重要,不仅包括品牌核心价值的设定、品牌个性的塑

① 清华新闻网.习近平给世界大学气候变化联盟的学生代表回信,期待同学们为呵护好全人类共同的地球家园积极作为[EB/OL].(2024 - 07 - 08)[2020 - 01 - 07].http://www.moe.gov.cn/jyb_xwfb/s6052/moe_838/202001/t20200107_414623.html.
② ROSEN D E, CURRAN J M, GREENLEE T B. College choice in a brand elimination framework: The high school student's perspective[J]. Journal of Marketing for Higher Education, 1998, 8(3): 73 - 92.
③ 李华晶,李华昌,朱建武.对当前我国实施高校名牌战略的初步探讨[J].科学学与科学技术管理,2002,23(7): 27 - 30.
④ DRORI G. Branding Universities: Trends and Strategies[J]. International Higher Education, 2015(71): 3 - 5.

造、精神思想的培育,还包括在不断创新中增值品牌,以更好地适应社会和人的发展需求①。

2.公共危机中世界一流大学的影响力

19 世纪德国大学和 20 世纪美国大学的兴起机制表明,所谓"世界一流大学"的本质是在国家危机中催生的、一种比既往模式更能有效运作的知识生产组织形式和制度②。从危机响应的角度来看,世界一流大学发挥着至关重要的作用,他们给受影响的学生和员工提供实际支持、领导社区、为政府政策的发展作出贡献、开发新知识、建立新的资格认证以及与行业伙伴合作解决商业和制造问题③。世界一流大学在国家危机中的制度创新也是其影响力的一个重要体现④。世界一流大学与其他类型的大学相比,拥有丰富的研究资源和专业知识,能够在全球范围内与合作伙伴机构共享这些资源⑤。例如,约翰斯·霍普金斯大学在应对新冠疫情中的数据共享真正实现了全球受益。不过,部分高校智库在危机缩减、预备、反应、恢复阶段存在问题,前瞻性研究与储备性研究不足⑥。

三、研究思路

1.核心概念

1) 大学品牌

大学品牌是在长期发展过程中在人们心目中所形成的关于这所大学办学水平、科研水平、学科建设和教学质量等方面的知名度和美誉度,是一所大学在创建和发展过程中逐步积淀下来的凝结在大学名称中跨越时间和空间的社会认可程度。

---

① 张凤辉.论大学的品牌战略[J].河北师范大学学报(教育科学版),2005(2):103-108.
② 罗燕.国家危机中的大学制度创新——"世界一流大学"的本质[J].清华大学教育研究,2005(5):36-41.
③ DEWAR J. The Role of Universities in Times of Crisis:A Vice-Chancellor's Perspective[J]. Qualitative Research Journal,2020,20(4):405-410.
④ 喻恺,胡伯特·埃特尔.国际金融危机影响下的世界一流大学[J].教育研究,2011,32(9):98-104+111.
⑤ KISHORE S,TAVERA G. HOTEZ P. The Global Health Crisis and Our Nation's Research Universities[J]. PLoS Neglected Tropical Diseases,2010,4(2):e635.
⑥ 胡菲菲,解志韬,凌宏发.公共危机管理视角下的高校智库应急服务研究[J].智库理论与实践,2021,6(1):65-70.

2）大学品牌影响力

品牌影响力的界定在本质上主要包括品牌发挥作用的能力以及品牌溢出效应的体现。"能力说"和"资源价值说"均符合本章的研究议题,即品牌影响力既是品牌对其传播对象起到作用的一种能力,也是其符号、产品、服务和文化等对组织的运营和管理产生影响的一系列资产。

3）大学品牌国际影响力

借鉴市场营销对国际品牌影响力的定义,大学品牌国际影响力是一所大学在精神理念、办学质量、科研实力、社会贡献以及国际影响力等多个方面所获得的国际同行的高度评价与广泛认可。

2. 研究问题

本章以国内外世界一流大学为样本,考察大学的品牌影响力,并回答以下研究问题:中外世界一流大学的品牌影响力如何?世界一流大学在全球公共危机中有哪些影响力表现?针对我国"双一流"建设大学的品牌建设有哪些政策建议?

3. 研究思路

针对研究问题,本章采取以下步骤展开分析:第一,设计世界一流大学品牌影响力指数的测量维度和指标体系;第二,根据指标设计,开展对可比数据的探索,最终形成品牌影响的基础数据库;第三,对原始数据进行处理,计算指标得分,进行国内外世界一流大学的数据得分对比;第四,聚焦世界一流大学应对全球公共危机的典型案例,分析这些典型案例的品牌建设过程;第五,基于量化比较和案例分析的结果,通过世界一流大学疫情防控相关的品牌案例研究,为我国大学品牌的建设路径提出政策建议。

第二节　世界一流大学品牌影响力指数设计

一、国内外样本选取

本章从近三年来在 ARWU 排名前 25 位的大学中选取 10 所作为世界顶尖大学样本组[①],从排名 76—150 位的大学中选取 10 所作为世界一流大学样

---

① 包括哈佛大学、斯坦福大学、麻省理工学院、剑桥大学、普林斯顿大学、牛津大学、哥伦比亚大学、加州理工学院、芝加哥大学、约翰斯·霍普金斯大学。

本组①。

国内组样本大学选择的是进入我国"双一流"建设名单的 31 所大学。样本高校分为两组：国内顶尖大学组是 2023 年 ARWU 排名前 100 位的 10 所大学②；国内一流大学组是 2023 年 ARWU 排名 101—500 位之间的 21 所"双一流"建设大学③。

二、指标体系设计

国际品牌是大学国际显示度和知名度的体现，在对已有相关研究进行分析的基础上，针对现有研究视角单一、缺乏国际可比性和数据来源不丰富等问题，本章侧重国际视野，尝试从世界一流大学的同行视角、第三方的评价视角和媒体的大众视角立体地观测世界一流大学品牌的国际影响力，以此探索国内外世界一流大学品牌影响力的异同。以选择的三个视角为指标维度，从可测量、可获取和可国际对比的原则出发，对三个指标实现定量测评。

1. 世界一流大学视角下大学品牌的国际影响力

世界一流大学同行视角下大学品牌的国际影响力分为出度影响和入度影响，其中出度影响以该大学校级英文官网中出现的高声誉度活动作为表征，入度影响以该大学出现在世界一流大学官网的频次为表征。以高校官方网站的校级新闻为数据来源，通过内容分析测量世界一流大学视角下出度影响和入度影响的力度和特征。

2. 第三方评价视角下大学品牌的国际影响力

第三方评价机构对大学品牌的传播已产生广泛影响，因此将其纳为指标，以全球三大国际排名（ARWU 排名、QS 世界大学排名和 THE 世界大学排名）为第三方机构的代表，以大学在这些评价中的排名表现来表征第三方评价机构视野下的大学品牌国际影响力。

---

① 包括莫纳什大学、奥胡斯大学、悉尼大学、匹兹堡大学、澳大利亚国立大学、布里斯托大学、南洋理工大学、卡内基梅隆大学、俄亥俄州立大学、波士顿大学。
② 包括北京大学、清华大学、浙江大学、上海交通大学、复旦大学、中国科学技术大学、中山大学、华中科技大学、中南大学、南京大学。
③ 包括哈尔滨工业大学、吉林大学、山东大学、四川大学、华南理工大学、东南大学、天津大学、武汉大学、西安交通大学、北京理工大学、苏州大学、北京航空航天大学、北京师范大学、湖南大学、南开大学、同济大学、厦门大学、郑州大学、南方科技大学、西北工业大学、电子科技大学。

3. 媒体视角下大学品牌的国际影响力

在主要国际媒体中的大学品牌影响方面,借鉴已有研究方法,选择官网网站、传统媒体、新媒体作为数据来源,以大学在这些媒体中的境外点击量或是出现的频次来测量大学品牌在主要国际媒体中的影响力。具体如表 7-1 所示。

表 7-1　品牌影响力指数的指标设计

指　　标	定　　义
世界一流大学视角下大学品牌的国际影响力	世界一流大学出度影响(在本校英文官网中出现的频次)、世界一流大学入度影响(在世界一流大学校级官网中出现的频次)
第三方评价视角下大学品牌的国际影响力	学校在主要全球性大学排名中的排名表现
媒体视角下大学品牌的国际影响力	学校官网的点击量、学校在主要英文报刊中的影响和在全球主要英文社交媒体中的影响

三、数据搜集与分析

1. 世界一流大学视角下大学品牌的国际影响力

指标界定: 在世界一流大学视角下的品牌出度影响力中,本指数使用"高声誉行为"作为大学的品牌,主要将学校与高声誉机构(或人员)间的实质合作、高声誉荣誉的获得等视为"高声誉行为"。从可测量、可获取和可国际对比的原则出发,本章选择世界百强大学、全球 500 强企业和国际著名奖项作为具有高声誉的学校品牌,通过统计该校英文官网获得的高声誉行为观测该校在世界一流大学视角下的出度影响力。在世界一流大学视角下的品牌入度影响力中,本指数以世界一流大学的官方英文网站为数据库来源,检索该高校在世界一流大学官网中出现的频次;又因为考察的是国际影响力,故排除了样本大学在本国世界一流大学中的表现,以此观测该校在世界一流大学视角下的入度国际影响力。

1) 出度数据的搜集

从自建数据库"世界一流大学大数据信息库"中,获取 2019 年 1 月 1 日至 2024 年 4 月 25 日间样本学校在英文官网发布的校级新闻数据,经过数据清洗、整理,生成世界一流大学行为品牌的原始文本资料,共计获得国际组 21 所高校数据 49 116 篇,获得国内 31 所高校数据 7 157 篇。

以 ARWU 排名中进入百强的大学名称、财富世界 500 强(Fortune Global 500)的企业名和国际排名专家组(IREG Observatory on Academic Ranking and Excellence)的国际学术奖项清单上的奖项名为高声誉关键词,通过增加其简写、别称、大小写等变形,保证在可行性范围内检索的全面性,构成本章使用的世界一流大学品牌国际传播的关键词库。在新闻数据中进行库数据检索,获得"标记新闻",即这些标记出的数据中含有词库词语。有效数据要实际发生在统计时间窗口内,即 2019 年 1 月 1 日至 2024 年 4 月 25 日。

对获取到的有效数据进行编码,对数据中的世界百强大学、500 强企业和国际奖项等不同类目的品牌频次进行统计。以篇目为单位的,每一条有效数据若涉及多个高声誉行为(或者品牌),会被同时编码进入不同类目。如一篇数据中提到本校和两所大学,计 2 分;一篇数据中提到一所百强大学和一家 500 强企业,计 2 分。

2)入度数据的搜集

以大学英文名的全称作为关键词来构建词库,从自建数据库"世界一流大学大数据信息库"中,获取 2019 年 1 月 1 日至 2024 年 4 月 25 日间样本学校在其他大学校级新闻中被提及的数据。通过去重、去除非百强大学及本国大学提及的情况,共计获得国际组 21 所高校数据 13 831 篇,获得国内组 31 所高校数据 1 346 篇。对获取的有效数据进行篇目的频次统计,一篇数据计 1 分,各学校的原始得分为其在非本国世界一流大学校级英文新闻中出现的频次。

对原始数据处理后,以世界一流大学组的平均得分作为标准分 1 分,其他组别和学校的得分是与标准分相较而得的相对分。通过上述方法计算得到的出度影响力与入度影响力的算术平均数即为样本大学在世界一流大学视角下品牌的国际影响。

2. 第三方评价视角下大学品牌的国际影响力

指标界定:第三方评价视角下的大学品牌影响力中,全球性的大学排名是产生品牌影响力的重要途径。本章采用 ARWU 排名、QS 世界大学排名和 THE 世界大学排名三大全球排名所公布的数据,统计这些第三方评价机构的测评结果所产生的大学品牌影响情况。

数据搜集：以 2023 年 ARWU 排名结果、2024 年 QS 排名结果和 2024 年 THE 排名结果为数据来源，对进入不同排名组别的表现进行统计。能够进入三大排名前 200 的大学计 0.5 分，能够进入三大排名前 100 强的大学计 1 分，能够进入前 25 名的大学计 2 分。各学校原始得分由在三个排名中的表现简单相加得到。对原始数据处理后，以世界一流大学组的得分为标准分 1 分，其他组别和学校的得分是与标准分对比所得的相对分。

3. 媒体视角下大学品牌的国际影响力

指标界定：关于媒体视角下品牌的国际影响力，本章聚焦大学在传统媒体和新媒体上的传播力度，包括大学官网获得的直接访问量、大学在传统报刊中被传播的频次和大学在社交媒体中获得关注的频次。从可测量、可获取和可国际对比的原则出发，本章选取第三方平台沃尔夫勒姆阿尔法（WolframAlpha）对大学校级官网访问量进行的统计（不包含学院/系、研究所、大学招生网站等二级网站与功能性网站）、新闻报纸库 ProQuest 数据库的新闻中大学出现的频次、脸书（Facebook）和领英（LinkedIn）中大学官方社交媒体账号的关注量作为观测数据，以此探究大学品牌在媒体视角下的影响力。

数据搜集：统计大学官网的访问量，以 2024 年 4 月为统计时间窗口，以大学校级官网直接访问流量为统计目标，通过 www.wolframalpha.com 检索到的流量数据，计算出官网的直接访问量。以 ProQuest 数据库为平台，选择"报纸和典藏报纸"类型中的"新闻"，语言选择"英文"，在 2019 年 1 月 1 日至 2024 年 4 月 25 日的统计时间窗口进行大学英文名的检索，统计大学英文名被检索到的频次。以脸书和领英为新媒体平台，以 2024 年 4 月 25 日的时间截面统计大学官方账号（不包括未经认证的大学账号、大学招生账号、大学各级院系账号等）在领英和脸书的关注量。

4. 指数算法

首先，对所有原始值进行统计处理，改善原始数值分布；其次，分别计算出世界一流大学组在各个指标上的平均值，以此作为参照，设为 1 分；最后通过计算单一大学的单一指标值与世界一流大学组在相同指标上的平均值的比值，得到该校在该指标上的得分。对三个指标得分赋予同等权重，进行简单加权，得到大学品牌影响力指数。

第三节　我国世界一流大学品牌影响力
指数表现及分析

一、世界一流大学品牌影响力指数的表现

1. 世界一流大学视角下大学品牌影响力的指标表现

1）出度国际影响力

世界一流大学视角下大学品牌的出度国际影响力如表 7－2 所示。国内外样本组间存在明显差距,世界顶尖大学组和世界一流大学组大比例领先于国内的两个组别。其中世界一流大学组五年间平均各校关于百强大学、500 强企业和国际知名奖项等高声誉国际品牌活动近 900 项。麻省理工学院作为在世界一流大学视角下指标得分最高的学校,五年间高声誉国际品牌的活动超过 2 000 项;其次是普林斯顿大学,高声誉国际品牌的活动近 2 000 项。作为基准的世界一流大学组,五年间各校平均高声誉国际品牌超过 600 项。国内顶尖大学组 10 所国内大学的指标得分为 0.19,21 所国内一流大学组的指标得分为 0.09。

表 7－2　世界一流大学视角下的大学品牌影响力指标得分

组　　别	出　度	入　度	指标得分
世界顶尖大学组	2.61	3.33	2.97
世界一流大学组	1.00	1.00	1.00
国内顶尖大学组	0.19	0.81	0.50
国内一流大学组	0.09	0.09	0.09

资料来源：根据指标体系设计,由"世界一流大学大数据信息库"数据计算得出。

2）入度国际影响力

世界一流大学视角下大学品牌的入度国际影响力如表 7－2 所示。从统计结果来看,各组别均在一定程度上得到国际学术同行的认可,但组别间也存在显著差异。其中,世界顶尖大学组在国际学术同行中的影响力占据领先地位,五年间平均各校被国际学术同行引用的次数超过 500 次,其中表现最为突出的是加

利福尼亚大学伯克利分校,五年间被国际学术同行引用的次数超过 1 300 次;其次是牛津大学和剑桥大学,五年间被国际学术同行引用的次数超过 800 次;哈佛大学的表现也较为突出,被国际学术同行引用的次数接近 800 次。

在获取了各组别大学的出度影响力和入度影响力得分之后,通过计算两者的算术平均数,得出了基于世界一流大学视角的各组别大学品牌影响力指标得分,具体数据见表 7 - 2。分析结果显示,世界顶尖大学组的品牌国际影响力得分显著高于其他三个组,这主要得益于它们在过去五年内高声誉国际品牌活动频繁以及国际学术同行的高引用率。

我国的世界一流大学,在世界一流大学群体中的国际影响力展现出明显的内部差异。就国内顶尖大学组而言,尽管在高声誉品牌活动上稍显逊色,但由于其较好的国际学术同行引用频次,其从世界一流大学视角出发的大学品牌国际影响力整体得分略低于作为参照的世界一流大学组,然而与世界顶尖大学组之间,仍然存在着不小的差距。

2. 第三方视角下大学品牌影响力的指标表现

表 7 - 3 是样本组别在三大全球排名中的表现,本章以此来观测第三方视角下大学品牌的国际影响力。在该指标上世界顶尖大学组的得分为 2.95,世界一流大学组为标准分 1。我国世界一流大学在长期得到重点建设项目支持和精准的办学导向下,论文发表数量等硬指标迅速提升,部分顶尖高校在排名表现上迅速向世界一流大学靠近。国内顶尖大学组的得分为 1.40,超越世界一流大学的标准分;国内一流大学组的指标得分为 0.30,与国内顶尖大学组的差距较为明显。

表 7 - 3 第三方视角下的大学品牌影响力指标得分

组　　别	指标得分
世界顶尖大学组	2.95
世界一流大学组	1.00
国内顶尖大学组	1.40
国内一流大学组	0.30

资料来源:根据指标体系设计,由第三方评价机构数据计算得出。

3. 媒体视角下大学品牌影响力的指标表现

媒体视角下大学品牌的国际影响力通过大学官网的显示度、大学在全球报刊库中的显示度和大学在全球主要社交媒体上的显示度来测量。世界一流大学建设离不开信息交流互动高度发达的开放体系,大学的国际传播能力成为大学产生全球影响的重要组成部分。如表 7-4 所示,世界顶尖大学组的媒体视角品牌国际影响力指标得分为 4.11。与作为基准的世界一流大学组相比,国内顶尖大学组的 10 所大学在媒体视角下品牌的国际影响力指标得分为 2.44,国内一流大学组在该指标上的平均得分为 0.76。

表 7-4　媒体视角下的大学品牌影响力指标得分

组　　别	官网网站	传统媒体	新媒体	指标得分
世界顶尖大学组	3.45	4.77	4.12	4.11
世界一流大学组	1.00	1.00	1.00	1.00
国内顶尖大学组	4.68	0.26	2.36	2.44
国内一流大学组	2.08	0.03	0.17	0.76

资料来源:根据指标体系设计,由媒体数据计算得出。

从官方网站的流量来看,世界顶尖大学组在该项的得分为 3.45,官方英文网站日均直接访问量超过 40 万,其中麻省理工学院官网的日均直接访问量超过 100 万。国内顶尖大学组的官网流量得分为 4.68,国内一流大学组的得分为 2.08,其中国内顶尖大学组官网的直接访问量日均超过 800 万。

4. 世界一流大学品牌影响力的指数表现

对三个分指标进行简单加权后,计算得出大学品牌影响力指数得分,见表 7-5。世界顶尖大学组在品牌影响力指数上的得分为 3.34,国内顶尖大学组的得分为 1.45,国内一流大学组的得分为 0.38。总体分析来看,在大学品牌的国际影响力上,世界顶尖大学组的表现有明显优势,国内顶尖大学组的总指数超越世界一流大学组的标准分表现。入选"双一流"建设的国内一流大学组指数得分与国内顶尖大学组的表现存在差异,在三个指标维度上也存在较大差距。

表7-5　大学品牌影响力指数得分

组　别	世界一流大学视角	第三方评价视角	媒体视角	指数得分
世界顶尖大学组	2.97	2.95	4.11	3.34
世界一流大学组	1.00	1.00	1.00	1.00
国内顶尖大学组	0.50	1.40	2.44	1.45
国内一流大学组	0.09	0.30	0.76	0.38

资料来源：根据指标体系设计,由世界一流大学、第三方和媒体视角的数据计算得出。

二、世界一流大学品牌影响力指数表现的分析

通过上述指标得分发现,在国际高声誉行为上,我国"双一流"建设高校不论与世界顶尖大学还是世界一流大学相比均存在差距[1]。世界顶尖大学在品牌建设方面具有典型性和高关注度,如全球性声誉、全球问题研究能力及适应全球变革的战略等[2]。具体差距体现在校企合作情况、媒体关注度、全球性的大学排名等多个表现维度上。总体来说,我国部分高校在与世界500强企业合作方面存在不足,我国高水平大学与世界一流大学合作的开展较少[3],相关行为的表现差异较大且总体较低。在全球性大学排名表现上,我国"双一流"建设高校与世界顶尖大学存在差距,尽管评价体系不同(QS、THE、ARWU),但世界顶尖大学在三大排名中的数值差异小,而我国"双一流"高校则表现不一,总体仍有距离。在媒体视角方向,我国"双一流"建设高校之间差距较大,表现好的大学已经接近世界顶尖大学水平,但是也有大学与世界一流大学仍然存在较大差距。在官网建设上,我国表现好的"双一流"建设高校分数超越了世界顶尖大学的平均分。但是在新媒体视角,我国"双一流"建设高校与世界顶尖大学差距仍然较大,主要体现在世界顶尖大学在国际新媒体平台上的粉丝量、活动热度高于大部分我国"双

① 刘承波.从国家战略高度加快建设世界一流大学[J].清华大学教育研究,2005(6)：27-31+58.
② ANTONOVA N L, SUSHCHENKO A D. University Academic Reputation as a Leadership Factor in the Global Educational Market[J]. Vysshee Obrazovanie v Rossii Higher Education in Russia,2020,29(6)：144-152.
③ ZHOU P, TIJSSEN R J W, LEYDESDORFF L. University-Industry Collaboration in China and the USA：A Bibliometric Comparison[J]. PLoS ONE, 2016, 11(11)：e0165277.

一流"建设高校。总体来说,尽管我国在国家战略和支持力度上已取得显著进展,但距离建成世界一流大学的目标仍有明显差距。随着中国高等教育国际化进程的加速,世界 500 强企业与中国一流大学的合作有望进一步增加①,中国的一流大学将更为稳健地踏上高质量发展的征途,致力于在学术卓越、科研创新、国际影响力、人才培养质量及社会服务等多个维度实现均衡且持续的提升。

此外,在指标数据搜集的过程中,我们发现约翰斯·霍普金斯大学的"新冠疫情仪表盘"(COVID-19 Dashboard)项目在世界一流大学校级新闻官网中被多所学校反复提及,清华大学抗疫期间"联结清华"活动(Connecting Tsinghua)引发国内外媒体较高关注度。基于此,我们选取约翰斯·霍普金斯大学和清华大学作为国内外代表性案例展开分析。

第四节　世界一流大学品牌影响力的典型案例研究

在案例筛选的过程中,本章特别关注了在全球公共危机事件中展现出独特应对策略并获得显著成效的大学,这些案例对于其他世界一流大学而言具有深刻的借鉴意义。根据世界一流大学品牌影响力的表现,选取了约翰斯·霍普金斯大学和清华大学作为案例。清华大学作为中国高等教育的领军学府,在 2023年 ARWU 排名中荣登亚洲榜首。新冠疫情期间,该校通过跨学科的资源整合与优势学科的深度融合,不仅将抗疫相关研究成果有效地推向了社会公众,更在解决国家层面抗疫的紧迫需求与核心问题上发挥了关键作用。约翰斯·霍普金斯大学公共卫生学院推出的新冠疫情仪表盘项目,凭借其数据的准确性、全面性和即时性,成为全球范围内最具影响力的数据源之一。

一、立足学科,注重公众互动:以约翰斯·霍普金斯大学为例

约翰斯·霍普金斯大学在 2022 年 U.S. News 的公共卫生学院排名中实力拔尖,其新冠疫情仪表盘项目为各级决策者提供了关键信息支持,是媒体和公众掌握疫情信息的后盾,为突发公共危机的应对奠定了坚实基础。这一项目在全

---

① 　刘伟.中国高校国际化合作的五种模式浅析[J].世界教育信息,2008(9):84-86.

球范围内树立了典范,成为各国政府部门和第三方机构在推出疫情实时统计数据平台时的重要参考和模板。在美国疾病控制与预防中心(Centers for Disease Control and Prevention,CDC)和卫生与公众服务部(United States Department of Health and Human Services,HHS)未承担发布国家新冠病例权威数据的角色前,多国媒体包括美国本土媒体在报道美国新冠疫情时,普遍依据约翰斯·霍普金斯大学冠状病毒资源中心(Coronavirus Resource Center,CRC)网站公布的实时数据,彰显出该校在新冠疫情统计数据发布方面的广泛影响力和重要性。

1. 凭借优势学科发挥影响

2023 年,约翰斯·霍普金斯大学在 U.S. News 公共卫生学院排名中名列第一①,在 2023 年软科世界一流学科排名中位居公共卫生学科的第二名②。这一系列的排名结果从评价角度证明了约翰斯·霍普金斯大学在公共卫生领域的强劲实力和学术优势。关于高水平人才资源,约翰斯·霍普金斯大学的校友成就卓越。其 38 位诺贝尔奖校友中有 18 位获得诺贝尔生理学或医学奖③,体现出约翰斯·霍普金斯大学在学科排名、诺奖得主上的突出优势,他们也是该校在医学与公共卫生领域影响力的支撑。关于学科和学校的发展愿景,约翰斯·霍普金斯大学鼓励独立学者的进步,使学者可以通过自己精湛的学识追求科学和社会的进步。约翰斯·霍普金斯大学在长期积累的声誉、知名度和学术优势的基础上推出新冠疫情仪表盘项目,并在众多疫情数据平台中脱颖而出,成功服务于全球公共卫生事业④。约翰斯·霍普金斯大学的优势学科为该项目的研发奠定了坚实基础。新冠疫情仪表盘项目即时呈现所有受疫情影响国家的新冠确诊病例、死亡病例和康复病例数量及其地理位置信息,这些及时准确的实时疫情统计数据对于协助决策者做出明智决策、支持科研人员进行深入研究至关重要⑤。

———————

① US News.2023 年 US News 美国研究生院排名之公共卫生学院(Public Health)排名[EB/OL].(2022 - 03 - 30)[2024 - 04 - 10]. http://rankings. betteredu. net/usnews/best-graduate-schools/top-health-schools/2023/public-health-rankings.html.

② 上海软科.2023 世界一流学科排名[EB/OL].[2024 - 04 - 13]. https://www. shanghairanking. cn/rankings/gras/2023/RS0405.

③ Johns Hopkins University. Nobel Prize Winners[EB/OL].[2022 - 10 - 13]. http://webapps.jhu.edu/jhuniverse/information_about_hopkins/facts_and_statistics/nobel_prize_winners/index.cfm.

④ 邓晖.霍普金斯大学新冠病例数据走红背后:科研实力雄厚,站在前沿[EB/OL].(2020 - 05 - 07)[2024 - 04 - 15].https://www.thepaper.cn/newsDetail_forward_7287240.

⑤ 张卫辉,赵彦云.突发重大传染病疫情数据互联网统计体系研究——以政府数据开放平台新冠肺炎疫情数据开放为例[J].统计研究,2022,39(5):49 - 62.

生物、医疗卫生、信息技术等相关学院为仪表盘项目提供了权威的平台依托和及时的技术支持。约翰斯·霍普金斯大学专门建立了冠状病毒资源中心网站,集成疫情数据图、疫苗、预防等信息,为全球科研人员提供实时疫情信息和研究资源①。新冠疫情仪表盘项目不仅为全球公共危机提供了强有力的数据支持,也为世界一流大学在危机中发挥学科优势、服务社会的实际行动树立了典范。

约翰斯·霍普金斯大学扎实的科研工作为数据的动态表现提供支持,其专家团队在新冠疫情的数据搜集、数据更新、数据处理与精细化领域展现出卓越的专业能力和严谨的科学态度。数据收集上,仪表盘以各个国家官方网站数据为主,确保了数据的权威性和准确性,将仪表盘项目扩展为一个全面的原始数据搜集和独立专家分析集合②,更新数据可查,总结时间序列表格,设有数据核实团队进行人工核查③。数据来源包括世界卫生组织(World Health Organization,WHO)、欧洲疾病预防控制中心(European Centre for Disease Prevention and Control,ECDC)、各国政府及卫生部门,以及在线数据平台如丁香园、世界计量表(Worldometers)和一亩三分地(1Point3Arces)等。精确的数据处理会使原始数据中的数据不规则性(例如语言翻译、拼写错误、缺失值和不正确的条目)被转换④。数据更新上,仪表盘更新实时频率远超世界卫生组织和美国疾病控制与预防中心等数据集成平台的更新速度,获取数据的频率最快达到每20分钟一次,数据更新频率每小时一次⑤⑥。数据处理上,仪表盘精细化实现了对重点国家数据的聚焦,其中美国聚焦到郡县级,中国到省级,加拿大、澳大利亚等八个国家到州级,帮助各国决策层实现医疗资源的精准调配。

2. 依托官网新媒体产生影响

约翰斯·霍普金斯大学利用学校官网建设推广治理全球公共危机的品牌

---

① Johns Hopkins University. Coronavirus Resource Center[EB/OL].[2024-04-13]. https://coronavirus.jhu.edu/.

② Coronavirus Resource Center. Introduction.[EB/OL].[2024-04-13]. https://coronavirus.jhu.edu/.

③ 新华每日电讯.霍普金斯大学疫情地图背后:核心团队是两位中国年轻人[EB/OL].[2024-04-13]. http://www.chi-nanews.com/gn/2020/05-08/9178078.shtml.

④ DONG E, RATCLIFF J, GOYEA T D, et al. The Johns Hopkins University Center for Systems Science and Engineering COVID-19 Dashboard: Data Collection Process, Challenges Faced, and Lessons Learned [J]. The Lancet Infectious Diseases, 2022, 22(12): e370-e376.

⑤ 南方周末.全球疫情数据,为何由一所高校更新? 专访约翰斯·霍普金斯大学疫情地图背后的中国博士生[EB/OL].[2024-03-18].http://www.infzm.com/contents/180979.

⑥ DONGE D H, GARDNER L. An Interactive Web-Based Dashboard to Track COVID-19 in Real Time [J]. Lancet Infect Dis, 2020, 20(5): 533-534.

项目。一所大学的官方网站既是这所大学的形象和信息发布的载体，也是其大学精神传播和培育的主要媒介①。在官网的构建与运营中，仪表盘项目作为一个特色专栏，具有学术性与服务性的双重价值。专栏主要分为基础数据、可视化图谱、筛选与查找、时间序列和知识发现五大数据服务模块。基础数据包括不同国家、不同地区的累计确诊病例数、病死率、活跃病例数、检测率、发病率、住院率等。为方便公众理解数据含义，官网开设专门的交互地图板块，帮助使用者快速锁定不同区域的疫情态势。通过数据科学家和公共卫生专家的紧密合作，将新冠疫情的原始数据转化为清晰且引人注目的可视化数据，旨在帮助政策制定者、全球媒体和公众等数据使用者直观、准确地了解大流行情况②。此外，可视化地图上还设置了检索框，便于用户快速检索目标区域或特定方面的数据③，进一步提高了数据检索的效率与便捷性。时间序列描述全球新增确诊病例数，用折线图表示，直观展示了全球新增确诊病例数的动态变化，有助于把握疫情发展趋势。可视化图谱用可视化地图的不同颜色表征不同分析维度，不同大小的圆点表征不同维度下各国、省、州、市、郡、县病例数的多少。不仅提高了数据解读的便捷性，也增强了用户对数据的感知和理解。实时更新疫情地图，帮助全球政府、媒体和公众直观地看到疫情相关的数据，以进行应对，降低病毒的传播速度④。科学的数据和清晰的官网建设，让仪表盘作为独特的品牌标志，展现出约翰斯·霍普金斯大学在公共卫生领域的深远影响力。仪表盘官网在高峰日访问量超过 20 亿次⑤，成为全球最具权威性和影响力的数据源。

约翰斯·霍普金斯大学发挥新媒体传播优势扩大自身在危机中的影响力。官网之外，约翰斯·霍普金斯大学利用新型社交媒体，为社会提供权威的疫情科普和问题解答资讯。第一版新冠疫情仪表盘在推特(Twitter，现更名为 X)发布后，约翰斯·霍普金斯大学不断在推特更新仪表盘项目进度，报告数据修正后的

①　苏国辉.大学精神与文化特质的凝练、创新与培育[J].中国高等教育，2019(22)：35-37.
②　Coronavirus Resource Center. About Us[EB/OL].[2024-04-13]. https://coronavirus.jhu.edu/about.
③　冯志刚，任晓亚，张雪.突发公共事件下的数据集成平台建设——对约翰斯·霍普金斯大学新冠肺炎仪表盘的调研与启示[J].情报理论与实践，2020，43(11)：1-7.
④　Coronavirus Resource Center. Data Visualizations[EB/OL].[2024-04-13]. https://coronavirus.jhu.edu/data.
⑤　中央纪委国家监委网站.为何约翰斯·霍普金斯大学的疫情数据被广泛引用[EB/OL].(2020-06-15)[2024-03-13].http://www.ccdi.gov.cn.

结果。通过推特的新媒体传播影响力,形成"滚雪球"效应①,极大地推动了仪表盘相关信息的快速扩散与公众认知的深化。随着项目推进,约翰斯·霍普金斯大学开始在油管(YouTube)上更新 30 分钟的新冠疫情系列简报,简报每周五以视频的形式,记录约翰斯·霍普金斯大学冠状病毒资源中心的专家对大流行状况和公共卫生应对措施的解读②,获得了超过 5 000 次的浏览量。简报还同步在推特进行宣传,形成更大范围的影响力。

3. 积极互动解答公众疑惑

约翰斯·霍普金斯大学积极与公共卫生部门、科研人员和公众展开互动。该校重视利用科研成果提供一个用户友好且能追踪疫情发展的实用数据工具,解答疫情相关问题。约翰斯·霍普金斯大学冠状病毒资源中心官网就涵盖冠状病毒相关的预防和问答③,在大学官网也有新冠疫情系列简报问答环节的问题投递口。约翰斯·霍普金斯大学致力于学术交流,通过线上讲座的形式,如"霍普金斯沙龙 2020"系列线上讲座,普及大数据 AI 技术在新型冠状病毒危机下的应用。在教育培训方面,约翰斯·霍普金斯大学特别开设了新冠肺炎疫情培训计划,充分利用本校公共卫生学院等丰富资源,为美国各地的公共卫生工作者提供全面的新冠疫情培训支持④。此外,约翰斯·霍普金斯大学积极利用推特、脸书等社交平台,通过官方账号在推文评论中实时与公众互动,及时回应社会各界对仪表盘项目和新冠疫苗接种产生的疑问,并多次在评论区回复公众提出的疑问,补充了原推文未提及的细节(如不同层级数据视图的切换方式、数据来源和问答通道),这些细节将为公众、卫生保健和政府工作人员提供更深入的了解。此外,项目组通过公开邮箱和成员私人邮箱等渠道广泛接收专家和公众的质疑、纠正和建议,根据用户反馈不断改进仪表盘,以提升服务质量。为了帮助公众更好地了解新冠疫苗,约翰斯·霍普金斯大学彭博公共卫生学院(Bloomberg

---

① 顾佳宁.新媒体环境下"舆论滚雪球"效应对新闻信息传播的影响[J].长春师范学院学报,2014,33(1):183-186.

② Coronavirus Resource Center. The Johns Hopkins 30-Minute COVID-19 Briefing: Expert Insights on What You Need to Know Now[EB/OL].(2020-02-25)[2024-03-13]. https://coronavirus.jhu.edu/live/events/covid-19-briefing-expert-insights/covid-19-briefing-expert-insights-02-25-2022.

③ Coronavirus Resource Center. What is the JHU CRC Now[EB/OL].[2024-04-13]. https://coronavirus.jhu.edu/?spm=a2c6h.12873639.article-detail.13.573f3ca5lWSGiM.

④ Johns Hopkins Bloomberg School of Public Health. COVID-19 Resources for Practitioners[EB/OL].[2024-04-13]. https://publichealth.jhu.edu/practice/resources-for-practitioners/covid-19-resources-for-practitioners.

School of Public Health)的国际疫苗获取中心（International Vaccines Access Center)又开发出了疫情聊天机器人，帮助卫生工作者或任何寻求帮助的人回答关于新冠疫苗的问题①。

约翰斯·霍普金斯大学强调开放的理念，在危机治理过程中及时接收外界反馈。开放的反馈有助于让社会公众更加了解大学的实际发展情况，增强大学的透明度，得到社会公众的评价和监督②。此外，该校力求将仪表盘进行动态完善，以满足全球疫情不断变化下的使用者需求。约翰斯·霍普金斯大学作为开放理念的积极倡导者，持续致力于完善其数据仪表盘，以确保在全球疫情不断变化的背景下，满足使用者的实时需求。该校的冠状病毒资源中心通过公开提供近乎实时的大流行数据，为传染病追踪设立了新的行业标杆③。在资源开放共享上，约翰斯·霍普金斯大学还通过"国外医院资源设备支持"（Supporting Hospitals Abroad with Resources and Equipment，SHARE)项目④，展示其对国际医疗开放救济的承诺。这一项目由该校社区内的学生和医疗保健专业人员组成，他们在疫情期间积极投身于为全球医疗系统提供支持与援助的工作。

二、面向社会，服务全人类：以清华大学为例

清华大学作为中国高等教育的杰出代表，在新冠疫情期间不仅坚守了教学和科研的阵地，更以高度的责任感和使命感积极投身于社会服务之中，通过整合优质资源回应和解决社会实际问题。习近平总书记在全国高校思想政治工作会议上强调了我国高等教育必须坚守"四个服务"的根本宗旨⑤，我国高等教育正阔步迈向全面服务的新时代。清华大学不仅展现了世界一流大学应有的责任与担当，更在危机中锤炼和提升了中国世界一流大学的品牌影响力，其行动不仅是

① International Vacines Access Center. VIRA is Chatbot from Johns Hopkins that Answers COVID-19 Vaccine Questions[EB/OL].[2024 - 04 - 13]. https://vaxchat.org/.
② 常桐善.美国高校院校研究回应公众问责的经验与启示——以加州大学院校研究为例[J].现代教育管理，2023(7)：44 - 54.
③ Coronavirus Resource Center. What Is the JHU CRC Now? [EB/OL].[2024 - 05 - 17]. https://coronavirus.jhu.edu/.
④ Johns Hopkins Medicine. Supporting Hospitals Abroad with Resources and Equipment（SHARE)[EB/OL].[2024 - 05 - 17]. https://www.hopkinsmedicine.org/SHARE/.
⑤ 人民日报.习近平在全国高校思想政治工作会议上强调：把思想政治工作贯穿教育教学全过程，开创我国高等教育事业发展新局面[EB/OL].(2024 - 07 - 08)[2016 - 12 - 09]. http://dangjian.people.com.cn/n1/2016/1209/c117092-28936962.html.

对"四个服务"宗旨的生动诠释,更是对新时代世界一流大学社会责任与使命的深刻践行。

1. 多学科协同产生影响

清华大学致力于构建跨学科、跨学校合作以推进前沿成果研发工作。通过深化学校与全球顶尖大学、科研机构的协作,在基础科学、技术突破等重点领域建设一批全球性跨学科、跨文化、跨学界的交叉研究中心,大力支持与新冠紧密相关的国际联合研究。清华大学携手来自英国、美国、比利时、西班牙、加拿大、智利、肯尼亚等多个国家的合作高校和科研机构,共同构建广泛而深入的国际合作网络,开展联合攻关研究,涵盖了病毒学、流行病学、公共卫生政策等多个学科领域,为全球公共健康提供前沿的成果支撑和智力支持[①]。如医药研究的核心团队来自清华大学医学院、生命科学学院、新加坡国立大学医学院等多个机构,利用跨学科、跨文化合作机制产生出创新成果,将生物技术融入进新一代药物中[②]。

在前沿成果技术攻关与运用上,清华大学注重校企合作,积极与前沿成果应用相关的企业搭建紧密合作的平台。双方共同聚焦前瞻技术的研发,确保基础研究、转化医学、临床研究以及产业化进程的对接,致力于构建一条从基础研究到临床应用的高效通道,以实现技术突破、前沿成果产业化应用及学科发展等多方面的共赢,最大化相关成果的社会价值和实际效益。由清华大学、深圳市第三人民医院和腾盛博药公司的校企合作研究团队共同开发的中国首款抗体药物提供了世界一流的治疗方法[③]。这一系列跨学科、跨文化、校企合作的推进,不仅彰显了清华大学在国际合作方面的开放态度和卓越实力,更为前沿成果产出和产业创新提供了强大动力。

2. 凭借粉丝基数扩大影响

基于新媒体平台高基数的粉丝量,清华大学通过声画并茂、签到活动等视听形式,改善了广大网民面向公共健康危机的心理体验和行为方式。清华大学开

① 吕磊,姜永镔,陈珊.聚焦 2020 计划:全球科研携手 践行命运与共[EB/OL].(2020-12-18)[2024-04-10].https://www.tsinghua.edu.cn/info/1177/26347.htm.

② 清华大学医学院.医学院张林琦、生命学院王新泉团队发现广谱高效新冠病毒纳米抗体[EB/OL].(2023-01-03)[2024-04-16].https://www.med.tsinghua.edu.cn/info/1058/4160.htm.

③ CAO Q Q. China's First Home-Grown COVID-19 Antibody Drug Enters Market[EB/OL].(2022-07-22)[2024-04-10]. https://news.cgtn.com/news/2022-07-10/China-s-first-home-grown-COVID-19-antibody-drug-enters-market-1bybRVwzHQQ/index.html.

展的"联结清华"全球线上互动活动对讲好中国故事、传达一线信息、回应受众关切、缓解大众情绪效果明显,吸引了超过 79 万人次通过 24 种语言参与,曝光总量超过 2 773 万次,互动量超过 336 万次,覆盖全球 88 个国家①。作为话题的发起人,清华大学邀请诸多知名专家和科研人员开展公共健康相关的在线课堂。"全家一起上清华"活动吸引了校友和校外人员的注意,总阅读量达到 2.5 亿次,讨论次数达到 8.1 万次②。

清华大学在公共危机应对中充分调动各方资源,扩大影响。清华大学利用校友资源、校地合作、校企合作和媒体宣发,充分调动校内外、社会各界、国内外的资金、人才、研发设备等,实现科研基地与设备共享,科研成果支持,教学理念宣传。在资金资源方面,清华大学教育基金会宣布设立"春风基金"专项基金,推动科研项目来解决现实问题;黄廷方慈善基金向"春风基金"捐赠 5 000 万元人民币,设立"清华大学春风基金——黄廷方科研攻关专项";高榕资本向清华大学教育基金会捐赠 100 万美元支持"清华大学春风基金"③,用于支持清华大学加快公共卫生治理、流行病学、心理康复等方面的科学研究。"春风基金"有力支持了 51 个国内科研专项课题和 12 个国际合作课题④。其中,临床诊断和救治、检测技术和产品、病毒病原学和流行病学等方向的部分成果已获得广泛应用⑤。媒体资源方面,清华大学通过远程教学如期开课,吸引了包括路透社(Reuters)、法新社(Agence France-Press)、日本共同社(Kyodo News)、俄罗斯全国广播电视公司(All-Russia State Television and Radio Broadcasting Company)、荷兰广播电视协会电视部(Nederlandse Omroep Stichting Television Department)等境外主流媒体和北京市属媒体的记者来校采访学习⑥。

① 陈垦,刘书田.借力国际社交媒体,塑造大学海外形象[EB/OL].(2022 - 05 - 09)[2024 - 04 - 09]. https://www.fx361.cc/page/2022/0509/10456680.shtml.

② 清华大学.全家一起上清华[EB/OL].(2022 - 12 - 20)[2024 - 04 - 09].https://s.weibo.com/weibo? q=%23%E5%85%A8%E5%AE%B6%E4%B8%80%E8%B5%B7%E4%B8%8A%E6%B8%85 %E5%8D%8E%23.

③ 清华大学教育基金会."清华大学春风基金"获校友企业高榕资本捐赠 100 万美元支持科研抗"疫" [EB/OL].(2020 - 03 - 12)[2024 - 04 - 09].https://www.tsinghua.edu.cn/info/1177/25257.htm.

④ 李丽霞.黄廷方慈善基金捐赠 5 000 万,助力清华大学科研抗疫[EB/OL].(2020 - 03 - 12)[2024 - 04 - 09].https://www.tsinghua.edu.cn/info/1182/50795.htm.

⑤ 清华大学教育基金会.清华大学"春风基金"项目交流会举行[EB/OL].(2021 - 01 - 01)[2024 - 04 - 09].https://www.rd.tsinghua.edu.cn/info/1002/1816.htm.

⑥ 清华新闻网.境外媒体集体采访清华公管,讲述抗"疫"清华故事[EB/OL].(2020 - 03 - 15)[2024 - 04 - 09].https://www.sppm.tsinghua.edu.cn/info/1004/5502.htm.

3."线上＋线下"策略影响公众

清华大学的各项研究成果不仅在学术界产生了深远影响,而且广泛触及政府机构以及社会公众等多个群体,呈现出受益群体多元化的特征。针对学术界,清华大学在抗体药物和疫苗研发方面取得了重要突破,并向全球科研人员免费开放药物研发资源和平台①,这一举措极大地推动了国际科研合作与知识共享。针对政府机构,清华大学发挥学科交叉、智力资源丰富的优势服务国家政府的应急决策②。清华大学的多个智库,如国情研究院、应急管理研究基地等,已为中国政府提供了大量富有洞察力的研究报告,多项成果被中国政府采纳应用,部分报告被全文收录或摘编③,展现出清华大学在公共政策领域的影响力。针对高校学生,清华大学总结大规模在线教育经验,并创新性地启动了"全球混合课堂"项目④,不仅为世界一流大学提供了一个共享教育资源的平台,也进一步提升了清华大学在国际教育领域的知名度和影响力。在跨学科成果推及公众方面,清华大学生命科学学院的跨学科科研团队,在教育科普领域取得显著成就,以清晰、完整的方式向全球展示了新冠病毒的真实形态⑤。同时,清华大学注重向社会传播预防医学、微生物学、免疫学、流行病学等专业的科学知识,将不同学科的专业名词转化为通俗易懂的语言,以期提高社会公众认知,形成保障公共健康的合力⑥。通过这些举措,清华大学的研究成果和教育资源得以更广泛地惠及多个群体。

清华大学融合线上与线下的多元化渠道,通过培训会、课堂直播、线下服务等形式,力求产生更广泛的社会影响力。在线上推广方面,以信息化手段助力社会各群体及时形成科学认识,采用多样的推广平台,利用清华大学的官网、客户端及社交媒体账号进行专业知识的全球直播,积极实践科学传播使命。其全球直播的防疫知识讲座,得到了120余家境外媒体的广泛转载与报道,成功覆盖了

---

① 清华大学公众号.清华大学药学院和GHDDI免费开放药物研发资源,助力攻克新冠病毒[EB/OL]. (2020－01－27)[2024－04－09].https://www.tsinghua.edu.cn/info/1683/79132.htm.
② 清华大学公管学院.共同抗"疫":知识报国,助力防控[EB/OL].(2020－03－10)[2024－04－09]. http://www.iccs.tsinghua.edu.cn/NewsSt/703.html.
③ 清华大学公管学院.共同抗"疫":传递清华公管声音[EB/OL].(2020－03－04)[2024－04－09]. https://www.tsinghua.edu.cn/info/1685/69392.html.
④ Tsinghua University News. Tsinghua Launches "Global Hybrid Classroom"[EB/OL].[2024－04－09]. https://www.tsinghua.edu.cn/en/info/1245/5463.htm.
⑤ 崔乐."科技抗疫",清华人上直播亮绝活儿![EB/OL].(2021－03－04)[2024－04－10].https://www.tsinghua.edu.cn/info/1182/51975.htm.
⑥ 费久浩.科学家参与突发公共卫生事件治理的有效性与有限性——以防控新冠肺炎疫情为例[J].广东行政学院学报,2021,33(3):20－28.

约 7 300 万的受众①。同时,清华大学的"清之微"终身学习在线课堂迅速推出公共卫生专栏,发布系列科学防控知识课程,增进公众的科学素养②。

在线下活动方面,清华大学在线下宣传防疫知识,服务社会的形式多样,这些活动为公众提供了与专家学者面对面交流的机会,进一步加深了公众对防疫知识的理解与应用。清华大学心理学系联合多家机构启动公益援助项目,开展了一次全球最大规模的心理学干预工作,不仅包括援助热线、推荐相关书籍,还包括心理康复培训、心理咨询等形式。累计有 12 000 余人拨打了心理援助热线,该项目开展的心理康复培训累计惠及 350 万余人,3 380 万余人次阅读了网络出版的指导读物③。通过这种"线上+线下"的影响策略,清华大学不仅拓展了其服务受众的范围,还使公众在面对社会性议题时能够迅速掌握前沿动态。清华大学通过多种形式的推广成功发挥其作为世界一流大学的品牌影响力,贡献了清华力量。清华大学凭借多学科交叉研究平台,在科学研究开展和公众知识普及中发挥了重要的领导作用。

第五节　关于我国一流大学品牌影响力的政策建议

基于定量研究的结果和定性的研究案例,我国大学在品牌国际影响力指数上有少数高校的得分接近世界一流大学,但与世界顶尖大学有明显差距,且多数高校与世界一流大学的水平相差较远。聚焦一流大学应对全球公共危机的案例,对两所代表性大学在应对全球公共卫生危机中的品牌影响力表现进行分析,发现世界一流大学在国际交流合作、协同多主体参与建设等方面表现突出。本章结合指数分析和案例分析结果,为我国"双一流"建设大学的品牌国际影响力建设提出以下两个建议。

一、积极应对全球公共危机,提高大学国际影响力

世界一流大学普遍强调促进人类发展和维护全球共益的使命和责任,在流

---

① 人民网.疫情之下,信息化手段助力高校打好防疫"阻击战"[EB/OL].(2020 - 02 - 20)[2024 - 04 - 09].http://edu.people.cn/n1/2020/0420/c1053-31680663.html.
② 清华大学继续教育学院.清华大学面向社会资源大盘点![EB/OL].(2020 - 02 - 06)[2024 - 04 - 10].https://thtm.tsinghua.edu.cn/cms/jpcnews/139635.htm.
③ 李晨晖.春风徐来满目新,不负韶华万里程[EB/OL].(2021 - 03 - 02)[2024 - 04 - 10].https://www.rd.tsinghua.edu.cn/info/1002/1836.htm.

行病、自然灾害等全球公共危机发生时,有责任积极关注并进行响应。同时,世界一流大学具备高水平的专业优势并受到社会认可,有能力为应对危机贡献力量,促进学生与教师之间的跨国互动与学术碰撞,为产出具有国际影响的高水平科研成果奠定坚实基础。

在应对全球公共危机的过程中,世界一流大学应基于长期国际化建设的优势,与国际知名高校和研究机构加强学术交流,组织国际性学术研讨会和论坛;可与国外高校等教育机构建立更多合作项目,发挥科研优势,提供科学建议和技术支持;以及可以通过在线教育、心理咨询等方式,为受影响的学生和公众提供支持。世界一流大学应积极作为,加强与国际组织、文化机构的交流与合作,积极参与国际社会服务项目,在危机中为国际社会提供高质量的教育、科研和咨询服务。

二、协同多主体多维度,有组织地打造大学国际品牌

面对日益频发的全球危机,基于学校的历史、文化和优势学科,世界一流大学有责任和义务在其中作出贡献,并建立起服务全球共益的品牌。世界一流大学有资源和能力建立线上线下紧密结合的危机应对机制,包括预警、响应、处理和恢复等各个环节,及时精准地识别潜在风险,掌握风险发展趋向,在危机发生时能够迅速、有效地做出响应。在解决全球共同危机的过程中,世界一流大学应积极争取政府的政策、资金和资源支持,与企业建立紧密的合作关系,利用校友在全球各地的广泛分布和影响力,为学校搭建国际交流合作的桥梁,合力应对全球危机。

在形成危机应对机制时,世界一流大学应利用大数据、人工智能等现代信息技术手段,建立全球危机预警系统,可以充分利用线上平台与线下资源,构建线上线下紧密结合的危机应对网络。针对不同危机的特征,世界一流大学可以组建专业的品牌管理团队,结合学校的特点和优势,有针对性地开展组织建设活动,充分发挥传统媒体和新媒体相结合的品牌传播策略,也需要定期对学校在公众危机中的知名度和美誉度进行监测和评估,及时调整品牌建设策略,确保品牌建设的有效性和持续性。

(冯倬琳,王艺霖)

第八章
世界一流大学服务国家战略指数与案例研究

世界一流大学的发展一直与时代的趋势同步,与国家的战略性发展需求密切相关,不仅在国防军事、科技创新、区域发展等国家硬实力提升方面作出了突出贡献,而且在文化传播、沟通交流等软实力塑造方面发挥了独特优势。本章通过构建一流大学服务国家战略指数,对比并分析了我国不同层次一流大学服务国家战略的表现。同时,通过一流大学服务乡村振兴、培育乡村振兴人才的案例,为一流大学服务国家战略的体制机制建设提供了一定的政策启示。

第一节 研究背景与思路

一、研究背景

1. 世界一流大学围绕时代需求服务国家战略

纵观历史,世界一流大学的发展与全球经济、科技中心转移紧密相关,因其集聚顶尖人才和科研资源,对全球发展至关重要。在第一次世界大战时期,许多国家调动大学资源用于国防,以服务国家战略,比如英国政府调动牛津、剑桥等顶尖大学协助政府研究化学武器及其防护技术等[①]。在第二次世界大战中,由于研究型大学在"曼哈顿工程"(the Manhattan Project)中的卓越表现,美国政府向研究型大学提供大规模财政支持的序幕也由此拉开[②]。二战后,美国大学向多元化、综合化方向发展,响应国家建设需求。政府对研究型大学的财政投入不

---

① 刘得斌.从国家战略角度构建中国新型大学——从美国一流大学的培育谈起[J].郑州大学学报(哲学社会科学版),2004,37(06): 143-144.
② 杨九斌.二战后美国联邦政府对研究型大学科研资助政策研究[D].上海:华东师范大学,2014.

断增长,推动了科技革命和经济全球化下的科研模式转变①。

20 世纪 70 年代,为应对经济全球化和新技术革命,美国国家科学基金会(National Science Foundation,NSF)依据各高校优势学科,在大学兴建了一批产学合作研究中心(Industry-University Cooperative Research Centers,IUCRC),包括设在麻省理工学院的工业高分子工艺研究中心(MIT Industrial Polymer Processing Research Center)、伦塞勒工学院的计算机制图研究中心(Rensselaer Polytechnic Institute Center for Computer Graphics and Visualization)、罗德岛大学的机器人研究中心(University of Rhode Island Robotics Research Center)等。美国的一流大学在国家现代化生产、适应和引领科技革命方面发挥了重要作用。② 随着卓越大学的地位和作用越来越显著,美国的国家战略政策也对一流大学本身的发展予以倾斜,例如从 2005 年起美国相继开展了美国竞争力计划(American Competitiveness Initiative)和综合国家战略(Comprehensive National Strategy)③。

此外,一流大学也在服务国家软实力方面扮演着重要的角色。20 世纪末期,美国哈佛大学教授约瑟夫·奈(Joseph Nye)提出了"软实力"概念,指出文化、价值观等因素在国际关系中的作用将日益显现④。一流大学在塑造国际形象、建构国际话语权等方面肩负起重要责任,推动了软实力的国家战略发展与深化⑤。一流大学成为文化交流的枢纽,促进了跨文化对话,增强了国际社会对其母国文化和价值的认可⑥。此外,一流大学还通过培养具有国际视野和跨文化沟通能力的领导者,为全球挑战提供解决方案,进一步巩固了国家在全球舞台上的软实力和影响力。

2. 我国一流大学服务国家战略的历史发展

自新中国成立以来,我国一流大学在服务国家战略发展中发挥了核心作用,极大地推动了社会与经济的全面发展。在 20 世纪 50 年代,为响应新中国成立

---

① 滕连帅,戴相斌."双一流"大学建设与文化软实力提升研究[J].西藏大学学报(社会科学版),2017,32(01):201-206.
② 孙冶.中美大学学科建设的浅显对比与思考[J].昆明理工大学学报(社会科学版),2007,7(06):8-11.
③ 陈超.维持世界卓越:"美国竞争力计划"与"综合国家战略"[J].清华大学教育研究,2008,29(03):72-77.
④ 王思齐.国家软实力的模式建构[D].杭州:浙江大学,2011.
⑤ 马利凯,赵俊芳.二战后哈佛大学发展战略[J].现代教育科学,2010(03):77-82+87.
⑥ 于海燕,张海娟.世界一流大学师资国际化过程分析[J].高教探索,2012(03):71-77.

初期对国民经济恢复和社会建设的需求,政府重组了大学结构,建立了以工程和技术为主的重点大学,这些学校专注于培养支撑国家工业化所需的高级工程师和科技人才[①]。1978 年,邓小平提出把科学和教育的发展作为建设现代化强国的先导。大学教育迎来复苏和发展的新时期。政府开始重视大学作为国家发展的智库和人才库,大学教育的恢复和发展被提上日程[②]。到了 90 年代末,随着"211 工程"和"985 工程"的实施,一批国内一流大学通过集中优质资源,显著提升了研究能力和教育质量。这些大学不仅在人才培养方面作出了突出贡献,也在支持地方和国家经济发展战略中发挥了重要作用[③]。这一时期内,大学还积极参与国家的重大科研项目,如"863 计划"和"九五"科技攻关计划,这些计划旨在解决国家面临的关键技术问题,推动科技进步和产业升级[④]。例如,清华大学在计算机科学和技术领域的研究,为中国信息化建设提供了强有力的技术支持。在这一时期,国内一流大学作为创新力的策源地,发挥了服务国家战略需求的作用。

进入 21 世纪以来,我国一流大学建设在学术水平、人才培养方面取得了突出成绩,然而面对日益复杂的国际形势和社会转型需要,我国一流大学仍面临许多挑战。比如,大学科研成果与市场需求匹配度较低,不同地区或行业的高校发展差距大,以及中国和平崛起过程中面临诸多国际社会的偏见等[⑤]。因此,我国提出了一流大学服务国家重大战略的要求。2015 年国务院印发的《统筹推进世界一流大学和一流学科建设总体方案》指出:"双一流"建设的重要任务是高校发挥学校和学科优势,积极对接国家战略需求,服务经济社会发展,弘扬中华优秀传统文化,培育和践行社会主义核心价值观[⑥]。在这一背景下,需要关注一流大学对国家重大战略的贡献,并形成有效的评价和激励机制,促进高校在"双一流"建设中对接国家重大战略需求,引领民族繁荣与国家发展。

① 邹树梁,陈海利,王莉芬.发挥学科优势,提升地方高校服务行业与地方经济社会发展的能力——以南华大学为例[J].南华大学学报(社会科学版),2010,11(06):65-67.
② 刘承波.从国家战略高度加快建设世界一流大学[J].清华大学教育研究,2005,26(06):27-31+58.
③ 吴海江.在聚焦国家战略中提升大学自主创新能力[J].科技管理研究,2010,30(01):10-12.
④ 张涛,周琳.国家战略需求与研究型大学的发展模式研究[J].南京理工大学学报(社会科学版),2015,28(06):63-68.
⑤ 李应博,吕春燕,何建坤.基于创新型国家战略目标下的我国大学技术转移模式[J].研究与发展管理,2007,19(01):63-71.
⑥ 国务院.统筹推进世界一流大学和一流学科建设总体方案[EB/OL].(2020-04-13)[2024-04-09].http://www.gov.cn/xinwen/2015-11/05/content_2960898.htm.

二、国内外研究进展

一流大学在服务各领域国家战略发展进程中起着关键性作用。以下主要从国家硬实力和软实力两方面归纳一流大学对国家战略的影响。

1. 一流大学对国家硬实力相关战略的影响

"硬实力"构成了国家全面能力的核心部分,对形成国家的战略力量有着关键性影响[①]。一个国家的国际地位和能力,以及其实现国家利益的能力,与其硬实力规模紧密相连,这直接影响到国家的发展路径和战略规划[②]。在提高国家硬实力方面,科技创新发挥着至关重要的作用。众多研究已经探讨了一流大学在科学研究和创新中所起的推动作用。首先,一流大学的建立有助于吸引政府的科研资金,特别是在基础研究方面,能够累积资金效应[③],确保那些有重大原创性成果的项目得到足够的资金支持。其次,这些大学拥有较高的学术声望,能够吸引众多有创新潜力的研究人员,从而为创新活动提供人才支持。同时,这些一流大学也是培养国家未来栋梁的关键机构。研究显示,大学可以通过知识外溢有效促进经济增长[④],而且一流大学的知识外溢效应还能促进科研成果的实际应用转化。卢克·安赛林(Luk Anselin)等人证实,大学研究与创新活动之间存在重要正相关,直接或间接地影响着私有部门的活动[⑤]。一流大学在形成和转化基础性、原创性及战略性成果方面扮演着主力军的角色,显著提升了国家在经济、科技和军事等领域的硬实力[⑥]。目前,我国一流大学在多个领域积极推进科研创新,对国家战略发展起到了关键作用。

一流大学在国家人才培养方面发挥着双重作用。一方面,它们为国家战略性新兴产业和服务产业的迅速发展培养了所需的关键人才。例如,西安交通大学与国内外知名科研机构及领军企业合作,设立了包括"大数据与人工智能"在内的七个跨学科"菁英"班,这些班级专门培养能够推动新兴战略产业发展的精

---

① 邵峰.国家形象战略的逻辑模型及其对中国的启示[J].东南亚研究,2014(06):40-52.

② 张殿军.硬实力、软实力与中国话语权的建构[J].中共福建省委党校学报,2011(07):60-67.

③ 杨希.一流大学建设的效果可持续吗?——高校经费累积效应及其对科研产出的影响研究[J].教育与经济,2018(01):80-87.

④ 易锐.我国大学知识创新溢出效应与路径机制研究[J].科技进步与对策,2014,31(05):146-152.

⑤ ANSELIN L, VARGA A, ACA Z. Local Geographic Spillovers Between University Research and High Technology Innovations[J]. Journal of Urban Economics, 1997, 42(3):422-448.

⑥ 辛彦怀,李广.美国大学对科学技术的贡献[J].外国教育研究,2005,32(05):41-45.

英人才①。2020 年,教育部开启了基础学科拔尖学生培养计划的新篇章,对未来创新人才的培养进行了全面的战略规划,旨在助力学生成才并支持国家的发展战略②。一流大学也对欠发达地区的人才输送起到了关键作用。这些大学不仅集聚和培养了众多优秀人才,还积极鼓励和支持学生前往中西部地区就业,从而为这些地区的经济社会发展作出了重要贡献。通过与中西部地区就业市场的紧密合作,一流大学有效地推动了地方与校园的合作,促进了地区发展,特别是在人才培养和技术知识转移方面。

2. 一流大学对国家软实力提升的重要影响

"软实力"的概念与"硬实力"相对,是指一种无形的、非物质的、依赖于资源载体而存在的影响力、吸引力和同化力,一种利用多种软性资源或非强制手段来影响其他实体或行为主体的能力,这种能力的核心在于吸引其他国家认同并与本国的价值观保持一致③。由于全球化和信息革命的迅猛发展,国家的软实力往往在国际交往中更容易获得制高点,因此软实力对国家发展更为重要④。我国也面临软实力发展的机遇和挑战,而一流大学作为高等教育体系中的重要力量,可以通过建构国际话语权和提升国际吸引力两个层次发挥作用,成为软实力资源转化为软实力的重要平台。

在当今世界,随着全球化的加速和信息技术的革命性进展,国家之间的交往更多地依赖于非物质的影响力和吸引力,即所谓的"软实力"。这种力量与传统的、基于军事和经济实力的"硬实力"不同,强调的是通过文化、政策、理念等软性资源的影响,吸引和促使他国采纳与本国相似的价值观和行为方式⑤。在全球范围内,拥有强大软实力的国家能够更有效地塑造国际形象,建立和扩大其国际话语权,以及提升自身在国际社会中的吸引力和影响力⑥。我国当前正处于增

---

① 西安交通大学学科办.西安交通大学"双一流"建设 2018 年度进度报告[EB/OL].(2019 - 02 - 16)[2024 - 04 - 09].http://xxgk.xjtu.edu.cn/content.jsp?urltype=egovinfo.EgovInfoContent&wbtreeid=1001&indentifier=xkb%2F2019-0216001.

② 黄敏,陈炎辉.拔尖创新人才培养的现实透视与多学科审思——基于 36 所"强基计划"试点高校的分析[J].创新人才教育,2021(03):46-52.

③ NYE J S. Soft Power[J]. Foreign Policy, 1990(80):153-171.

④ 张毓强.中国国家软实力:路径现实及其问题性[J].山西大学学报(哲学社会科学版),2014,37(05):15-19.

⑤ NYE J S. Soft Power[J]. Foreign Policy, 1990(80):153-171.

⑥ 滕连帅,戴相斌."双一流"大学建设与文化软实力提升研究[J].西藏大学学报(社会科学版),2017,32(01):201-206.

强软实力的关键时期,一流大学作为教育系统的精英扮演着至关重要的角色,可以通过建构国际话语权和提升国际吸引力两条路径发挥作用,成为软实力资源转化为软实力的重要平台。

第一,一流大学在构建国际话语权方面提供了独特的平台。位于文化层次顶峰的一流大学,自然而然成为文化导向、典范提供和研究创新的理想场所,在塑造话语权中发挥着至关重要的作用。如今,我国的一流大学通过参与国际讨论、设定标准、提出本国理论,致力于建立和强化中国的国际影响力[①]。借助其科学研究的优势,这些大学能在特定领域实现突破,并建立被国际认可的学术准则,从而在全球舞台上为中国文化赢得一席之地。以北京大学为例,学校发挥人文社科优势,面向文化强国战略,加强优秀传统文化研究,设立了"中华文明基因库""海上丝绸之路和郑和下西洋及其沿线地区历史文化研究"等重大研究项目,推动学科范式转型和创新,掌握学科国际话语权。

第二,一流大学还提升了我国的国际吸引力。这些顶尖高校通过吸引全球范围内的优秀师资和学生群体,增强了中国在全球高等教育领域的竞争力和吸引力。例如,通过提供多样化的学术项目和奖学金,中国的一流大学不仅招收了来自世界各地的杰出学者和学生,还为他们提供了参与前沿科研和国际合作的机会[②]。此外,这些大学的国际化努力,如设立海外分校、增加英语授课课程以及与世界顶尖学府的广泛合作,都极大地提升了中国高等教育的全球形象和声誉[③],其研究成果也为国际社会提供了解决全球性问题的新思路和新方法。这不仅展示了中国在关键技术和重大科学问题上的领导能力,也增加了其他国家与中国进行学术和科技合作的兴趣[④]。例如,中国的大学在可持续发展、新能源技术、公共健康等领域的研究与发展,吸引了全球众多研究机构和企业的关注和参与。

三、研究思路

1. 核心概念

国家战略是指国家为实现长远的发展目标和核心利益制定并实施的一系列

①　张国祚.中国文化软实力理论创新——兼析约瑟夫·奈的"软实力"思想[J].中国社会科学,2023(05):188-203+208.

②　郭立强.高校国际学术人才吸引策略研究[J].科学管理研究,2019,37(06):124-130.

③　薛珊,刘志民."后发型"世界一流大学国际化战略及其行动探究[J].现代教育管理,2024(08):80-90.

④　高亮.构建高水平科研机构,打造国家战略科技力量[J].中国高校科技,2024(01):1-3.

重大政策和计划①。这些战略涵盖了经济、科技、教育、国防、外交等多个方面，旨在提升国家的整体竞争力和国际影响力。国家战略反映了国家的发展愿景和方向，通过对国家资源配置的优化和整合，确保国家在全球化竞争中保持优势②。此外，国家战略还强调可持续发展和社会稳定，通过科学规划和合理布局，推动经济社会全面协调发展。如"一带一路"倡议和"人才强国"等计划，都是中国国家战略的典型代表，展示了中国在全球舞台上实现和平发展和互利共赢的战略意图③。

2022 年 10 月，在党的二十大报告中，习近平总书记强调了科教兴国战略、人才强国战略、创新驱动发展战略等的核心意义，并针对当前经济社会发展的新局面，强调了调整对外开放战略、区域战略及人口发展战略的必要性④。这些战略根据影响范围可分为两类：一类是国家硬实力的，涉及土地、人口、自然资源以及经济、军事和科技力量；相关战略包括科教兴国战略、人才强国战略、创新驱动发展战略等⑤。另一类是与国家软实力相关的战略，指的是基于文化和制度影响力制定的战略，如可持续发展战略、对外开放战略、区域协调发展战略、健康强国战略及文化强国战略等⑥。这些战略为推动我国教育、科研、经济和军事发展方面设定了明确目标，也使顶尖大学明确了服务国家战略的路径。

本章中的一流大学服务国家战略主要包括一流大学对国家重大科技问题的解决、对急需人才的培养以及提供跨国交流合作方面的软实力支撑平台。

2. 研究问题

本章将结合相关理论，基于可比数据与案例，探讨以下三个问题：① 如何衡量我国一流大学服务国家战略的贡献？② 我国"双一流"建设大学在服务国家战略方面的表现如何？③ 我国"双一流"建设大学在服务国家战略方面有哪些经验可供借鉴？

---

① 薄贵利.论国家战略的科学内涵[J].中国行政管理,2015(07)：70－75.
② 胡鞍钢.中国发展战略的历史演变[J].中国乡镇企业,2009(12)：24－27.
③ 袁新涛."一带一路"建设的国家战略分析[J].理论月刊,2014(11)：5－9.
④ 习近平.高举中国特色社会主义伟大旗帜,为全面建设社会主义现代化国家而团结奋斗——在中国共产党第二十次全国代表大会上的报告[EB/OL].(2022－10－16)[2024－09－01].https://www.gov.cn/xinwen/2022-10/25/content_5721685.htm.
⑤ 程恩富,李立男.马克思主义及其中国化理论是软实力的灵魂和核心[J].马克思主义文化研究,2019(01)：15－28.
⑥ 黄金辉,丁忠毅.中国国家软实力研究述评[J].社会科学,2010(05)：31－39＋187－188.

3. 研究思路

为了解决以上的三个问题,本章通过以下五个步骤开展研究:第一,基于相关理论,构建一流大学服务国家战略的评价维度和指标体系,并选择不同维度下具有典型意义的大学和案例。第二,根据设计的指标,选择相应的数据库,建立可比的指标数据库;根据案例大学政策,搜集相关大学服务国家战略的案例信息。第三,对原始数据进行处理,计算指标得分,对国内大学进行指标比较以及深度分析,探索国内一流大学服务国家战略方面的差异性与原因。第四,选择典型案例大学,分析一流大学服务国家战略的具体表现与成功要素。第五,归纳数据和案例分析的结果,并结合我国一流大学在服务国家战略方面存在的不足,提出促进一流大学服务国家战略能力提升的政策建议。

第二节　一流大学服务国家战略指数设计

一、国内样本选取

2022 年我国"双一流"建设高校名单更新为 147 所,其中进入 2023 年 ARWU 排名前 500 的共 74 所。为保持样本数量相对稳定,本年度选择 2023 年 ARWU 排名前 200 名的共 31 所"双一流"建设高校。样本选取截止时间为 2023 年 12 月 31 日。样本高校分为两组:国内顶尖大学组是 ARWU 排名前 100 的 10 所大学[①];国内一流大学组为 ARWU 排名在 101～200 名之间的 21 所"双一流"建设大学[②]。

二、指标体系设计

基于大学对国家战略产生影响的相关理论与实证研究,本章提出了反映一流大学服务国家战略的指标体系,包括国家硬实力与软实力两个维度,见图 8 - 1。在硬实力维度下,一流大学主要通过科技发展与人才强国两个方面为国家硬实力水平的提升作出贡献,分别采用重大科技贡献与急需人才培养两个子维度。在软实力提升方面,一流大学主要通过提供软实力发展的支撑平台来促进国家

---

① 包括清华大学、北京大学、浙江大学、上海交通大学、复旦大学、华中科技大学、中山大学、中国科学技术大学、中南大学、南京大学。

② 包括哈尔滨工业大学、东南大学、西安交通大学、吉林大学、山东大学、四川大学、华南理工大学、天津大学、电子科技大学、武汉大学、北京理工大学、苏州大学、南方科技大学、北京航空航天大学、北京师范大学、湖南大学、南开大学、西北工业大学、同济大学、厦门大学、郑州大学。

战略的实现。根据三个子维度,研究进一步进行了相应指标的筛选,并综合考虑了高校间的可比性、时间可持续性以及数据采集的便捷性等因素,最终确定了三个衡量一流大学服务国家战略的指标,分别是国家科技"三大奖"(国家自然科学奖、国家技术发明奖和国家科学技术进步奖)及教育部人文社科奖数量、毕业生到中西部地区及高技能行业就业人数、举办具有影响力的国际会议的次数。第一个指标反映一流大学对重大科技发展的贡献,第二个指标反映对不同地区或行业急需人才的培养,第三个指标反映大学对软实力提升所提供的支撑平台。

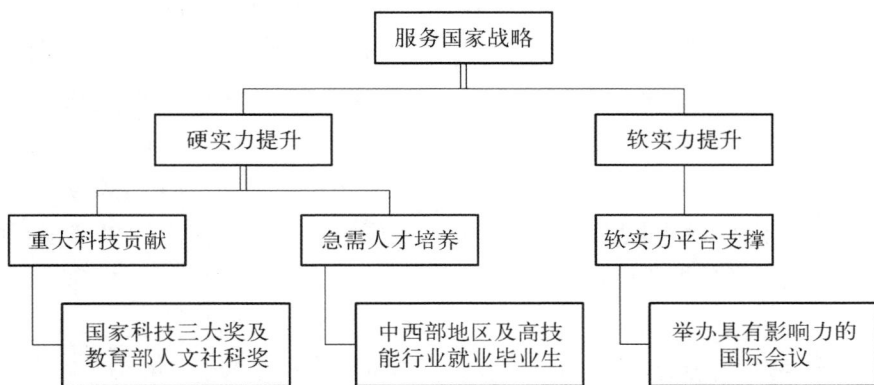

图 8-1 一流大学服务国家战略指数指标体系

三、数据搜集与分析

1. 国家科技三大奖及教育部人文社科奖

指标界定: ① 国家科技奖励"三大奖"是指国家自然科学奖、国家技术发明奖和国家科学技术进步奖,属于国内科技领域最高的国家级奖励。其中,国家自然科学奖授予在基础研究和应用基础研究中,阐明自然现象、特征和规律、做出重大科学发现的个人。国家技术发明奖授予运用科学技术知识做出产品、工艺、材料及其系统等重大技术发明的中国公民。国家科学技术进步奖授予在技术研究、技术开发、技术创新、推广应用先进科学技术成果、促进高新技术产业化,以及完成重大科学技术工程、计划等过程中做出创造性贡献的中国公民和组织①。

---

① 国家科学技术奖励工作办公室.奖励介绍[EB/OL].(2022-05-21)[2024-04-09].http://www.nosta.gov.cn/web/detail.aspx?menuID=85&contentID=117.

② 教育部人文社科奖是指高等学校科学研究优秀成果奖（人文社会科学），由国务院批准，教育部设立，每三年评选一次，为表彰奖励高校人文社会科学工作者取得的突出成绩，鼓励高校科研人员严谨治学、勇于创新、铸造精品，推动高校哲学社会科学事业繁荣发展而实施的一项重大举措①。

　　数据搜集：首先，搜集了国家科技三大奖信息，研究者在国家科学技术奖励工作办公室官网查找历年各大奖项获奖项目名单，筛选高校所获奖项，分别统计获奖者所属学校。其中，咨询报告服务奖、青年成果奖均纳入统计范围，但普及读物奖不纳入统计范围。得到获奖者所属学校的数据后，筛选高校的获奖成果，统计获奖成果数。本章数据均来自国家科学技术奖励工作办公室官网公布的2015～2020 年各年度获奖名单中高校参与的获奖项目个数。依据获奖名单，分别统计 2015～2020 年高校作为第一完成组织或第一完成人所属高校的获奖项目个数，并筛选高校分校或附属医院，分别统计其 2015～2020 年获奖项目个数②。国家科学技术奖励工作办公室是承担国家科技奖励工作的机构，本章中高校获三大奖的数据均可在国家科学技术奖励工作办公室官网查找到，数据来源可靠。

　　其次，搜集了教育部人文社科奖信息，数据来自教育部公布的第八届高等学校科学研究优秀成果奖（人文社会科学）获奖成果名单。经专家评审、面向社会公示和奖励委员会审核通过，高等学校科学研究优秀成果奖（人文社会科学）获奖成果名单由教育部公布。先是查找了 2020 年第八届高等学校科学研究优秀成果奖（人文社会科学）申报材料审核结果公示一览表。然后，对照教育部网站上查找第八届高等学校科学研究优秀成果奖（人文社会科学）获奖成果名单，并对获奖项目名单进行统计。本章中的获奖数据均可在教育部名单中查找到，数据来源可靠。

　　最后，汇总了国家自然科学奖、国家科技进步奖、国家技术发明奖、教育部人文社科奖的信息。这四类奖项分别代表了基础研究、应用研究、开发研究和人文社科研究的国家层面的最高奖项，出于同等对待的考虑，对这四类奖项赋予同等权重。在不同等级奖项赋权方面，参考以往一些对获奖统计的研究，根据各等级

---

① 教育部.高等学校科学研究优秀成果奖（人文社会科学）奖励办法［EB/OL］.（2009 - 03 - 12）［2024 - 04 - 09］.http://www.moe.gov.cn/srcsite/A13/moe_2557/s3103/200903/t20090312_80449.html.

② 注：根据国家科学技术奖励办公室公布的结果统计。

奖项数量占比进行赋权①。在国家科技三大奖中,特等奖、一等奖和二等奖的赋权比例分别为 10∶2∶1。在教育部人文社科奖中,论文著作及咨询报告服务奖中的一等奖、二等奖、三等奖的赋权比例分别为 10∶5∶1,青年成果奖与三等奖赋同等权重。之后本研究根据赋权比例进行加权,并基于近六年的数据计算均值,得到各样本大学的获奖原始数据。

2. 中西部地区及高技能行业就业毕业生比例

指标界定:"中西部地区及高技能行业就业毕业生比例"是指高校 2018~2022 届的本科、硕士和博士毕业生,在中西部地区和人才技能需求较高行业中就业的毕业生所占比例的均值。其中,中西部地区的概念参考了国家统计局编印的《2021 中国统计年鉴》②。中部地区包含 6 个省,分别为山西、安徽、江西、河南、湖北和湖南;西部地区包含 12 个省(自治区、直辖市),分别为内蒙古、广西、重庆、四川、贵州、云南、西藏、陕西、甘肃、青海、宁夏和新疆。高技能行业的界定参考了《中国劳动力市场技能缺口研究》,采用劳动力人口中本科及以上学历人口所占比例来反映行业的技能水平③。本章采用了 2019 年《中国人口和就业统计年鉴》中按行业分的教育程度统计,采用本科比例达到 30% 以上的行业作为高技能行业的界定,包含教育、科学研究和技术服务业、金融业、信息传输、软件和信息技术服务业、公共管理与社会保障业、卫生和社会工作④。

数据搜集:中西部就业人数及行业就业数据均来自各高校 2018—2022 年毕业生就业质量年度报告,报告均从各高校官网获得。高校毕业生就业质量年度报告由各高校编制并每年发布,依据教育部办公厅《关于编制发布高校毕业生就业质量年度报告的通知》,报告中客观反映了本校毕业生就业的基本情况、主要特点、相关分析、发展趋势以及对教育教学的反馈等⑤。以 2022 年为例,搜集步骤如下。

---

① 李兴国.普通高校获国家级科技三大奖励的分布特征:基于 2002—2014 年通用获奖项目的分析[J].石家庄铁道大学学报(社会科学版),2015,9(04):17-22.

② 国家统计局.2021 中国统计年鉴[M].北京:中国统计出版社,2022.

③ 复旦大学、清华大学联合课题组.劳动力市场技能缺口研究[EB/OL].(2016-10-01)[2024-04-09].http://www.tsinghua.edu.cn/publish/Soc/3060/2016/20161123155110359453576/20161123155110359453576_.html.

④ 国家统计局.2021 中国统计年鉴[M].北京:中国统计出版社,2022.

⑤ 教育部办公厅.关于编制发布高校毕业生就业质量年度报告的通知[EB/OL].(2013-11-05)[2024-04-09].http://www.moe.gov.cn/srcsite/A15/s3265/201311/t20131105_159491.html.

（1）毕业生到中西部地区就业数据搜集。在各高校官网下载 2022 年毕业生就业质量年度报告,在报告中查找"就业地域"相关章节,统计中部(或西部)地区就业人数数据。若没有,则查找毕业生中部地区(或西部)就业比率,再乘以毕业生就业人数,计算得出毕业生中部(或西部)地区就业人数。部分学校不提供地域划分数据,则查找"就业流向"章节中就业地区流向的数据,将中部(或西部)地区对应省份毕业生就业人数相加,总和即为 2022 年中部(或西部)地区就业人数。

（2）高技能行业就业数据搜集:依据各高校 2022 年毕业生就业质量年度报告,在报告中查找毕业生就业行业流向数据,对不同行业毕业生人数进行统计,再筛选出高技能行业数据。

（3）计算中西部地区及高技能行业就业毕业生比例:将中西部地区就业毕业生人数除以就业毕业生人数,得到中西部地区就业毕业生比例;将高技能行业就业毕业生人数除以就业毕业生人数,得到高技能行业就业毕业生比例;将两个比例按照各 50% 加权处理,得到各个高校的中西部地区及高技能行业就业毕业生比例。

3. 举办具有影响力的国际会议

指标界定: 将具有影响力的国际会议界定为在中国国境内,与会者来自三个或三个以上国家和地区(不含中国港、澳、台地区)的年会、例会、研讨会、论坛等连续排届会议[①]。其中国际会议的概念参考财政部《在华举办国际会议经费管理办法》中的界定[②]。

数据搜集: 数据来自各高校的官网、学院官网和新闻网等高校公开发布的新闻及报道。本章中的国际会议数据均以同样方式重复获得,数据来源较为可靠。搜集步骤如下。

（1）会议信息搜集。通过百度搜索引擎,将年份设定在"2019 - 01 - 01"至"2023 - 12 - 31",将命令语句"title:［国际（届）会 -（青年）-（学生）-（国际生）］site:fudan.edu.cn"粘贴入搜索框,不同学校需替换"site"后面的网址,例如苏州大学为"title:［国际（届）会 -（青年）-（学生）-（国际生）］site:suda.edu.cn"。

（2）会议筛选。对每所学校的会议名称进行逐一核对,根据百度搜索的词

---

① 财政部.在华举办国际会议费用开支标准和财务管理办法[EB/OL].(2012 - 02 - 15)[2024 - 04 - 09].http://www.gov.cn/zwgk/2012-02/15/content_2067743.htm.

② 财政部.在华举办国际会议经费管理办法[EB/OL].(2019 - 07 - 25)[2024 - 04 - 09].http://www.bic.cas.cn/zcfg/201907/t20190725_4702787.html.

条,查看会议名称是否包含"国际",以及是否包含"第几届",如果包含则为连续排届的国际会议,另外也要查看主办单位是否是该学校。最后,分别统计各个学校在 2019—2023 年举办的具有国际影响力的会议的数量。

4. 指数算法

将各个指标的原始数据进行统计处理,并以国内顶尖大学组高校的均值为分母,将各个高校的国际会议数据除以国内顶尖大学组高校均值,计算得到各个高校的指标得分,并计算不同组别大学的指标均值。对三个指标得分赋予同等权重,进行简单加权。若有缺失的指标,则对未缺失指标进行简单加权,最后得到大学服务国家战略贡献指数。

第三节　我国一流大学服务国家战略指数表现及分析

一、一流大学服务国家战略指数的表现

根据一流大学服务国家战略的数据,本节分析国内不同组别大学在服务国家战略指数和各个指标方面的表现,见表 8‐1;也分析了国内每所样本大学的具体表现,见附表 8。

表 8‐1　大学服务国家战略指标表现

组　　别	国家科技三大奖及教育部人文社科奖	中西部地区及高技能行业就业毕业生比例	举办具有影响力的国际会议	国家战略贡献指数
国内顶尖大学组	1.00	1.00	1.00	1.00
国内一流大学组	0.58	0.99	0.82	0.89

资料来源:笔者测算。

表 8‐1 显示,在国家科技三大奖及教育部人文社科奖指标方面,国内一流大学组的得分显著低于国内顶尖大学组,只有后者的 58%,这一结果说明国内一流大学组在重大的科技贡献方面和国内顶尖大学组还存在较大差距。

在中西部地区及高技能行业就业毕业生比例方面,国内一流大学组的指标

得分和国内顶尖大学组差距甚微,后者是前者的 99％,说明国内一流大学组在人才培养方面的贡献不输于国内顶尖大学组。其中部分原因是不少国内一流大学位于中西部地区,因此有相对较高比例的毕业生留在本地工作。从附表 8 中每所样本大学的具体表现来看,部分中西部大学的确在该指标得分上名列前茅。

在举办具有影响力的国际会议方面,国内一流大学组指标得分和国内顶尖大学组相差不大,前者是后者的 82％。国内若干顶尖大学举办了较多具有国际影响力的会议(见附表 8),对国家软实力提升发挥了平台支撑作用。

对三个得分指标进行简单加权后,计算出一流大学服务国家战略指数。表 8-1 最后一列显示,国内顶尖大学组的服务国家战略指数得分稍高于国内一流大学组,后者是前者的 89％,说明国内不同层次的一流大学在对国家战略贡献方面差距不大。这是因为不同层次的国内一流大学在不同方面服务了国家的战略发展,国内一流大学组在服务区域人才需求,提供软实力平台支撑方面的表现和国内顶尖大学组差距很小。

二、一流大学服务国家战略指数表现的分析

通过以上我国一流大学服务国家战略指数的分析可知,在重大科技贡献方面,国内顶尖大学组显著高于国内一流大学组。一方面可能是国内顶尖大学组往往拥有更多的卓越科学家来牵头这些具备重大战略意义的研究。有研究表明,中国科技人员群体可以分为上层、中层和下层,分层形态大致呈现出金字塔结构。上层的科技精英群体在科研项目、论文产出和科技奖项方面均明显超过科技人员的整体水平,他们在技术职称、管理职务、合作网络等方面也更具优势[1]。这些卓越科学家主要聚集在我国的顶尖研究型大学,他们能够帮助科研团队找到具有国家战略价值的研究方向并吸纳广泛的资源,从而有助于形成服务国家战略的重大研究成果。另一方面,国内顶尖大学组在进行跨校合作、跨领域合作方面具有优势,这也是产生具有重大战略意义研究的重要条件。有研究采集了 75 所教育部直属高校的基本数据、国家科技奖励数据和省级变量数据,分析发现跨单位合作获奖项目数占总获奖项目数的 61％;高校主体、高校与外部的联系和地区环境是影响高校科研获奖的重要因素[2]。

---

① 付连峰.当代中国的科技精英及其形成路径研究[D].天津:南开大学,2014.
② 王丽芬.高校在"国家科技奖励"制度中获奖现象及其影响因素的研究[D].上海:华东师范大学,2016.

在急需人才培养方面,国内顶尖大学组和国内一流大学组的指标表现没有显著差异,部分原因是中西部地区的国内一流大学组毕业生有较高比例留在当地就业。表 8-2 显示,中西部高校的指标得分显著高于国内顶尖大学组,分别为国内顶尖大学组的 1.12 和 1.18 倍。通过原始数据的分析发现,我国中西部地区的一些大学有 50%~60% 的毕业生会选择留在中西部地区就业,尤其是位于成都、西安、武汉等中西部中心城市的大学毕业生,为中西部地区输送了高水平的人才。值得关注的是,东北地区的大学在该指标得分上偏低,仅为国内顶尖大学组的 87%。这可能与东北地区高技能产业发展相对滞后有关,从而造成了东北地区高技能行业的大学毕业生流失严重的现象。

**表 8-2　分地区大学中西部地区及高技能行业
就业毕业生比例的指标表现**

组　　别	指标得分
东部地区大学	0.93
中部地区大学	1.12
西部地区大学	1.18
东北地区大学	0.87

资料来源：笔者测算。

在软实力平台支撑方面,国内顶尖大学组和国内一流大学组差异也不大。国内顶尖大学组在吸引海外人才、科研国际化程度上相对具有更好的表现,因此在举办具有影响力的国际会议上有优势。国内一流大学组中的一些西部地区高校得益于"一带一路"倡议和一些民族区域的特殊优势,也举办过多次国际会议,因此在该指标上的表现也较好。

第四节　一流大学服务国家战略的
典型案例研究

围绕一流大学服务国家战略,本节选择了两个案例。在服务国家乡村振兴战略方面,选择了上海交通大学科研服务乡村振兴的案例。上海交通大学通过建立新农村发展研究院、设立地方研究院和教授工作站等多种形式的科研和服务平台,强化了一流大学在农业科技推广、乡村振兴和产业发展中的作用,通过科研服务、人才培养、技术创新和跨学科合作,有效地促进了乡村经济发展和农民增收。在培养乡村振兴人才方面,选取了中国农业大学的科技小院进行案例研究,并从农科人才的培养模式、指导体系和培养目标等方面对其人才培养方式的特点进行归纳总结。

一、以科学研究服务乡村振兴:以上海交通大学为例

农业、农村、农民问题是关系国计民生的根本性问题,我国始终把解决好"三农"问题作为全党工作的重中之重,大力实施乡村振兴战略。乡村振兴战略是习近平总书记在党的十九大报告中首次提出的;2018 年国务院在《关于实施乡村振兴战略的意见》中再次强调,要不断加强高校与乡村地区之间的战略合作,使高校培养出的人才更加了解农村、更加满足乡村需要,以此强化乡村振兴人才支撑[1]。同时,《高等学校乡村振兴科技创新行动计划(2018—2022 年)》指出,高校要将自身拥有的先进科技成果转化为乡村事业发展的生产力,构建乡村振兴发展的科技创新体系,改善乡村产业科技水平不高的局面[2]。因此,高校服务乡村发展不仅是其职能要求,也是国家战略要求。

上海交通大学在服务乡村振兴发展中贡献了重要力量,其主导的帮扶乡村脱贫项目曾两次被纳入中国精准脱贫的典型项目库中,具有一定代表性。通过访谈上海交通大学农业与生物学院和设计学院的 11 名领域专家和服务乡村振兴机构的负责人,并通过梳理中国青年报等官方新闻报道与案例资料等,归纳了以下一流大学服务国家战略的经验。

1. 建立新农村发展研究院,科研团队服务乡村振兴

在乡村振兴的早期阶段,高校专家主要依靠自身的科研项目来推动科研成果的转化,表现为专家个人或小团队独立进行研究和实践,试图通过他们的科技创新和知识输出,直接对乡村发展产生积极影响。这些专家倾向于采用自发性

---

[1] 国务院.关于实施乡村振兴战略的意见[EB/OL].(2018 - 01 - 02)[2024 - 04 - 09].https://www.gov.cn/zhengce/2018-02/04/content_5263807.htm.

[2] 教育部.关于印发《高等学校乡村振兴科技创新行动计划(2018—2022 年)》的通知[EB/OL].(2018 - 12 - 29)[2024 - 04 - 09].http://www.moe.gov.cn/srcsite/A16/moe_784/201901/t20190103_365858.html.

的"打包单干"方式,即将自己的研究成果、技术解决方案或创新模型直接应用于乡村振兴的具体项目中,希望能够解决乡村面临的实际问题。然而,由于缺乏政策或资源方面的支持,高校专家在将科研成果转化为乡村振兴实际成效的过程中,往往会遇到资金、技术推广和应用场景匹配等多方面的障碍。同时,因为缺乏跨学科或跨领域合作的平台,这种单打独斗的方式也限制了创新成果的复合效应和综合利用,降低了科技成果转化的效率和效果。

在此背景下,上海交通大学新农村发展研究院于 2006 年 7 月成立。作为国内首批成立的服务乡村发展的机构之一,上海交通大学新农村发展研究院致力于服务都市新农村建设。该研究院的主要目标是对接乡村实际需求、创新体制机制、建设示范基地,并与地方政府、企业和研究所深度合作。围绕都市农产品安全供应和都市农村民生改善这两大主题,研究院实施了"十大工程",包括教授进村、学子下乡、农村环境治理、食品安全培训及农村健康医疗等项目,有效推广了一系列针对食品安全和都市农业的研究成果①。

2013 年 12 月,上海交通大学新农村发展研究院获科技部和教育部批示,成为国家级机构。同年,在国家政策指导下,上海交通大学定点帮扶云南省洱源县。在此背景下,上海交通大学充分发挥其教师团队的科研专长,将之融入乡村产业发展中,形成了互利共赢的新局面。上海交通大学探索出了一条"科研服务于产业发展、产业发展带动贫困户增收、农户参与促进技术进一步推广"的闭环式发展路径。这不仅促进了农户的收入增长,也实现了教师科研与实践的紧密结合(见图 8 - 2)。

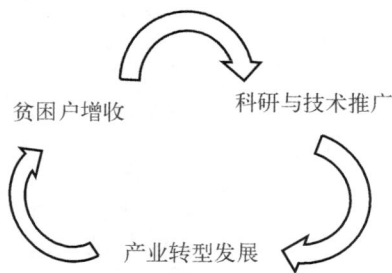

图 8 - 2　科研服务乡村发展

为了促进经济林果种植技术的广泛应用,上海交通大学新农村发展研究院的专家王世平教授团队申报了农业农村部 2015 年科技专项。该项目名为"滇西边境山区亚热带水果错季生产技术示范和推广",旨在推广对环境友好、能够节省水和肥料使用的创新林果栽培技术。此举在滇西高原引发了农业技术的一场革新,影响了大约 20 万亩的经济林果种植,使得该地区逐步转型为云南省的节

---

① 上海交通大学.新农村发展研究院[EB/OL].(2024 - 02 - 21)[2024 - 04 - 09].http://www.inrd.sjtu.edu.cn/Data/List/yjyjs.

水示范基地、农业高新技术展示窗口和绿色生态发展典型项目①。

在此基础上，通过制定有效的合作和利益共享机制，上海交通大学与帮扶地区形成了共建共享、多方共赢的扶贫模式。以滇西的葡萄种植示范基地和华侨庄园农业专业合作社为例。通过整合 200 亩土地，并结合上海交通大学提供的种植品种与技术支持以及地方企业的运营和销售管理，使贫困家庭得以参与合作社。选用高品质的"阳光玫瑰"葡萄品种和先进的根域限制栽培技术，并辅以姜蒜等作物的套种，合作社能够创造出 500 万元的年纯利润，其中 60％分配给贫困户，从而帮助了 141 户家庭提高收入，实现脱贫②。

另外，上海交通大学的樱桃培育专家张才喜教授，利用自己的专业知识在洱源县推广樱桃种植，旨在帮助当地农户提高收入。在综合考虑洱源县的气候、土壤条件以及先前试验种植的表现后，张才喜教授根据其在日本和美国十余年的留学与研究经验，精心设计了一种高效益、环境友好且可持续的农业模式：车厘子的错季种植。他巧妙地规划了洱源车厘子的市场窗口，避开了中国北方主要产区和国际市场的销售高峰期，为该产业带来了极好的经济效益和广阔的发展潜力。在地方政府的支持下，大理州投入了 130 万元用于车厘子产业发展，并在洱源县三营镇印象经济林果合作社建立了上海交通大学洱源车厘子实验基地。此外，张才喜教授还将自己获得的 10 万元项目奖金投入到引进新品种苗木中，以进一步支持当地农户的发展③。

上海交通大学在乡村振兴的道路上扮演了一个关键角色，通过其师资团队的科研专长和实践应用，为乡村产业发展注入了新的活力。这种科研与产业发展的紧密结合不仅为贫困户增收开辟了新途径，也实现了学术研究与实际应用的双赢。其中，新农村发展研究院是依据国家政策成立的机构，它推动了高校、政府、地方农业机构和农业企业之间的紧密合作，共同致力于乡村建设任务。该

---

① 教育部.上海交通大学精准扶贫精准脱贫典型项目［EB/OL］.（2017 - 10 - 12）［2024 - 04 - 09］.http:// www.moe. cn/jyb＿xwfb/xw＿zt/moe＿357/jyzt＿2017nztzl/2017＿zt12/17zt12＿jdxm/201710/ t20171012＿316144.html.

② 教育部.上海交通大学精准扶贫精准脱贫典型项目［EB/OL］.（2017 - 10 - 12）［2024 - 04 - 09］.http:// www.moe. gov. cn/jyb＿xwfb/xw＿zt/moe＿357/jyzt＿2017nztzl/2017＿zt12/17zt12＿jdxm/201710/ t20171012＿316144.html.

③ 教育部.上海交通大学精准扶贫精准脱贫典型项目［EB/OL］.（2017 - 10 - 12）［2024 - 04 - 09］.http:// www.moe. gov. cn/jyb＿xwfb/xw＿zt/moe＿357/jyzt＿2017nztzl/2017＿zt12/17zt12＿jdxm/201710/ t20171012＿316144.html.

研究院作为沟通高校和乡村的桥梁,帮助高校的科研团队对接农业委员会的乡村服务项目。当乡村地区面临问题时,该研究院也能够帮助他们迅速联系到相关高校的专家。在访谈过程中,专家们也提到他们帮扶乡村的模式主要是咨询服务,比如参加相关会议,对农业技术员进行培训,农业技术员再对各村的农户进行培训,使得技术覆盖的人群范围更广。

　　2. 教授工作站服务当地,承接政府项目

　　上海交通大学的教授工作站成立于2006年,是新农村发展研究院的附属机构,是一个高度集成和多功能综合性的现代农业科技研发和服务平台,其功能包括科技开发、示范、推广和服务,旨在推动农业及农村发展(见图8-3)。这一平台是农业与生物学院联合地方各级农业委员会共同创建的,并依托国家的农业技术推广体系。它与地方农业技术推广中心、动物疫病预防控制中心、食用农产品监测中心以及蔬菜技术推广站等众多机构开展了广泛合作。这种合作不仅增强了科技在农业领域的应用,也推动了农业科技成果的快速转化。教授工作站这一服务乡村的模式已经多次被教育部网站和《解放日报》报道及肯定①。

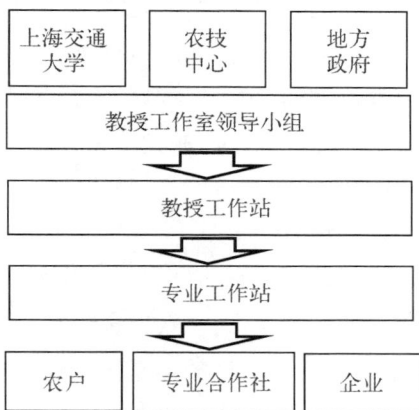

图8-3　教授工作站服务模式

来源:上海交通大学 http://www.inrd.sjtu.edu.cn/Data/List/zjjgydwjs.

　　第一个教授工作站是2006年建立的浦东教授工作站。经过不断探索与发展,该工作站最终确立了"上海交大-区农委-区农技中心"这种三方共建机制。在该机制下,来自双方的专家组成的服务团,按照专业模块为农业提供精准服务,创造了一种具有高校特色的农业技术推广新模式②。在此模式中,上海交通大学与地方涉农委员会及农技推广中心共同合作,互补优势,共同推动技术发展和应用,从而提升了整体农业技术水平。

---

① 教育部.上海交通大学"教授工作室"为农业技术推广引入创新源头活水[EB/OL].(2011-02-14)[2024-04-09].http://www.moe.gov.cn/jyb_xwfb/s6192/s133/s166/201102/t20110214_114926.html.

② 王新华,陈火英,周培.上海交通大学教授工作室的模式创新与实践[J].科技管理研究,2013,33(18):19-22.

专业工作站作为教授工作站的组成部分,与农委所属的各中心紧密合作,成为联合科技下乡服务的核心组织机构。专业工作站的推广基地不仅是区域农技服务的示范点,而且是融合农民培训、产品研发、技术应用、实践教学的多功能教科研基地[①]。

为了进一步扩展和深化这种合作模式,上海交通大学相继在闵行、崇明、江西万载等地成立了更多教授工作站。这些工作室和工作站不仅强化了农业科技服务体系,也根据服务地区的具体需求,灵活调整服务结构和功能,如增设种植业和养殖业工作站等,以更好地服务于当地的农业发展。

在上海交通大学新农村发展研究院的引领下,教授工作站已长期承担科技服务与成果转化的任务,积累了丰富经验,并取得了显著的科研成果和技术推广成效。例如,黄丹枫教授的研究团队专攻"鸡毛菜工厂化生产技术体系",设定了工厂化绿叶菜生产的具体目标。他们开发的鸡毛菜生产模式实现了无须追肥、免施药、全年高效生产,最终达到了省力、集约和标准化的生产目标,并使采收效率比传统方法提高了 15 倍。再如,曹林奎教授团队开发的"蛙稻生态种养技术"集成了源头控制和过程阻断等多项生态种养技术,已在青浦自在源农业发展有限公司广泛推广,并获得多项发明专利。经过十多年的努力,曹教授成为了该模式的领军人物,他的工作帮助青浦区在水稻生物多样性利用方面成为了国内典型案例,有效支持了我国南方稻作农区的面源污染防控工作[②]。

教授工作站的建立,不仅提升了上海交通大学在农业科技领域的影响力,也为地方农业发展提供了强有力的技术支持,体现了学校和地方政府的紧密合作。通过科技创新和知识转移,教授工作站推动了现代农业的发展,增强了农业的可持续性和竞争力,它不仅是一种新型的科研和技术服务平台,更是一种有效的社会服务模式,展示了高等教育机构在促进地方经济和社会发展中的重要作用。

3. 设置地方研究院,带动当地发展

为了更有效地服务于乡村及地方发展,上海交通大学在云南省大理白族自治州建立了大理研究院。大理研究院的前身是上海交通大学牵头实施的国家"十一五""十二五"水专项洱海项目团队,其项目内容主要是治理洱海环境与促

---

① 上海交通大学新农村发展研究院.探索农技推广服务特色模式,上海交通大学教授工作站完成布点全覆盖[EB/OL].(2022 - 01 - 22)[2024 - 04 - 09].http://www.inrd.sjtu.edu.cn/Data/View/996.

② 上海交通大学新农村发展研究院.探索农技推广服务特色模式,上海交通大学教授工作站完成布点全覆盖[EB/OL].(2022 - 01 - 22)[2024 - 04 - 09].http://www.inrd.sjtu.edu.cn/Data/View/996.

进周边农民增收。随着合作程度的逐步加深，2020年上海交通大学与大理州人民政府、云南省科技厅签订合作协议①，开启了上海交通大学服务云南大理发展的新阶段。

大理研究院依托上海交通大学的科研能力，紧密对接地方需求，以洱海保护为核心任务，同时涉足高原湖泊生态保护治理、大健康、高原特色农业等领域。通过深入探索与实践，研究院将国家任务、地方发展、区域创新平台与学科发展进行整合，有效推动了政府、产业、学术研究的深度融合，实现了学校与地方的双赢局面②。

大理研究院的主要职责是水治理工作。除了推动针对洱海湖区水体及流域内主要入湖河流的水质监测工作外，该研究院还积极开展科学研究、示范工程和技术咨询服务，在洱海流域内外组织实施各类项目100余项③；持续跟踪研究洱海水质与生态变化，完成水质分析报告335份，为洱海治理长效模式提供了决策依据④。在改善当地环境的基础上，洱海项目团队在治理过程中还积极辐射周边，带领农民脱贫致富，为当地带来了可观的经济效益。

在服务过程中，上海交通大学团队不仅治理当地的水环境，还派遣学校农业学院的知名教授担任当地挂职干部，致力于农业产业振兴和全方位的地方发展。例如，2019—2021年，上海交通大学派遣农学院的许文平教授前往洱源县担任副县长。在洱源县挂职期间，许文平教授对灯草湾的一种苹果表现出了极大的兴趣。他了解到灯草湾的平均海拔超过2 700米，几乎达到了苹果种植的临界高度。这一特殊的高海拔条件，使得苹果在昼夜温差大的环境中生长，因而果实更加香甜。许文平教授认为这是洱源苹果产业发展的一个大好机会，他与当地一位农户合作，制定了种植改进计划，首年实施就取得了显著的成效⑤。

---

① 上海交通大学.云南大理研究院[EB/OL].(2024－02－21)[2024－04－09].https://yunnan.sjtu.edu.cn/yjygk/ykjj.htm.

② 上海交通大学.研究院概况[EB/OL].(2024－02－21)[2024－04－09].https://yunnan.sjtu.edu.cn/yjygk/ykjj.htm.

③ 江倩倩.韩正在云南调研,听取交大教授关于洱海保护治理意见建议[EB/OL].(2019－03－01)[2024－04－09].https://news.sjtu.edu.cn/jdyw/20190301/96459.html.

④ 李晓璐.上海交大帮扶云南洱源县,聚焦农业、教育、生态、医疗卫生等多领域[EB/OL].(2020－10－25)[2024－04－09].https://news.dayoo.com/gzrbyc/202010/26/158752_53621911.htm.

⑤ 上海交通大学新农村发展研究院.许文平研究员荣获云南省脱贫攻坚先进个人[EB/OL].(2021－05－06)[2024－04－09].https://www.baidu.com/link?url=_DWVav9gurK34twHilDBcA8SJWFMbcafQXb9wMNcZBLOzUtiSbSYmLLa1vwZcciVGYmYdNxWPrIRAF9MXSFyga&wd=&eqid=807087670067fcac0000000665d509cb.

　　在此基础上,许文平教授继续努力,推动成立了洱源县云社生态农业有限公司。该公司下属的苹果种植合作社种植面积达 960 亩,每年能够为当地提供6 500 人次的就业机会。同时,上海交通大学金山教授工作站也积极促进合作社与上海农夫果园公司的合作,从技术管理、品牌建设到销售渠道等多方面为农户提供全方位服务,助力他们脱贫致富①。

　　地方研究院主要承担由政府指派给学校的帮扶任务,其设立的地点位于需要援助的县区,以便建立与乡村地区的直接联系。此类机构不仅能提供从农业到环境,再到文化的全方位、多层次服务,还能确保学校与乡村之间的紧密合作。在学校政策的支持下,上海交通大学每两年会委派一位专家担任帮扶县的副县长,这一措施保障了服务过程的持续性和效果。更重要的是,地方研究院的参与不仅促进了乡村的繁荣发展,也使得高校的科研工作更加接地气,实现了理论与实践的有效结合,这对于学术研究和地方发展都具有重要意义。

二、培养乡村振兴人才:以中国农业大学科技小院为例

　　人才培养是乡村振兴战略实施的关键环节。《中共中央 国务院关于实施乡村振兴战略的意见》指出,乡村振兴需要依靠科技人才支撑②。2019 年,国务院印发了《中共中央 国务院关于坚持农业农村优先发展做好"三农"工作的若干意见》,支持高等院校培养农村急需的专业技术人才③。基于此国家战略要求,中国农业大学科技小院致力于培养服务乡村振兴的高素质、综合型、应用型人才。

　　中国农业大学首创的科技小院模式,是一种将人才培养、农科创新与社会服务紧密结合的新型教育实践,旨在解决农科高等教育与生产实际脱节的问题。15 年来,科技小院累计服务了近 600 个贫困村、4.8 万个贫困户、17.7 万贫困人口④。科技小院培养了一批既具备深厚理论基础又具备实践能力的专业技术人才,为乡村振兴注入了新的活力。通过梳理新华社等官方媒体新闻报道与案例

---

① 上海交通大学新闻学术网.打赢这场硬仗,我们派出最强阵容[EB/OL].(2021－01－17)[EB/OL]. https://news.sjtu.edu.cn/mtjj/20210119/140203.html.
② 国务院.关于实施乡村振兴战略的意见[EB/OL].(2018－01－02)[2024－06－21].https://www.gov.cn/gongbao/content/2018/content_5266232.htm.
③ 国务院.关于坚持农业农村优先发展做好"三农"工作的若干意见[EB/OL].(2019－01－03)[2024－06－21].https://www.gov.cn/gongbao/content/2019/content_5370837.htm.
④ 中共中国农业大学委员会.解民生、治学问、育英才的科技小院[EB/OL].(2024－04－16)[2024－06－21].http://www.qstheory.cn/dukan/qs/2024-04/16/c_1130109150.htm.

资料,并深入访谈中国农业大学七名科技小院在读研究生,总结了科技小院培养乡村振兴人才的三点宝贵经验。

1. 政产学研用深度融合,创新农科人才培养模式

科技小院培养模式的核心在于其独特的"政产学研用"一体化教育理念和实践机制①。长期以来,农业高等教育领域普遍存在科学研究与生产实际脱节的问题,农业科研往往局限于实验室和理论研究,缺乏与实际农业生产的紧密结合。这种脱节导致科研成果难以转化为实际生产力,同时也使得农业高等教育培养出的人才在农业生产工作中难以迅速适应和解决具体问题。因此,中国农业大学张福锁教授决定带领团队走出校园和实验室,深入田间地头,解决生产中的实际问题②。

科技小院通常扎根于需要帮扶的乡村,将研究生和科研人员直接引入农业生产一线,使他们能够亲身体验农业生产的各个环节,从而更好地理解农业生产的实际需求和挑战。科技小院培养模式强调实践教学和现场研究,鼓励学生和科研人员与农民合作,共同解决生产中的实际问题,从而推动科研成果的转化和应用,并提高农业高等教育的实用性和针对性。通过这种模式,科技小院有效促进了科学研究与生产实际的结合,为农业高等教育和农业科技创新提供了新的发展路径。2009 年,河北省邯郸市曲周县 1 万亩示范田小麦增产 65 万公斤、玉米增产 110 万公斤,农民增收 350 万元,科技小院成果显著③。

科技小院与地方政府深度协同合作,以研究生培养为核心推动乡村振兴战略的实施。研究生长驻是科技小院的核心运行保障机制之一。基于农业生产与研究有周期较长的特点,中国农业大学专门增加招收三年制"科技小院专业硕士研究生"④。这些研究生们每年都会有 200 多天驻扎农村,与农民同吃、同住、同劳动,在乡野田畴做科研、学本领、干农活。在科技小院,驻院研究生被赋予多种使命,通过多角色转换和长期驻村服务,他们的专业知识、适应能力、实践技能和

① 中国农业大学新闻网.践行嘱托交强农答卷,打造科技小院集群,推进科技小院国际化[EB/OL].(2024 - 04 - 28)[2024 - 06 - 25].https://news.cau.edu.cn/zhxwnew/c14b9bd86ff84d40b4be0b6e0e73898f.htm.

② 中国农业大学新闻网.张福锁院士团队入选"全国高校黄大年式教师团队"[EB/OL].(2023 - 09 - 05)[2024 - 06 - 21].https://news.cau.edu.cn/ttgznew/ab539962e534492e8393b5f221aba0e7.htm.

③ 中国农业大学新闻网.张福锁院士团队入选"全国高校黄大年式教师团队"[EB/OL].(2023 - 09 - 05)[2024 - 06 - 21].https://news.cau.edu.cn/ttgznew/ab539962e534492e8393b5f221aba0e7.htm.

④ 国家农业绿色发展研究院.国家三部门推广中国农大这个模式![EB/OL].(2022 - 03 - 27)[2024 - 06 - 21].https://naagd.cau.edu.cn/detail-2-508.html.

综合素质得以全面高质量提升,他们懂农业、爱农民、爱农村的"三农"情怀得以被塑造①。

在乡村振兴理念的指导下,科技小院培养模式将理论学习与田间实践紧密结合,使学生不仅掌握农业科学、工程技术等基础知识,还直接参与到农业生产和技术创新中,通过解决实际问题来提升实践能力。基于此,科技小院也与当地政府一体化协同,为学生提供实习和科研机会,让他们接触到最新的行业动态和乡村振兴一线工作动态、工作经验。在产学研用深度融合的基础上,科技小院不断拓宽治学边界,融入思政元素,打造"政产学研用"五位一体的新型人才培养模式。

2. 建立跨部门跨学科指导体系,培养人才综合能力

科技小院人才培养模式聚焦跨学科能力。学生在开展科技服务的过程中,需要解决多种不同作物的问题,并对作物进行全过程管理,完成试验设计、田间规划、监测取样等不同任务。这需要用到土壤肥料、作物栽培、植物保护等不同专业领域的知识②。2022 年,位于云南洱源的古生村科技小院正式落成。小院组建了多学科导师指导团队,涉及的专业横跨了 6 大门类、9 个一级学科和 17 个二级学科,包括资源利用、植物保护、生态、农学、人文社科等。通过多学科的系统组织,古生村科技小院实现了多平台合作、多学科交叉③。科技小院强调跨学科知识的融合,鼓励学生广泛学习农业、经济、管理等多领域的知识,以培养他们的综合思维和解决复杂问题的能力。

此外,科技小院通过导师育人、企业育人与社会育人,形成了全方位、全过程的人才培养模式④。在指导机制上,科技小院实行"双导师制"——由学校的学术导师和小院的实践导师共同指导学生,县乡技术员组成的学术委员会以及科技农民也参与研讨⑤,确保理论与实践的有机结合。学生在小院中不仅要完成

① 李乾,张福锁,焦小强,等.科技小院创新发展:现实需要、功能定位与运行保障机制[J].农业现代化研究,2023,44(01):1-9.
② 毕庆生,黄玉芳,叶优良,等.基于科技小院的本硕一体化人才培养模式探索[J].高等农业教育,2019(02):20-23.
③ 教育部.中国农业大学:自找苦吃显身手,执笔仗田护清波——古生村科技小院乡村振兴育人模式[EB/OL].(2024-01-04)[2024-06-21].http://www.moe.gov.cn/jyb_xwfb/xw_zt/moe_357/jjyzt_2022/2022_zt04/dianxing/xiangmu/gaoxiao/zhishu8th/202401/t20240104_1098008.html.
④ 张艳萍,王西瑶,张社梅.努力培养担当民族复兴大任的时代新人——科技小院在立德树人中的作用浅谈[J].科学咨询(科技·管理),2023(11):17-19.
⑤ 中国教育新闻网.坚持科技小院人才培养模式,大力推动中国特色专业学位研究生教育高质量发展[EB/OL].(2023-07-12)[2024-06-21].https://baijiahao.baidu.com/s?id=17711929583742744
24&wfr=spider&for=pc.

课程学习,还要参与科研项目,进行田间实践,甚至参与农业企业的经营管理。同时,科技小院注重培养学生的创新精神和适应性,通过不断更新实践内容和教学方法,确保学生能够掌握最新的知识和技能,以适应快速变化的乡村发展需求。

科技小院人才培养模式注重跨学科知识体系与全方位立德树人。科技小院的目标是使研究生成为具备引领农业科技发展潜力的拔尖创新型人才、具备产教融合技能的复合型人才,以及聚焦乡村振兴、希望投身农业科技推广一线的业务型人才,以符合乡村全面振兴对人才培养提出的"懂农业、爱农村、下得去、留得住、干得好"的新要求①。

3. 构建多维度助农体系,培养学生"三农"情怀

自 1.0 版的参与式科技创新服务模式起步,科技小院历经 2.0 版本的全产业链赋能模式阶段,升级到 3.0 版的多功能集成助推乡村振兴模式,助农模式不断演进并趋于完善。目前,科技小院已迈入 3.0＋版本的新阶段,借助科技小院集群的力量,实现了创新生态产业化与产业生态化的协同发展,全方位支持当地产业、人才、文化、生态及组织的振兴②。在不断升级的过程中,科技小院始终紧紧围绕"三农"发展的重要需求,为加快建设现代化农业强国贡献力量。

一方面,科技小院作为一种创新的农业技术推广模式,构建了一个多维度的助农体系,旨在通过科技赋能,提升农业生产效率,促进农民增收,并推动农业农村可持续发展。另一方面,科技小院通过建立科研与实践相结合的平台,将高等院校、科研机构与农业生产一线紧密连接。科研人员和研究生直接进驻农村,与农民同吃同住同劳动,深入了解农业生产中的实际问题。河北省邯郸市曲周县前衙村以葡萄种植产业闻名。2017 年前后,前衙村出现葡萄烂果、病害等问题,产量和品质下降。为解决此问题,前衙科技小院正式落成。小院学生运用专业知识解决葡萄产业问题,引进了 10 项果树管理相关技术。在科技小院的帮助下,当地巨峰葡萄产量相比 2017 年增加了 48.40％,前衙村于 2020 年实现全部脱贫③。

①　教育部.中国农业大学:自找苦吃显身手,执笔仗田护清波——古生村科技小院乡村振兴育人模式[EB/OL].(2024-01-04)[2024-06-21].http://www.moe.gov.cn/jyb_xwfb/xw_zt/moe_357/jjyzt_2022/2022_zt04/dianxing/xiangmu/gaoxiao/zhishu8th/202401/t20240104_1098008.html.
②　中国科学报.2024 年全国科技小院大会召开,《全国科技小院发展报告(2024)》发布[EB/OL].(2024-05-08)[2024-06-21].https://news.sciencenet.cn/htmlnews/2024/5/522269.shtm.
③　张桂花,王鑫.科技小院在助力乡村振兴中的作用——以曲周县前衙科技小院为例[J].现代农业科技,2022(19):208-211.

此外,科技小院注重技术培训和知识传播。通过定期举办农业技术培训班、现场指导和示范推广,帮助农民掌握先进的种植技术和管理方法。这种做法不仅提高了农民的科技素养,增强了他们对新技术的接受度和应用能力,也使得小院研究生掌握了基层培训经验,为将来投身乡村振兴一线筑牢了基础。2012 年以来,全国各地科技小院开展技术培训 349 次,发放技术宣传材料 19 559 份,培训农户 14 366 人次,培养科技示范户 214 户,召开观摩会 52 次,出诊诊断 278次,示范面积 79 875 亩,技术服务面积 772 000 亩,指导种植大户 200 多个,培训企业业务员 100 多人,受到企业、学校、政府、专家等多方好评,取得了显著的社会效益和经济效益[①]。

科技小院还将科研成果与市场需求对接,促进了农业产业链的延伸和升级,帮助当地农产品“走出去”。在助力当地居民脱贫致富的同时,研究生得到了全方位的培养和锻炼。科技小院研究生有机会参与到农产品的种植、加工、包装、营销等各个环节,在实践中学习如何将科研成果转化为生产力,增强了市场意识和创业能力。2020 年,在北京市政府支持下,中国农业大学西槐庄科技小院落地通州区永乐店镇西槐庄村。在此之前,该村因位置偏僻、信息闭塞、产业单一而几乎没有集体经济收入。科技小院师生们引入水果萝卜、樱桃番茄等作物,还设计商标、宣传语,拓宽销售渠道,助力村庄实现收入增值。2023 年,科技小院通过引进优质蔬菜品种,探索新种植方案,使村集体收益突破 100 万元。科技小院还推出了“共享菜园”认养模式,带动第一、三产业融合发展,进一步助力村集体经济发展[②]。

科技小院人才培养模式着重融入思政元素和乡村振兴理念。科技小院要求研究生深刻地理解土地,为土地带来变化;站在潮头,为国家的农业绿色发展找到好办法[③]。“三农”情怀培育贯穿科技小院教学与实践的全过程,并逐步形成了以曲周精神、洱海科技大会战精神、科学家精神等为特色,基层党建赋能的“多途径激励,多角色磨炼”自主体验式立德树人培养模式,树立了学生的思政观念、

① 毕庆生,黄玉芳,叶优良,等.基于科技小院的本硕一体化人才培养模式探索[J].高等农业教育,2019(02):20-23.
② 中共中国农业大学委员会.解民生、治学问、育英才的科技小院[EB/OL].(2024-04-16)[2024-06-21].http://www.qstheory.cn/dukan/qs/2024-04/16/c_1130109150.htm.
③ 新华社.把论文写在祖国的大地上——中国农业大学 46 年扎根河北曲周服务乡村振兴纪实[EB/OL].(2019-05-30)[2024-06-21].https://www.gov.cn/xinwen/2019-05/30/content_5396145.htm.

社会责任和"三农"情怀①。

在多维度助农富民的服务体系中，在对农业发展的深切关怀和对农村振兴的坚定承诺下，科技小院研究生的能力和情怀得到了充分的提升和涵养，科技小院育人模式的创新性与优越性得以进一步凸显。科技小院不仅推动了当地农业的蓬勃发展，更在农业服务过程中厚植了研究生的"三农"情怀，锻炼了研究生的实践能力，培养出了上千名充满担当精神的乡村振兴人才。

第五节　关于我国一流大学服务国家战略的政策建议

服务国家战略是我国一流大学社会服务职能的重要方面。本章从重大科技贡献、急需人才培育以及软实力提升三个方面构建了一流大学服务国家战略的指数。分析结果表明，我国顶尖大学对国家战略贡献显著。通过结合上海交通大学和中国农业大学在服务国家战略方面的典型案例经验，提出以下两条政策建议。

一、搭建服务国家战略的科研平台，加强校政企合作

一流大学作为国家科学技术发展的中坚力量以及人才培养的重要基地，应积极对接国家需求，为切实解决我国各领域及地区的重大问题献策献力，肩负起服务国家战略发展的指导和引领性作用。目前，高校在参与国家战略服务中存在信息传递闭塞、资源分散、合作机制不够成熟等问题。高校、政府、企业三者之间缺乏稳定、长效的合作平台，影响了科研成果的转化效率和社会服务的深度与广度。

因此，建议国家鼓励并支持高校建立与政府、企业之间的稳定合作平台，如科技创新中心、产业技术研究院、乡村振兴研究院等，旨在集中优质资源，共同解决和应对国家战略中的关键技术问题和实际应用挑战。同时，在资金来源方面，推动校政企项目联合资助。通过政策引导，促进政府、企业和高校三方在重点研

---

① 教育部.中国农业大学：自找苦吃显身手，执笔仗田护清波——古生村科技小院乡村振兴育人模式[EB/OL].(2024-01-04)[2024-06-21].http://www.moe.gov.cn/jyb_xwfb/xw_zt/moe_357/jjyzt_2022/2022_zt04/dianxing/xiangmu/gaoxiao/zhishu8th/202401/t20240104_1098008.html.

发项目上的联合资助,共同承担风险和成果,推动科技成果快速转化。此外,建议政府设立专项基金支持校政企合作平台的建设和运营,以及相关的科研项目和技术开发活动,特别是在乡村振兴、环境保护、新能源等国家重点战略领域。在合作机制方面,完善校政企合作的法律法规和政策环境,简化合作流程,为高校教师提供知识产权保护,为企业提供税收优惠等激励措施,激发合作各方的积极性和创新活力。

二、优化评价制度,激发高校服务国家战略热情

当前,高校评价体系侧重学术研究成果,而对社会服务、科研成果转化等方面的贡献评价不足,导致高校在服务国家战略时缺乏足够的动力。这种偏重学术成就的评价体系虽然在一定程度上推动了基础研究的发展,但也忽视了高校作为知识创新和技术转移中心在社会服务中的重要角色。在现行的评价和激励机制下,与社会服务直接相关的研究和活动可能不会为高校或研究人员带来相应的职称晋升、经费支持或其他形式的认可,这就减弱了高校服务社会的动力。

因此,建议高校完善评价指标体系,建立和完善包含科研服务国家战略在内的高校综合评价体系,将科研成果转化、社会服务效果等纳入高校评价的重要指标。同时,提高社会服务成果在职称评定中的权重,调整高校教师职称评定标准,将服务国家战略的社会服务成果作为重要评价内容。此外,对于在服务国家战略中取得显著成绩的高校和个人,通过设立奖项、提供资金支持、增加研究经费等方式给予物质和荣誉上的奖励,激发高校和科研人员的积极性。最后,在成果展示和交流方面,定期组织高校服务国家战略成果展示会和交流活动,提升社会各界对高校在服务国家战略中作用和贡献的认识和评价。

（杨希,李亭松,徐妍）

附　录

附表 1　一流大学人才培养指数

大　学	指数得分	国际著名校友	国际学生	博士生
世界顶尖大学组	2.49	2.81	1.27	1.54
世界一流大学组	1.00	1.00	1.00	1.00
北京大学	1.81	1.99	0.64	1.95
清华大学	1.74	1.94	0.54	1.87
中国科学技术大学	1.61	1.82	0.39	1.61
浙江大学	1.41	1.54	0.64	1.44
复旦大学	1.37	1.49	0.53	1.55
南京大学	1.34	1.51	0.44	1.23
武汉大学	1.17	1.32	0.38	1.08
南开大学	1.10	1.21	0.46	1.12
吉林大学	1.10	1.27	0.28	0.85
上海交通大学	1.07	1.13	0.48	1.49
天津大学	0.89	0.93	0.54	1.03
哈尔滨工业大学	0.88	0.95	0.31	1.16
东南大学	0.86	0.90	0.55	1.03
中南大学	0.83	0.88	0.47	0.92
华中科技大学	0.79	0.79	0.49	1.21
中山大学	0.78	0.85	0.23	1.04
厦门大学	0.78	0.84	0.33	0.92
山东大学	0.73	0.79	0.36	0.76
四川大学	0.69	0.68	0.50	0.99
北京理工大学	0.66	0.64	0.54	1.05

大　　学	指数得分	国际著名校友	国际学生	博士生
西北工业大学	0.66	0.66	0.59	0.82
同济大学	0.61	0.53	0.78	1.02
华南理工大学	0.58	0.61	0.31	0.75
西安交通大学	0.56	0.52	0.46	1.07
湖南大学	0.55	0.59	0.23	0.62
北京师范大学	0.53	0.46	0.46	1.20
北京航空航天大学	0.49	0.44	0.40	1.06
郑州大学	0.48	0.48	0.47	0.41
苏州大学	0.36	0.31	0.39	0.68
电子科技大学	0.26	0.20	0.32	0.75
南方科技大学	0.12	0.00	0.21	1.03

附表 2 一流大学原创研究指数

大 学	指数得分	突破性论文	权威期刊论文	前沿研究方向的活跃度
世界顶尖大学组	1.00	1.00	1.00	1.00
世界一流大学组	0.48	0.29	0.65	0.50
清华大学	0.94	0.82	1.00	1.00
北京大学	0.91	0.74	1.00	0.97
浙江大学	0.88	0.63	1.00	1.00
上海交通大学	0.79	0.39	1.00	0.97
复旦大学	0.79	0.51	1.00	0.86
中国科学技术大学	0.83	0.59	1.00	0.92
中山大学	0.72	0.25	1.00	0.92
华中科技大学	0.75	0.31	1.00	0.95
中南大学	0.69	0.09	1.00	0.99
南京大学	0.76	0.49	1.00	0.79
武汉大学	0.77	0.34	1.00	0.96
四川大学	0.72	0.25	0.98	0.93
西安交通大学	0.71	0.27	1.00	0.86
北京理工大学	0.66	0.20	0.91	0.89
天津大学	0.67	0.16	1.00	0.85
吉林大学	0.61	0.22	0.89	0.70
哈尔滨工业大学	0.71	0.24	1.00	0.89
苏州大学	0.52	0.13	0.76	0.69
东南大学	0.57	0.00	1.00	0.70
山东大学	0.63	0.18	1.00	0.71
华南理工大学	0.64	0.18	0.96	0.80
电子科技大学	0.68	0.18	0.85	1.00
南方科技大学	0.56	0.35	0.81	0.53
同济大学	0.67	0.18	1.00	0.82
厦门大学	0.59	0.28	0.84	0.63
西北工业大学	0.61	0.20	0.87	0.75
北京航空航天大学	0.63	0.27	0.96	0.65
北京师范大学	0.50	0.20	0.72	0.57
南开大学	0.55	0.25	0.75	0.66
郑州大学	0.55	0.00	0.88	0.78
湖南大学	0.68	0.16	0.92	0.96

附表 3　一流大学学术大师指数

大　　学	指数 得分	全球高被引 科学家	国际权威学术 期刊主编	国际重大奖项 获得者
世界顶尖大学组	3.14	2.05	3.31	4.05
世界一流大学组	1.00	1.00	1.00	1.00
清华大学	1.77	2.26	2.27	0.78
南京大学	0.89	1.08	1.60	0.00
四川大学	0.79	0.76	1.60	0.00
上海交通大学	0.63	1.34	0.00	0.55
北京大学	0.55	1.66	0.00	0.00
浙江大学	0.54	1.61	0.00	0.00
复旦大学	0.49	1.47	0.00	0.00
北京理工大学	0.49	1.47	0.00	0.00
中国科学技术大学	0.46	1.37	0.00	0.00
天津大学	0.44	1.32	0.00	0.00
西北工业大学	0.44	1.32	0.00	0.00
武汉大学	0.40	1.20	0.00	0.00
中南大学	0.38	1.14	0.00	0.00
苏州大学	0.37	1.11	0.00	0.00
华南理工大学	0.37	1.11	0.00	0.00
电子科技大学	0.37	1.11	0.00	0.00
南开大学	0.37	1.11	0.00	0.00
中山大学	0.36	1.08	0.00	0.00
华中科技大学	0.36	1.08	0.00	0.00
湖南大学	0.36	1.08	0.00	0.00
西安交通大学	0.35	1.04	0.00	0.00
南方科技大学	0.35	1.04	0.00	0.00
哈尔滨工业大学	0.31	0.93	0.00	0.00
东南大学	0.31	0.93	0.00	0.00
同济大学	0.31	0.38	0.00	0.55
吉林大学	0.30	0.89	0.00	0.00
山东大学	0.30	0.89	0.00	0.00
北京航空航天大学	0.30	0.89	0.00	0.00
厦门大学	0.28	0.85	0.00	0.00
北京师范大学	0.22	0.66	0.00	0.00
郑州大学	0.20	0.60	0.00	0.00

附表 4　一流大学经济贡献指数

大　　学	指数 得分	校友创业 市值	PCT 专利	专利转让 比例
世界顶尖大学组	3.86	4.01	1.82	1.04
世界一流大学组	1.00	1.00	1.00	1.00
清华大学	2.26	2.23	2.98	0.45
上海交通大学	1.77	1.80	1.56	0.37
复旦大学	1.74	1.79	1.15	0.33
浙江大学	1.60	1.53	2.85	0.33
北京大学	1.47	1.48	1.45	0.36
武汉大学	1.09	1.11	0.82	0.36
华南理工大学	0.99	0.91	2.21	0.35
中山大学	0.95	0.93	1.24	0.34
中国科学技术大学	0.88	0.87	1.00	0.33
东南大学	0.81	0.75	1.89	0.32
厦门大学	0.81	0.79	1.09	0.36
华中科技大学	0.79	0.75	1.46	0.34
南开大学	0.77	0.78	0.68	0.40
西安交通大学	0.76	0.74	1.10	0.41
北京航空航天大学	0.68	0.66	0.89	0.37
四川大学	0.67	0.64	1.15	0.32
南京大学	0.66	0.63	1.24	0.32
北京师范大学	0.63	0.64	0.45	0.28
吉林大学	0.60	0.60	0.63	0.31
天津大学	0.60	0.55	1.39	0.33
湖南大学	0.59	0.59	0.63	0.37
电子科技大学	0.57	0.57	0.61	0.29
中南大学	0.57	0.54	1.06	0.37
同济大学	0.57	0.55	0.85	0.22
山东大学	0.56	0.50	1.61	0.39
哈尔滨工业大学	0.56	0.52	1.13	0.36
北京理工大学	0.49	0.46	1.01	0.25
苏州大学	0.36	0.22	2.61	0.36
西北工业大学	0.36	0.35	0.53	0.35
郑州大学	0.34	0.33	0.48	0.22
南方科技大学	0.07	0.00	1.14	0.50

附表 5 一流大学品牌影响力指数

大 学	指数 得分	世界一流 大学视角	第三方评价 视角	媒体视角
世界顶尖大学组	3.34	2.97	2.95	4.11
世界一流大学组	1.00	1.00	1.00	1.00
北京大学	1.41	1.30	2.00	0.92
清华大学	1.43	1.33	1.67	1.30
浙江大学	0.76	0.43	1.00	0.83
上海交通大学	0.68	0.43	1.00	0.62
复旦大学	0.78	0.61	1.00	0.74
中国科学技术大学	0.42	0.18	0.83	0.23
中山大学	0.25	0.24	0.33	0.17
华中科技大学	0.25	0.15	0.33	0.28
中南大学	0.13	0.04	0.33	0.02
南京大学	0.45	0.28	0.83	0.25
哈尔滨工业大学	0.27	0.24	0.50	0.07
吉林大学	0.15	0.03	0.17	0.27
山东大学	0.15	0.13	0.17	0.15
四川大学	0.21	0.10	0.33	0.19
华南理工大学	0.10	0.04	0.17	0.09
东南大学	0.12	0.05	0.17	0.16
天津大学	0.13	0.07	0.17	0.15
武汉大学	0.20	0.06	0.17	0.37
西安交通大学	0.26	0.25	0.50	0.02
北京理工大学	0.09	0.01	0.17	0.10
苏州大学	0.08	0.07	0.17	0.02
北京航空航天大学	0.29	0.13	0.50	0.26
北京师范大学	0.15	0.14	0.17	0.14
湖南大学	0.13	0.04	0.33	0.02
南开大学	0.13	0.10	0.17	0.13
同济大学	0.17	0.13	0.17	0.23
厦门大学	0.18	0.08	0.33	0.12
郑州大学	0.11	0.04	0.17	0.11
南方科技大学	0.10	0.02	0.17	0.12
西北工业大学	0.13	0.21	0.17	0.02
电子科技大学	0.20	0.09	0.50	0.01

附表 6　一流大学服务国家战略指数

大　　学	指数 得分	重大 科技贡献	急需 人才培养	软实力 平台支撑
国内顶尖大学组	1.00	1.00	1.00	1.00
清华大学	1.15	1.44	1.03	1.27
北京大学	1.14	1.62	1.02	1.14
武汉大学	1.09	1.12	1.15	0.94
西安交通大学	1.08	0.76	1.12	1.16
北京师范大学	1.07	1.04	1.17	0.83
四川大学	1.06	0.87	1.20	0.84
浙江大学	1.06	1.19	0.96	1.23
华中科技大学	1.05	0.65	1.13	1.08
上海交通大学	0.99	0.98	0.92	1.16
南京大学	0.97	1.05	0.99	0.88
山东大学	0.97	0.64	0.96	1.19
西北工业大学	0.95	0.34	1.15	0.83
中国科学技术大学	0.95	0.57	1.08	0.84
东南大学	0.94	0.66	0.96	1.08
中南大学	0.93	0.53	1.05	0.88
郑州大学	0.93	0.34	1.15	0.73
湖南大学	0.92	0.51	1.13	0.63
复旦大学	0.90	1.28	0.87	0.75
南开大学	0.90	0.78	0.98	0.77
电子科技大学	0.89	0.24	1.23	0.45
厦门大学	0.89	0.64	0.97	0.83
中山大学	0.87	0.70	0.95	0.77
同济大学	0.86	0.65	0.82	1.12
吉林大学	0.85	0.69	0.89	0.84
北京理工大学	0.85	0.40	1.00	0.73
北京航空航天大学	0.84	0.48	0.99	0.70
哈尔滨工业大学	0.81	0.50	0.85	0.88
天津大学	0.80	0.50	0.88	0.77
苏州大学	0.77	0.62	0.91	0.53
南方科技大学	0.70	0.00	0.91	0.61
华南理工大学	0.47	0.49	0.34	0.79

缩略语

A

AAAS	American Association for the Advancement of Science	美国科学促进会
ACI	American Competitiveness Initiative	美国竞争力计划
AI	Artificial Intelligence	人工智能
ARWU	Academic Ranking of World Universities	世界大学学术排名

B

BAIR	Berkeley Artificial Intelligence Research Lab	伯克利人工智能研究实验室
BCCI	Berkeley Center for Computational Imaging	伯克利计算成像中心
BIDS	Berkeley Institute for Data Science	伯克利数据科学研究所
Bio Labs	Bio Labs on Divinity Avenue	迪威尼特大道生物实验室
BQIC	Berkeley Quantum Information and Computation Center	伯克利量子信息与计算中心

C

C150	Canada 150 Research Chairs	加拿大 150 研究教席
CCDS	College of Computing and Data Science	计算机与数据科学学院
CDC	Centers for Disease Control and Prevention	疾病控制与预防中心
CERC	Canada Excellence Research Chairs	加拿大卓越研究教席
CNS	Comprehensive National Strategy	综合国家战略
CRC	Coronavirus Resource Center	冠状病毒资源中心

E

ECDC	European Centre for Disease Prevention and Control	欧洲疾病预防控制中心
ECL	Experiential and Collaborative Learning	体验式协作学习
ECR	Early Career Researcher	早期职业研究人员
EECS	Department of Electrical Engineering & Computer Sciences	电子工程和计算机科学系
ESI	Essential Science Indicators	基本科学指标数据库

F

| FEDI | Faculty Excellence and Diversity Initiative | 教师卓越与多样性倡议 |

G

GCNU	Gatsby Computational Neuroscience Unit	盖茨比计算神经科学中心
GEF	Global Engagement Funds	全球参与基金
GTCI	Global Talent Competitiveness Index	全球人才竞争力指数

H

| HESA | Higher Education Statistics Agency | 高等教育统计局 |
| HHS | U. S. Department of Health and Human Services | 美国卫生与公众服务部 |

I

ICRR	Institute for Cosmic Ray Research	宇宙射线研究所
IEDM	International Electron Devices Meeting	国际电子元件会议
IIT	Istituto Italiano di Tecnologia	意大利技术研究所
IMD	International Institute for Management Development	国际管理发展学院
INSEAD	Institut Européen d'Administration des Affaires	欧洲工商管理学院
IPEDS	Integrated Postsecondary Education Data System	美国高等教育综合数据库
IPPRC	Industrial Polymer Processing Research Center	工业高分子工艺研究中心
IREG	International Ranking Expert Group	国际排名专家组
IUCRC	Industry-University Cooperative Research Centers	产学合作研究中心

J

| JCR | Journal Citation Reports | 期刊引证报告 |

K

| KEF | Knowledge Exchange Framework | 知识交流框架 |

M

MIT	Massachusetts Institute of Technology	麻省理工学院
MosIUR	Moscow International Ranking	莫斯科国际大学排名
MP	Manhattan Project	曼哈顿工程
MSSL	Mullard Space Science Laboratory	马拉德空间科学实验室

N

N&S	Nature and Science	《自然》和《科学》
NASDAQ	National Association of Securities Dealers Automatic Quotation System	纳斯达克证券市场
NHS	National Health Service	国家医疗服务体系
NIMR	National Institute for Medical Research	国家医学研究所

| NSF | National Science Foundation | 国家科学基金会 |
| NTU | Nanyang Technological University | 南洋理工大学 |

O

| OECD | Organization for Economic Co-operation and Development | 经济合作与发展组织 |

P

| PCT | Patent Cooperation Treaty | 专利合作条约 |
| PPMS | Physical Property Measurement System | 综合物性测量系统 |

Q

| QS | Quacquarelli Symonds World University Rankings | QS 世界大学排名 |

R

| RPICCGV | Rensselaer Polytechnic Institute Center for Computer Graphics and Visualization | 伦塞勒工学院的计算机制图研究中心 |

S

SDGs	Sustainable Development Goals	联合国可持续发展目标
SHARE	Supporting Hospitals Abroad with Resources and Equipment	国外医院资源设备支持
STEM	Science，Technology，Engineering，and Mathematics	科学、技术、工程和数学

T

TAISP	Turing AI Scholars Programme	图灵人工智能学者计划
TechUK	The UK's Technology Trade Association	英国信息技术协会
THE	Times Higher Education World University Rankings	泰晤士高等教育世界大学排名

U

U.S. NEWS	U.S. News & World Report	美国新闻与世界报道
UCB	University of California，Berkeley	加州大学伯克利分校
UCL	University College London	伦敦大学学院
URAP	Undergraduate Research Apprentice Program	本科生研究学徒计划
URIRRC	University of Rhode Island Robotics Research Center	罗德岛大学的机器人研究中心

W

WHO	World Health Organization	世界卫生组织
WIPO	World Intellectual Property Organization	世界知识产权组织
WOS	Web of Science	科学网